黄宏嘉传

李桂杨 黄 柯 著

中国财经出版传媒集团

经济科学出版社
Economic Science Press

·北京·

图书在版编目（CIP）数据

黄宏嘉传 / 李桂杨，黄柯著 . -- 北京：经济科学
出版社，2024. 6
（"大国利器"人物系列 . 中国院士）
ISBN 978-7-5218-4587-7

Ⅰ . ①黄… Ⅱ . ①李…②黄… Ⅲ . ①黄宏嘉 –
1922–2021– 传记 Ⅳ . ①K826.11

中国国家版本馆 CIP 数据核字（2023）第 037547 号

责任编辑：李 雪 袁 微
责任校对：隗立娜 郑淑艳
责任印制：邱 天
封面设计：王 颖

黄 宏 嘉 传

HUANG HONGJIA ZHUAN

李桂杨 黄 柯 著

经济科学出版社出版、发行 新华书店经销
社址：北京市海淀区阜成路甲 28 号 邮编：100142
总编部电话：010-88191217 发行部电话：010-88191522
网址：www.esp.com.cn
电子邮箱：esp@esp.com.cn
天猫网店：经济科学出版社旗舰店
网址：http://jjkxcbs.tmall.com
固安华明印业有限公司印装
710×1000 16 开 25 印张 270000 字
2024 年 6 月第 1 版 2024 年 6 月第 1 次印刷
ISBN 978-7-5218-4587-7 定价：128.00 元
（图书出现印装问题，本社负责调换。电话：010-88191545）
（版权所有 侵权必究 打击盗版 举报热线：010-88191661
QQ：2242791300 营销中心电话：010-88191537
电子邮箱：dbts@esp.com.cn）

努力成为一个实在的、忠实的、老实的，不是虚夸的、虚假的科学工作者，做一个纯粹的真正搞科学的科学工作者。这是我的目标。

黄宏嘉

引子

2021年7月1日，早上7点30分，上海市静安区延安西路221号，复旦大学附属华东医院，东楼。

中国科学院院士、上海大学名誉校长黄宏嘉斜靠在病床上，正在观看中央电视台的庆祝中国共产党成立100周年纪念大会的实况直播。此时的天安门广场，阳光明媚，花团锦簇，旌旗飘扬，7万多名参加庆祝大会的各界群众齐声高唱《没有共产党就没有新中国》，以盛大仪式欢庆中国共产党百年华诞。

清晨的阳光，透过窗户的玻璃照进黄宏嘉的病房。床头柜上，有一个打开的盒子，里面是一枚系着红色缎带的纪念章。红色和金色相衬的纪念章中心，是一枚金色的中国共产党党徽，在阳光的照射下熠熠发光。副章上雕有"光荣在党50年"几个隶书字样。盒子旁边有一束由石竹、月季花、水仙花配以满天星的花束，鲜花正在盛开。

三天前，受上海大学党委委托，学校党史办负责人和通信与信息工程学院的党委书记专程把黄宏嘉的"光荣在党50年"纪念章送到医院。因为疫情的原因，他们不能进入病房，就由黄宏嘉

的次子黄柯代收了。黄柯向父亲展示了纪念章以后，折好飘带，放进盒子里，准备盖上。

黄宏嘉摆了摆手，说："纪念章就放这里吧，你把放家里的庆祝中华人民共和国成立70周年纪念章也拿过来，我都戴上，留个影。"

"好的。"黄柯答应了一句，接着问："您还记得是哪天入党的吗？"

"记得。"黄宏嘉毫不迟疑地回答："我是1956年1月29日在北方交通大学入的党！"

"老爸您记忆力真好！"黄柯不禁赞叹："您说得一点不差。学校专门派人去查了档案。非常准确，就是这一天。"

7点55分，从电视画面上可以看到，在欢快的乐曲声中，习近平等党和国家领导人来到了天安门城楼主席台，全场爆发出热烈掌声。

8点整，中共中央政治局常委、国务院总理李克强宣布："庆祝中国共产党成立100周年大会现在开始。"

此刻，壮丽的天安门广场人群肃立、礼炮轰鸣、国旗招展、国歌嘹亮。

黄宏嘉眼睛有些湿润。

8点25分，中共中央总书记习近平在庆祝大会上开始发表重要讲话。

习近平总书记代表党和人民庄严宣告："经过全党全国各族人民持续奋斗，我们实现了第一个百年奋斗目标，在中华大地上全面建成了小康社会，历史性地解决了绝对贫困问题，正在意气风发向着全面建成社会主义现代化强国的第二个百年奋斗目标迈进。这是中华民族的伟大光荣！这是中国人民的伟大光荣！这是中国共产党的伟大光荣！"

广场上掌声雷动。

黄宏嘉也止不住心潮澎湃。

当镜头摇向观礼台时，屏幕上那一张张洋溢着自豪、欢快笑容的脸庞，陡然唤起了他遥远的记忆……

黄宏嘉的眼前，浮现出 1950 年国庆之夜，他作为归国华侨代表参加国庆一周年联欢晚会，登上天安门观礼台的情景——那天晚上，火树银花，人群如海，歌声如潮；记忆的更深处，则是 1949 年 10 月 1 日，开国大典的当天，在归国途中，那艘悄无声息地穿越台湾海峡的小火轮，在那个不眠的夜晚，他倚在运煤船甲板栏杆上，凭栏眺望星空照耀下的海面，任凭海风拂面，内心充满希望和憧憬；由此上溯到 80 年前的 1941 年，他耳畔隐隐响起了在四川叙永第一次唱响的国立西南联合大学激昂的校歌——

　　万里长征，辞却了五朝宫阙，暂驻足衡山湘水，又成离别。绝徼移栽桢干质，九州遍洒黎元血。尽笳吹，弦诵在山城，情弥切。

　　千秋耻，终当雪。中兴业，须人杰。便一成三户，壮怀难折。多难殷忧新国运，动心忍性希前哲。待驱除仇寇，复神京，还燕碣。

目睹眼前繁花似锦的盛况，回首几十年波澜壮阔的人生，黄宏嘉庆幸当年作出了无悔的选择。他深知，一个人事业的成功，光靠天资、勤奋还不够，要靠机遇。而时代，就是机遇之母。

黄宏嘉常常说，他是在为国家奉献的同时，成就了自己。躬逢盛世，唯有常怀感激之心。

目录

第一章

负笈千里

1922 年，按当时的纪年，是中华民国十一年，按农历的纪年，是壬戌年，属狗。

1922 年，正是中国四分五裂、动荡不安的岁月，正处于中国向何处去的重要关口。

这一年，中国共产党刚刚迈出蹒跚的第一步，政治力量还十分弱小；北洋军阀的北京政府和孙中山领导的广州政府分庭抗礼、各自为政；各系军阀各自控制着一块地盘，占山为王，一言不合就兵戎相见。

北京方面。4 月 29 日，第一次直奉战争爆发，直系军队首次出动空军参战，扭转战局，获得胜利，直系军阀吴佩孚逼迫皖系徐世昌下野，独占了中央政权。随后，5 月 5 日，奉系军阀张作霖宣布脱离北京政权，实行东北自治。

广州方面。5 月 1 日，第一次全国劳动大会在广州举行；4 日，孙中山再次下令北伐。6 月 16 日，陈炯明叛变，孙中山永丰舰蒙难逃亡，蒋介石随身护卫，从此青云直上。北伐基本停止。

7 月 16 日至 23 日，中国共产党第二次全国代表大会在上海南成都路辅德里 625 号召开。出席会议的代表共 12 名，代表全国

195 名党员。会议第一次明确地提出了反帝反封建的民主革命纲领，指明了中国人民革命斗争的方向。

日历翻到 8 月，北洋政府控制下的北京，赤日炎炎，酷暑难耐；白天蚊蝇密布，尘土飞扬，晚上野狗出没，老鼠横行。

8 月 27 日，是农历七月初五，星期日，北京大学教授、法律系主任黄右昌家里添了一口新丁。

这一天，是乱世中一个寻常的日子。子夜的天空繁星点点。在黄右昌租住的简陋居室里，灯光如豆，人影憧憧。忽然，一声婴儿脱离母体后响亮的哭声划破夜空，凄厉无比。窗外，没有流星坠落，也没有电闪雷鸣，万籁俱寂。北京城此时应该有无数个这样的婴儿呱呱坠地，这些诞生于乱世的弱小生命，十个人中就有一个会夭折。

但是中国的科学史日历，却要在这一天隆重地记上一笔：1922 年 8 月 27 日，中国科学院院士、中国单模光纤之父黄宏嘉在北京诞生。

百年族风　诗书传家

1922 年 8 月 27 日，黄宏嘉诞生于北京。

黄宏嘉户口簿和居民身份证上登记的出生日期是 1924 年 8 月 5 日，但是其父黄右昌主编的湖南《黄氏联修族谱》记载："宏嘉，字子祥。学籍详履历表。生于民国壬戌即民国纪元后一一年七月初五子时。"按这个记载换算过来，黄宏嘉应该是生于 1922 年 8 月 27 日；清华大学档案馆保存的国立西南联合大学黄宏嘉的注册片载明"32年度在工学院电机系应征毕业21岁",民国三十二年即公元1943年,推算下来也是生于1922年;1949年10月13日,黄宏嘉从美国归来,在《回国科学工作人员登记表》上自己亲笔填写的年龄是"27岁",印证其出生年份也确实是1922年。出生日期变成1924年8月5日,能追溯到的最早记录是原北京铁道学院的户口登记资料。估计是当时人们习惯用农历,户口登记人员把"甲子纪年"听成了"甲子年",而农历甲子年七月初五换算过来正好是1924年8月5日。户口资料出错很容易,更正却非常难,黄宏嘉大约也就将错就错,懒得去更正了。

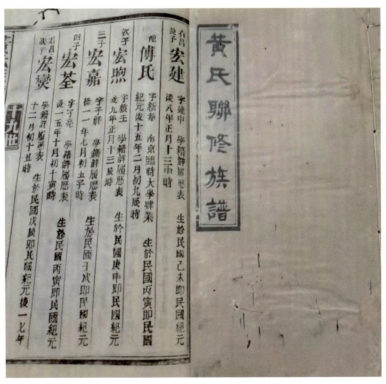

图1-1 黄宏嘉父亲黄右昌主持编纂的湖南临澧
《黄氏联修族谱》中关于黄宏嘉出生日期的记载

　　黄家祖籍湖南临澧，据传是黄庭坚后裔，在当地是声名显赫的书香门第。黄宏嘉的曾祖父黄道让，字师尧，号歧农，自幼就很聪明，相传六岁就能写诗，但是科名不顺，直到咸丰三年（1853年）39岁时才中了举人、咸丰十年（1860年）46岁时中了庚申恩科进士，朝廷赏了黄道让一个工部主事的职位，安排在营缮司管房屋维修。这个时期，中国内忧外患不断，民不聊生，朝廷却疯狂搜刮民脂民膏，大兴园林。黄道让书生意气，耿介不阿，加上朝廷职务与个人旨趣水火不容，情绪极度消沉，到任两年，忍无可忍，索性辞官而去。好在家境殷实，无衣食之忧，正好放飞自我。黄道让虽然归隐林下，然而雅洁不狂，平和雍容，诗文中有一股浩然之气。他勤于吟诵，百炼成钢，居然成为驰名湘西的一位大诗人。诗文辑为《雪竹楼诗稿》，存诗稿十四卷，文稿一卷，录诗八百首，于清同治六年（1867年）刊行，一时轰动海内，流布海外，为文人雅士称道，广为传播，哈佛大学图书馆作为珍本收藏至今。黄道让有咏古诗《重登岳麓》，颔联"西南云气开衡岳，日夜江声下洞庭"。后来改此句"开"字为"来"字，作为诗联悬于云麓宫望湘亭，成为吟咏岳麓山胜景的传世佳联。1961年底，毛泽东在《给周士钊的信》中还引用了这副对联。

　　黄宏嘉的父亲黄右昌，字黼馨，生于清光绪十一年（1885年）。黄右昌生而聪慧，过目成诵，秉承家学渊源，12岁就中了秀才，进入道水书院学习，和林伯渠结成同窗好友，为一生知己，多有唱和。17岁时赶上最后一场科举，参加光绪壬寅科（1902年）湖南乡试中式，成为末代举人。当然说是末代举人也不很准确。黄右昌中举之后，放弃了参加殿试的机会，而是参加了同年举行的湖南省公费留学日本的选拔，远赴东瀛求学。黄右昌先是在日本岩仓铁道学校学习工程，后转入日本法政大学，专修法律。清光绪三十四年（1908年），黄右昌学成归国，同年参加留学生戊申部试合格，赐法政科举人出身，所以黄右昌算是"双料举人"。

图1-2　黄宏嘉曾祖父、晚清诗人黄道让（1814~1868）

　　黄右昌在日本就读的究竟是法政大学还是早稻田大学，他自己没有提及。学术界有人认为黄右昌在日本上的不是法政大学而是早稻田大学。有学者查阅了日本法政大学法政速成班的名单，在238名学员中没有找到黄右昌，所以认为黄右昌上的是学制更为正规的早稻田大学法律系。在早稻田大学，罗马法需要学一个学期，每周两个课时，而法政大学法政速成班则无此课程。不过黄宏嘉本人专门纠正过这个说法，强调黄右昌就读的是法政大学。

　　黄右昌回国后有过短暂的从政经历，还担任过湖南省议会议长，但他的主要经历还是在湖南法政学堂当教员。辛亥革命后的

1912 年，黄右昌还兼任了湖南第二公立法政专门学校的校长。

黄右昌在法政大学专攻罗马法。罗马法是古罗马奴隶制国家法律规制和法律体系的总称，被恩格斯称为是"我们所知道的以私有制为基础的法律的最完备形式"，被誉为"西方现代文明之母法"。欧洲大陆的法律，大多渊源于罗马法，形成罗马法系，或称"大陆法系"，其影响还随这些国家的殖民扩张而扩大到世界许多地区。1912 年，国民政府教育部公布的《法政专门学校规程》，把罗马法纳入了法律科的必修课，而国内还没有这方面的教材，所以黄右昌呕心沥血、潜心著述，写出专著《罗马法》，以应国内急需。

《罗马法》在 1915 年初版，不料出道即巅峰，一鸣惊人，学界为之震动，书本供不应求。1918 年，黄右昌对《罗马法》稍作修订，交由北京大学出版部再版，历来比较轻视法学的北大校长蔡元培亲自为本书题签、作序，以示隆重。1930 年，黄右昌又在第二版基础上加以充实，将视角设定为"从罗马法以观察现代"，更名为《罗马法与现代》，改由北平京华印书局出版。这本书不仅是中国人编写的第一本罗马法的专著，更是国内罗马法领域高山仰止、不可逾越的经典著作，至今仍然是国内学子攻读罗马法的必读书，2006 年中国方正出版社、2008 年北京大学出版社还分别出版了《罗马法与现代》的点校本。"从罗马法以观察现代"这一主张，更成为近代中国罗马法教育的信条，黄右昌因此被尊为中国开创罗马法教育第一人，人称"黄罗马"。

1917 年 11 月，黄右昌应蔡元培的邀请，北上进京，出任北京大学法科本科教授，1918 年任法科学长。1919 年，北京大学废科立系，黄右昌出任北京大学法律系首任系主任。

黄宏嘉在兄弟姐妹中排行第六。上面还有大姐黄湘、二姐黄绍湘、三姐黄季彬、大哥黄宏建和二哥黄宏煦。当然，黄右昌除了在北大当教授，还在朝阳大学、北京法政大学当兼职教授，薪水丰厚，多养几个孩子在经济上是不成问题的。但是随着家庭人丁兴旺，原来租住的小屋子已经容纳不下，于是黄右昌一家在1922年底迁到了司法部街吹箒胡同二号的小院，在北京律师公会暂时安顿下来。1924年，黄右昌又添了一位千金，起名黄颂康，又嫌房子小了，于是在1925年3月，举家迁到不远处的绒线胡同

图1-3　担任北京大学法律系主任时期的黄右昌（1927年）

新平路甲 34 号居住。1926 年，黄右昌幼子黄宏荃出生，黄家已然十口之家。黄右昌登坛授课之余，回到家里，躲进小楼成一统，勤则埋首著述，挥毫泼墨，慵则焚香品茶，闭目养神，间或训长抚幼，督导孩儿功课，日子还算充实。黄宏嘉也就这样在满屋书香的熏陶中慢慢长大，度过了他的童年时光。

1926 年 3 月 18 日，段祺瑞统治下的北京发生"三一八惨案"，北大学生多有死伤，死难者中就有黄右昌的湖南长沙老乡黄克仁（19 岁）、醴陵李家珍（21 岁）。军阀暴行震惊全国，埋首书斋的黄右昌闻讯悲愤不已，他拍案而起，挺身而出，以法学家的立场，痛斥段祺瑞政府，坚决主张追究指使、执行屠杀行动的有关人员的法律责任，并在《法政学报》当年 1~2 期合刊上发表署名文章《三一八惨案吾人应注意之三点》，就证据问题、管辖问题、死伤损害的赔偿问题发表专业意见。1929 年 6 月 15 日，在"三一八惨案"中殉难的三位北大烈士的纪念碑落成，黄右昌亲自给纪念碑撰写了铭文：

死者烈士之身，不死者烈士之神。愤八国之通牒兮，竟杀身以成仁。惟烈士之碧血兮，共北大而长新。踏三一八血迹兮，雪国耻以敌强邻。繁后死之责任兮，誓尝胆而卧薪。

1926 年 7 月 9 日，在全国人民的迫切要求和中国共产党的影响与推动下，广州革命政府发动北伐战争。参加北伐战争的国民革命军共八个军，约十万人。北伐军在"打倒列强，除军阀"的口号声中誓师出发，一路所向披靡。不到两年时间，北伐军就兵临北京城下。

1928 年 6 月 3 日晚，被北伐军重重包围的张作霖逃离北京，退出山海关外，坐火车抵达沈阳附近皇姑屯车站时，被日本关东军预埋炸药炸成重伤，不久后死亡，史称"皇姑屯事件"。6 月 8 日，北伐军进入北京，宣布北伐结束，将北京改名北平。12 月 29 日，张学良宣布东三省易帜，全国出现形式上的统一局面。

薪火相传　满门英才

北伐成功后，北平的生活稍微安静了一些。这时候黄宏嘉已经 6 岁，该上小学了。1928 年秋，父亲黄右昌把黄宏嘉送到了北京高等师范学校附小念书。

北京高等师范学校附小创办于 1912 年，是北京第一所全新的、有实验和示范性质的国立小学，现在的北京市第一师范学校附属小学的前身。学校环境幽雅，名师云集，20 世纪 20 年代初，邓颖超也曾经在这里执教。黄宏嘉的二姐、三姐、二哥也是这里的学生，姐弟四人相约上学放学，倒也热闹。

北师附小由于其示范性，校规特别严格，"取放用具，须迅速安置物品有定处，随时督查，以养成尚敏捷、好整顿之习惯；课毕扫除，分处值日，均使竭尽心力诚实服务，以养成清洁勤劳且重公务之习惯；以至姿势、客仪、言语、行为等，凡一切举止动作无不注意考察"。尤其是每天下午课后轮流值日做大扫除，要求把桌椅挪开，水擦地板，然后再将桌椅摆回原处，以养成学生做事严谨的习惯。黄宏嘉在这种严厉、严谨的条件下接受启蒙教育，

为他一生做人做事的风格奠定了坚实的基础。

黄宏嘉在入学之前，就有家庭教师教他识字、算数，庭训笃责甚严，有一定基础，加上天赋甚慧，入学以来，成绩一直名列前茅，从级主任到科任老师，都非常喜欢他。

1927 年 7 月，随着北伐战争的节节胜利，武汉汪精卫政府和南京国民政府宣布合并，宁汉合流，表面上结束了国民党内部的分裂局面。1928 年北伐成功后，随着张学良宣布东北易帜，南京国民政府终于取得了对全国的统治权。

1928 年 10 月 8 日，国民政府公布了《中华民国国民政府组织法》。按照孙中山"五权宪法"的设想，规定国民政府由行政、立法、司法、考试、监察五院组成。同日，国民党中央执行委员会常务委员会任命蒋介石为国民政府主席兼陆海空军总司令，并任命五院的正、副院长和 16 名国民政府委员。10 月 10 日，蒋介石及国民政府委员在南京宣誓就职，五院制的国民政府正式成立。

担任国民政府立法院第一任院长的是胡汉民。胡汉民也有留日经历，久仰"黄罗马"的大名，多次邀请黄右昌到南京出任立法院立法委员。此时蔡元培虽然名义上是北大校长，但一直致力于建立中央研究院，北大的事情都是陈大齐代理，黄右昌即使离开北大，也不欠谁人情。但是想到拖家带口太不方便，谢绝了胡汉民的美意，直到 1930 年入冬以后，因为实在不适应北京寒冷干燥的气候，于是接受了胡汉民的邀请，举家南迁，到南京国民政府出任立法委员。

1930 年 12 月 23 日下午 6 点，在北京的绒线胡同新平路甲 34

号黄家，黄右昌把一家人聚在一起，举行离开北平前最后的晚餐。黄右昌打破湖南老家女眷不上桌的规矩，破例让妻子李夔旭和大女儿黄湘、二女儿黄绍湘、三女儿黄季彬、四女儿黄颂康也坐上了堂屋的饭桌。黄右昌夫妇坐了上座，兄弟姐妹也依次入座。

如果你通过时光隧道穿越到目前这个场景，围坐在这张饭桌周围人物的未来成就肯定让你叹为观止！

二姐黄绍湘，历史学家，中国社会科学院研究员，中国美国史研究的开拓者和奠基人之一。1934 年考入清华大学，先在外语系，后来转入历史系。黄绍湘积极投身革命，是"一二·九"和"一二·一六"北平学生救亡爱国运动的积极分子。1936 年，黄绍湘在清华大学历史系加入中国共产党，1937 年毕业后，根据党的指示，长期从事党的统战工作。1946 年 7 月受党指派，参加国民政府举办的自费留学考试，赴美留学，获哥伦比亚大学历史学硕士学位。1947 年回国，专事美国研究，是我国美国史研究的奠基人。1951 年 7 月，黄绍湘任人民出版社编审，1956 年 7 月调中共中央政治研究室从事美国史研究工作，1960 年 3 月任北京大学历史系教授，1977 年 9 月任中国社会科学院历史研究所研究员兼学术委员。著有《美国简明史》《美国早期发展史》《美国通史简编》《美国史纲（1492—1823）》，共计 180 万字。

二哥黄宏煦，翻译家。1937 年考入上海交通大学，因上海沦陷，辗转到武汉大学，积极参与救亡活动，前往大别山敌后从事抗日动员组织工作，1940 年考入西南联合大学土木系，后来转到外文系。读书期间应征入伍，担任英语翻译，参加中国远征军赴云南、缅甸作战。1945 年复员后进入中央大学外文系。1947 年赴

美，在密苏里州立大学研究生部攻读英美文学、新闻学。1949年新中国成立前夕回国，先后在湖南大学、北京外国语学院执教，后派往新疆任研究专员。1956年调回北京，在国际关系学院从事英语教学及研究。1975年起担任河北师范大学教授、副校长兼外语系主任、顾问。1990年退休后应邀以资深学者名义在美国纽约州立大学任教。主要著述和译作有《从七层楼上展望世界》《希腊罗马名人传》《英国浪漫主义诗人抒情诗选》《培根作品精粹》《世界文学术语大词典》《英语视听说教程》《西方修辞学史纲》等。

四妹黄颂康，文学史家、翻译家。1957年获荷兰乌特支大学博士学位（是当时在海外获得博士学位的少数女性之一），其博士论文为《鲁迅与现代中国的新文化运动》，1957年由荷兰江巴顿书局出版，1975年由美国海佩雷昂书局再版。曾在英国剑桥大学教中文并讲授鲁迅短篇小说。1963年，黄颂康以华侨身份归国，进入中国社会科学院历史研究所任研究员，研究美国史，发表论文有《美国奴隶制史学的发展》《美国对布克·华盛顿的再评价》《关于对林肯评价问题的讨论》等，其英文著作还有《李大钊及马克思主义对现代中国思想的影响》，1965年由荷兰莫顿书局出版。

四弟黄宏荃，翻译家、诗人。1951年毕业于湖南大学外语系。先后在国际关系学院、河北师范学院任教。译有《英译宋词选》《量子力学史话》等，是享受国务院政府特殊津贴的专家。

这是一个即将动迁的大家庭难得的团聚。如果他们知道从明天起这个大家庭就离多聚少，这个晚餐的气氛也许就不会是现在的情形。

原来，黄右昌虽然饱受西式教育，但毕竟是读圣贤书的举人，满脑子夫权、父权思想，加上受湖南当时风俗的影响，男尊女卑的思想也非常严重。虽然他也让女儿接受良好教育，在学校也是一个和蔼可亲的教授，但在家里面完全就是一个封建家长，已经懂事的两个女儿对此十分不满。大姐黄湘借口要留下来完成大学学业，拒绝随父母南迁。已经进入中学，思想进步的二姐黄绍湘除了不满父亲重男轻女的封建思想，更不满意黄右昌到国民党政府任职，于是以陪姐姐读书为名，也拒绝了和家人一起南下。黄右昌无可奈何，沉着脸一言不发，晚餐的气氛非常沉闷，甚至有一点悲凉。

第二天，黄宏嘉和哥哥黄宏建、黄宏煦，妹妹黄颂康、弟弟黄宏荃随父母一起在北京站登上了开往天津的火车，再转津浦铁路，到达南京，开始了新的生活。

火车上，已经告别坐而论道的学术界，即将踏入风云诡谲的政界，满怀离愁别绪，对未来又怀有一丝憧憬的黄右昌，写下了一首七律诗《平津道上》，寄托此刻的矛盾心情：

> 白草黄沙万里云，中原遥望苦从军。寥寥旅雁天边影，袅袅秋风水上纹。悬价国门知不易，徙薪曲突有谁闻。后凋雅爱松和柏，青与山光一半分。

告别北平　求学南京

1930 年 12 月初，黄右昌接受胡汉民邀请，南下出任立法院立

法委员。他辞去北京大学教授、北京大学法律系主任的职务，举家南迁。

得知"黄罗马"要离京南下，北大法律系的学子依依不舍。1930年12月21日上午9点，北大二院宴会厅人头攒动、人声鼎沸，北大法律学会组织法律系全体师生在这里为黄右昌教授举办欢送会。霉湿满墙、青苔铺阶的北大二院宴会厅，在冬季显得格外阴暗，主办方不得不点亮煤气灯作为照明。大厅东边墙上，悬挂着一幅蔡元培校长的全身油画像，画中的蔡元培笑容可掬、和蔼可亲，在黄右昌看来，既像是欢送他离开北大，又像是迎接他前往南京。北大二院宴会厅是校方举行重大活动的场所，今天开放给法律系，用来举办黄右昌的欢送会，是北大校方对黄右昌的高度认可。

1930年底，黄宏嘉跟随父母兄弟妹妹一起，辞别北平，搭火车由平津铁路至天津，随后经由津浦铁路抵达南京。

稍事安顿之后，1931年春季开学时，父亲把黄宏嘉送到南京女中附小，进入四年级继续学业，1933年，转入中央大学实验小学，插班到六年级。此时哥哥黄宏煦在初中部念一年级，兄弟二人继续当校友，结伴上学。

中大实校是久负盛名的公立学校，有完整的幼稚园、小学、初中和高中部，校园就在中央大学校园（今东南大学四牌楼校区）西南角，位于大石桥东侧，紧倚北极阁，占地30余亩。校园里布置着花圃、草坪和宽阔的操场，道路平整，环境幽雅安静，是理想的学习园地。学校以设备好、教学认真、管理严格著称。

图1-4　黄宏嘉在位于南京师范大学附属中学的原中央大学
实验中学纪念亭校友姓名墙前留影

与北京高等师范学校附小苛刻、注重个人操行的英式教育模式不同，中大实校的教育深受杜威和陶行知教育思想的影响，更注重生活养成教育。除按教育部规定开设国语、算术、自然、英语、音体美等课程外，还在每天的下午课后安排社会服务、警备实习、防空实习等社会实践课程。这种教学思想充分体现在由人民教育家陶行知作词的中大实校的校歌《神圣劳动》之中：

　　神圣劳动，小工人爱做工；神圣劳动，小农夫爱耕种；神圣劳动，小兵丁爱劳动。为甚读书？为甚读书？为补助劳动。为甚劳动？为吾人类大众。神圣劳动，音乐的趣味浓；神圣劳动，科学的理无穷；神圣劳动，美术的意态工。为甚读书？为甚读书？为补助劳动。为甚劳动？为吾人类大众。

除了在盛大的场合唱校歌，每天早晨的第一节课开始前全班要一同唱一个互相请安的《早安歌》：

老师您早啊，同学您早啊，今天大家都早啊，大家都早啊！

下午最后一节课，在下课前要合唱一首《告别歌》：

功课完毕要回家去，老师同学明天再见，明天再见啊，明天再见啊！

不光有丰富的课外活动，学校还经常组织集体远足。所谓远足就相当于现在的春游。顾名思义，远足主要是依靠步行。当时经常去的地点有北极阁、鸡鸣寺、玄武湖、台城、秀山公园和明孝陵等。远足是黄宏嘉最喜欢参加的活动，可以融入大自然，认识很多新的东西，增长很多见识。每到远足活动的时候，黄宏嘉就背上装着面包点心和水果的小背包、装满白开水的小水壶，在老师的带领下，和同学们在野外做游戏、采集昆虫和植物标本，开心地野餐。

在这样轻松的学习氛围中，黄宏嘉以全优的成绩结束了小学生活。

1934年秋季，黄宏嘉顺利升入中央大学实验学校初中部学习。哥哥黄宏煦则去了南京市立一中。等到再一次当校友，已经是1940年在西南联大了。

这时，"九一八"已经过去了两年多，整个东北已经沦陷。1934年3月1日，溥仪在日本侵略者的导演下称帝，伪年号"康德"，"满洲国"改称"大满洲帝国"。4月20日，中国共产党通过"中华民族武装自卫委员会筹备会"提出《中国人民对日作战基本纲领》。7月7日，中国工农红军抗日先遣队6000余人从江西瑞金出发，北上抗日。

中大实校教师有强烈的进步色彩和民族情结，在此民族危难之际，更是同仇敌忾、慷慨激昂。每到星期一做纪念周，或者每天早上升旗的时候，学校的主任许本震都要作专题演讲；每逢国耻纪念日，比如"一·二八""九一八""五三""五七""五卅"……这一天早上升旗又降半旗的时候，他的演讲总是声情并茂、声泪俱下，黄宏嘉也总是被他的讲话打动，跟着痛哭流泪。

中大实校当时推行导师制，指定一位教师为班级导师，称为"级主任"，班级就以级主任的名字命名。黄宏嘉的班主任叫朱静秋，所以他们班就叫"静秋级"。

中大实校师资力量很强。静秋级教数学的是李日勤老师，他既教代数，又教几何，还教物理，并且兼任日勤级的导师，仍然游刃有余；教化学的是韩金鉴老师，他身材高大，记忆力过人，上课只拿一支粉笔，讲课滔滔不绝，元素周期表倒背如流，可以随手在黑板写下各种复杂的化学反应方程式；教生物的是夏绮文老师，她是大家闺秀，年轻美丽，当时还在中大读研究生，研究教育心理；教美术的匡实夫老师，多才多艺，既教写生，又教工艺，他编织的藤器，简直就是艺术品。

朱静秋是个青年教师，扬州人。他身材不高，但仪表端庄，每次上课前都要认真整理仪表，下课后必仔细洗手，一袭长衫一尘不染，讲课慢声细语，讲究遣词造句。他讲课极为生动，软软的扬州口音让人听了觉得特别亲切，像磁石一样吸引全班的每一个学生，所以朱老师很受同学们爱戴。有时，朱老师还会在阅读课上给同学们朗读他自己创作的散文：

一天到晚糊糊涂涂过着生活的人们，根本失去了生活的意义！这种人是在"生存"，而不是在"生活"！有意义的生活是清醒的、有条理的、有步骤的、前进不已的。有条理有步骤的生活，不是偶然的，也不是人人皆能做得到的。只有清醒的人能如此，清醒的人一面力求目前的现状不断地向前进，一面也检查过去的生命的痕迹，他时时自问，我过了这么久，究竟留些什么在人间？他时时自问，我所留于人间的，究竟是好还是坏？他更时时自问，我过去所做的一切，良心上觉得过得去还是过不去？总之，他是在清算过去。他要根据这个清算的结果，去定他未来的努力的方针。一个人能够时时清算清算他自己，才有走上正轨的一日，才有进步的时候，才有改过的机会，才有成功的可能。

文章富有哲理，朗诵的语调抑扬顿挫，非常优美，给黄宏嘉和同学们的心灵以强烈震撼。

明志雪耻楼　开启流亡路

初中时的黄宏嘉进入叛逆期，相当调皮。可能是受家族的影响，黄宏嘉文科成绩非常优秀，理科成绩却很一般。尤其是数学，常常跟不上进度。有一次上代数课，黄宏嘉没听懂，索性就在草稿本上画小人玩，李日勤老师看见了，扔过来一个粉笔头，提醒他集中精力上课。

粉笔头正砸在黄宏嘉额头上。当时中大实校各班之间竞争很激烈，相互不服气，而李日勤是同年级另外一个班的级主任，黄宏嘉本来就不怎么服他，于是借机发难，高声大叫："你怎么打人？"

中大实校禁止体罚学生，如果坐实的话，老师会受处分。李老师见黄宏嘉咆哮课堂，气急败坏，就把他拎出教室，在天井罚站。

过了一会儿，朱静秋老师路过看见了，问他："黄宏嘉，怎么回事？"

黄宏嘉却不肯实话实说，犟着脖子说："没怎么回事。"

"没怎么回事，李老师会罚你站？"

中大实校对学生有严格的奖惩制度，罚站是最轻微的一种处罚，用于惩戒破坏课堂纪律和公共秩序的行为。

"谁知道！"黄宏嘉依然不肯认错。

这下好脾气的朱老师也非常生气了，一把扯住黄宏嘉的胳膊，想把他拖到办公室去训诫。谁知黄宏嘉一使劲挣脱了朱老师，跑

掉了。朱老师是谦谦君子，在校园里追逐学生显然有失体统，也就没有追上来。

当然，黄宏嘉不敢就这样回家，也不敢去街上溜达，于是就躲进高中部花园里，在假山石上一直坐到下午放学，午饭也没去吃，还旷了一天的课。到课外活动的时候，朱静秋老师到花园找到黄宏嘉，在他身边坐下来，指着高中部的楼问他："黄宏嘉，你知不知道这栋楼叫什么名字？"

黄宏嘉说："知道。雪耻楼"。

朱老师接着问："那你知道为什么叫雪耻楼吗？"

"知道，因为日本人占了咱们的东三省，我们要雪耻。"

"你什么都知道啊。"朱老师语重心长地说："那你为什么不好好学数学，学到本领，将来当个工程师，造枪、造炮、造飞机，打败小日本，为国家雪耻？"

黄宏嘉羞愧地低下了头。

朱老师也没有再说什么，轻轻拍了拍黄宏嘉的面颊，就把他领回了教室。黄宏嘉这时认识到是自己错了，觉得很对不起李老师和朱老师，开始认真学习数学。

第二年，在强寇入侵、民族存亡的紧要关头，教育部为了适应战时需要，指定中大实校选择一个班级作为中学"五年一贯制"的试点，以尝试缩短学制，早出人才。经过筛选，朱静秋被指定担任试点班导师，不再担任黄宏嘉所在班级的级主任，班级新来的导师是训育处主任张振宇，所以改名叫振宇级。

一晃三年过去。1937 年 6 月，黄宏嘉初中毕业了。

6 月 2 日上午是黄宏嘉初中阶段的最后半天课。第一堂课是公民课，第二堂课是三角函数，第三、四节课合并，用来作文大考。久违的朱静秋老师亲自来监考。试卷发下来，作文题目是《士可杀不可辱说》。这个题目紧贴时事，也是朱老师在国文课上讲过的内容，黄宏嘉胸有成竹，一气呵成。朱静秋老师看了，也觉得作文语句通顺、结构分明、情绪饱满，不禁暗自点头赞许。

6月22日、23日是南京市初中毕业会考。对于中大实校的学生而言，会考的题目显得过于简单，比如数学题还有"蜗牛日上五尺夜退三尺，第五日达树顶，问树高若干?"这种掰手指头的题目，所以轻松就过关了。作文题是《我将何以立志》《我对于毕业后的希望》二选一，题目也雷同，黄宏嘉选了《我将何以立志》，谈了一番"工业救国"的人生理想。

会考的最后一科考完，振宇级的同学集体回到学校，听导师辅导升学志愿。黄宏嘉已经决定了报考本校，所以没有去听讲座，和也打算升本校的同窗好友谢元裕相约，去到朱静秋老师那里题写纪念册。谢元裕是浙江嵊县（今嵊州市）人，父亲谢冠生是当时司法院秘书长，从政前也一直在大学讲授法学课程，两家交往还算密切。

然而，还没等升学考试开考，1937年7月7日夜，驻扎在卢沟桥的侵华日军悍然向宛平城和卢沟桥发动进攻，中国驻军奋起还击，震惊中外的卢沟桥事变爆发了。

卢沟桥事变揭开了中国全民族抗战的序幕。事变的第二天，中共中央通电全国，呼吁中国军民团结起来，共同抵抗日本侵略者。全国各族各界人民热烈响应中共的号召，抗日救亡运动空前高涨，中国共产党因而成为全民族抗战的中流砥柱。为形势所逼，

蒋介石于 7 月 17 日在庐山发表谈话，宣布对日作战。

就在蒋介石发表"庐山谈话"的第二天，即 1937 年 7 月 18 日，中大实校高中部招生考试开考。上午考公民、国文，下午考理化、史地。共有来自江苏、浙江等省份的 1400 名考生参加。考试结果出来，黄宏嘉、谢元裕都毫无悬念地升入本校高中部。

还没等到开学，侵华日军又发动了"八一三"事变，把战火烧到了上海。由于日军威胁到了南京国民政府的心脏地区，蒋介石不得已接受中国共产党关于建立全民族抗日统一战线的主张，第二次国共合作的局面开始形成。

"八一三"事变后，日军连日派飞机轰炸南京。为保证学生安全，中大实校决定西迁安徽屯溪，开始漫长的流亡之路。黄宏嘉没有跟随学校西迁，和恩师朱静秋、好友谢元裕从此各自西东。

后来，谢元裕随校西迁贵阳，毕业后考进中央大学土木系。1944 年大学毕业后，应征入伍到滇缅前线充任翻译官两年。抗日战争胜利后，供职于国立编译馆。1949 年去台，任台湾工矿公司工程师，主办新竹南寮渔港工程。1954 年赴美留学，主攻桥梁设计，1962 年获得博士学位后返回台湾，任中原理工学院教授，1965 年起任台湾大学土木系暨土研究所教授，一度兼任"中国文化大学"教授，是全球知名的结构学专家，著有英文版的《结构基本理论》，被译成包括中文在内的多种语言，并被包括加州大学伯克利分校在内的许多名校采纳为教科书。1997 年 12 月病逝于美国洛杉矶。

朱静秋后来跟随中央大学流亡到重庆，在中央大学教务处工作。他感慨于时事风云激荡，把花好月圆的"静秋"改为疾风扫落叶的"劲秋"，并在报刊上发表署名朱劲秋的抗日宣传文章。抗战胜利以后，朱老师没有跟随中央大学复员南京，而是留在重庆，在一所中学教书。新中国成立以后，他被调整到新成立的西南师范学院中文系任教，直到去世。

岳麓寻祖　稚园栖身

1937年8月13日，第二次淞沪抗战爆发，标志着卢沟桥事变后中日之间由地区性冲突升级为全面战争。中国军队在装备处于劣势的情况下顽强抵抗，付出了巨大的代价，但也粉碎了日本"三个月内灭亡中国"的企图。

11月11日，在经历将近三个月艰苦卓绝的战斗之后，上海宣告沦陷；江阴保卫战中，中国海军战至全军覆没，战役此时接近尾声，首都南京门户洞开，危在旦夕。11月17日，国民政府迁至湖北武汉。11月20日，国民政府发布《国民政府移驻重庆宣言》，宣布国民政府从武汉迁至四川重庆。位于长江上游的山城重庆，成为中国战时首都。

淞沪保卫战为长三角地区工厂、学校、机关的撤退赢得了宝贵的时间。不愿做亡国奴的热血青年，跟随学校辗转安徽、湖南，进入大西南的四川、贵州、云南，谱写了一曲又一曲可歌可泣的千里流亡、弦歌不辍的英雄史诗。

1937年8月17日，日军轰炸南京，母亲李夔旭领着黄宏嘉和弟弟黄宏荃先行撤离到汉口。随后，国民政府立法院机关也疏散到武汉。借着机关迁移重庆、暂停办公的机会，黄右昌向立法院告假，带着黄宏嘉以及兄弟姐妹还乡祭祖。

图 1-5　1937 年，黄宏嘉在跟随父亲回乡祭祖期间，积极参加抗日
救亡活动。这是他和组织者杜矢甲（中共地下党员）的合影

一家人于 11 月 25 日到达长沙，和先期从北平撤回长沙的黄湘、黄绍湘姐妹会合。这时一家人单缺了老二黄宏煦，他已经加入青年学生抗日组织，刚跟随沦陷区的上海交大流亡到武汉，随后又前往大别山敌后从事抗日动员组织工作，没有随父亲还乡。

第二天一大早，黄宏嘉跟随父亲登上岳麓山。在峰顶云麓宫望湘亭，父子二人凭栏小憩。望湘亭修在拜岳石上，凌空独立，视野开阔。极目远眺，湘江环绕的长沙城区尽收眼底，可以领略"直登云麓三千丈，来看长沙百万家"的壮阔景色。黄右昌指着望湘亭柱子上挂的一副木刻楹联"西南云气来衡岳，日夜江声下洞庭"对黄宏嘉说："你看，这就是你曾祖父写的。"

黄宏嘉虽然初中刚毕业，但是也经常听老师讲抗日的道理，知道目前的局势不是发思古之幽情的时候。他心不在焉地听着父亲的絮叨，目光却扫向云麓宫周边和山腰的工地。整座岳麓山，人声鼎沸，号子声声，到处是满脸菜色的民夫和黝黑瘦小的士兵在挖堑壕、修工事、筑阵地。

父亲看了黄宏嘉一眼，叹了口气，说："你知道我为什么要带你到这里来吗？因为这里有你祖先留下的印记。人不能忘了根本，忘了根本，死了就是孤魂野鬼。你也知道目前战事紧张，长沙历来是兵家必争之地，战火肯定会烧到这里，你眼前的一切都可能灰飞烟灭。所以趁一切还美好，多看几眼，牢记在心，也不辜负祖先留下来的胜景。"

话这么一说，气氛突然就凝重了，父子俩很久都没有说话。过了一会儿，父亲又开口说道："楚虽三户，亡秦必楚。湖南在，中国就在。中国必胜，但是你们这一代人责任很重啊。"

自幼以来，父亲在黄宏嘉面前都是疾言厉色，不苟言笑，今天这样像朋友一样的促膝谈心是有生以来第一次。黄宏嘉感觉好庄严，突然觉得自己长大了。

在长沙，黄宏嘉见到了阔别七年的姐姐黄湘和黄绍湘，当然，黄宏嘉不知道，这个时候，二姐黄绍湘已经加入了中国共产党。黄宏嘉和弟弟黄宏荃同时参加了长沙抗敌后援会的活动，负责编写题为《大家看》的墙报，每周一期，张贴在后援会大门口两边墙壁上。黄宏嘉和黄宏荃还根据后援会的安排，跟随青年音乐家杜矢甲去慰问抗日战争伤病员，参加进步歌咏演出，认识了后来的二姐夫毕中杰。黄宏嘉当然不会知道，杜矢甲和毕中杰也都是中共地下党员。后来，杜矢甲去延安担任鲁迅艺术学院音乐教授，毕中杰则和黄绍湘去了重庆，在教师身份掩护下开展地下工作。

在长沙逗留一段时间后，黄右昌携一家老小取道常德，回到老家临澧新安乡黄家棚（在今新安镇右昌村）。黄宏嘉是出生以来第一次回到祖籍地，算是认祖归宗，跟随父亲四处拜见长辈、族人，应酬往来，累得不行。

黄右昌七岁丧母，是父亲在艰难困苦的环境中把他养大，父亲对他恩重如山，可是父亲病逝的时候，他正在京城参加留日学生部试，没有能够床前送终，为此十分内疚。而后赴京就职，一别又是十七年。如今山河破碎，自己又要远走他乡，更不知何时可以重返故地。想到战火延烧，家乡也许难免战祸，祖坟不知能否安然，不禁悲从中来，写下一首五言律诗，以寄托此时哀伤的心情：

> 眷我读书堂，思亲泪两行。课经忘夜水，纺织授衣忙。
> 手泽今犹在，薪传老不忘。陇头来扫墓，一步一悲伤。

黄宏嘉目睹素来严厉面无表情的父亲在祖父、祖母坟前椎心泣血的模样，念及自己前程茫茫，也不知母校今在何方，师友是否无恙，心中也是一片悲凉，不由得跟着泪流满面。

黄宏嘉跟随父亲一直在湖南淹留到1938年5月，才从常德坐火车到武汉，然后换乘民生公司的轮船，溯江而上，到达战时首都重庆，在半山上枣子岚垭的稚园暂时安顿下来。

此时的重庆，虽然中央政府机关已经安顿妥当，但是各地迁来的工厂、机关还没有得到妥善安置，尤其是战区教育机关毁坏严重，大批学校选择内迁，沦陷区师生不愿做亡国奴，纷纷选择流亡。流亡师生成为战争难民中的特殊群体，他们投靠无门、衣食无着，急需救济、安置。

为救济和安置流亡师生，国民政府出台了救济法规，设置了救济机构，一方面是为了维持大后方的社会稳定，另一方面也是为了和共产党争夺流亡青年。从1938年1月开始，教育部陆续把收容的流亡中小学教师组成中小学教师服务团，派往各地服务。

鉴于各地流亡到重庆的学生特别多，而各国立中学已经严重超员，教育部决定采纳民间人士建议，采用一边读书、一边服务的流动施教体制，按照"行则为队、驻则为营"，军训与教学相结合的方式，开办学生营，收容从沦陷区流亡到大后方的中学生。教育部指令四川中小学教师服务团负责创办学生营，取得经验之后，再次第推广。

学生营在教学上参照当时的国立中学课程纲要，同时按照青年训练大纲实施军训，原则上利用乡村固有房屋，或者搭设帐篷设营。学员训练期满合格，可转移到国立中学插班入学。

中大实校此时已迁至贵阳，改为国立贵州中学。黄宏嘉不可能到贵州复学，于是以沦陷区流亡学生的身份，报名参加了首期学生营，被编到第一大队第二中队，即高中一年级，成为学生营的首批学员。

1938年5月4日，学生营在重庆举行入营典礼。第一大队学员共计135名，分初中一、二年级，高中一、二年级共4个中队。

入营典礼上，黄宏嘉领到了书本、被褥和简单的生活用品，此外，还领到了一支真正的、配有刺刀的中正式步枪！

5月10日，一中队、二中队的学员奉命开往重庆南温泉，自己动手，披荆斩棘，凿石挑土，开辟营地。

南泉扎营　雨中行军

南温泉，简称"南泉"，距离当时的重庆市区大约15公里，温泉周围森林密布，日军飞机不易侦察到地面情况，选作学生营地比较安全。学生营的营地正对南温泉的核心景点"峭壁飞泉"，环境幽雅，也适合念书。学生们砍下一些树木搭建了一座简易的营门，营门上插了一面营旗，营旗上的图案由锄头、枪杆和书本构成，体现读书和劳动、军事相结合的办学宗旨。

每天早上五点，清脆的起床号就在营地响起。黄宏嘉和同学们一起，迅速穿好衣服，跑到操场集合出操。早操一般是跑步或者登山。早操结束再洗漱、整理内务，然后整队去操场吃饭。白天是上课、劳动或者训练，手里拿的不是书本就是锄头，或者就是枪杆。每周一、二、五、日晚饭后是晚会，由各中队导师带领，分别开展活动，或唱或跳，或猜谜对偶，形式非常活跃。晚上九点半，吹响熄灯号，一天的学习和训练才告结束。在学生营，师生共同生活在一顶帐篷下，吃同一锅饭，点同一盏灯，亲密无间。

学生营的氛围是充满青春活力和理想色彩的，但生活是艰辛的、训练是刻苦的。

黄宏嘉以前在学校虽然也经历过劳动锻炼，但是从来没干过农活。刚开始的时候，不会用锄头，锄一会儿地，就满手血泡，疼得不得了；也不会挑土，扁担上肩，两头的簸箕根本不听话，左右摇晃、活蹦乱跳，走起来跟跟跄跄，一挑土挑到半山，就累得腰酸背疼。

劳动课还好，黄宏嘉不多久就掌握了技巧，体力和耐力也增强了许多。最大的考验，还是军事训练。

学生营的军事训练，是按照正规军士兵的要求开展的，由军官充任教官，除了队列、射击、投弹，还有实战训练。虽然教官对学生不能打骂，但是惩戒也是很重的，轻则罚做俯卧撑，重则勒令向山顶碉堡冲锋。

黄宏嘉在第一次"黑夜搜山"的演习中，就得了零分，被罚冲锋。

那次演习前，导师先带领学员们到演习区域熟悉地形，辅导他们绘制好地图，这也是地理教学的内容之一。演习那天，教官给每个小队指定了一块区域，要求学员在规定时间到达指定区域，并且找到"奸细"——躲藏在树林里的导师。到达目的地，捉不到"奸细"的只能算及格，不能到达目的地，记零分。

为了降低难度，演习是在一个有上弦月的晴朗的晚上展开的。那天晚上，各小队刚集合完毕，大队的冲锋号就响了。黄宏嘉慌忙中随着队伍朝山上跑去。朦胧的月光下，隐约可见山间的小路蜿蜒着绕过一片黝黑的柏树林，进入树林里就再没有道路。学员们手脚并用，努力往山上爬。忽然，一位调皮的学员念了一句"盲人骑瞎马，夜半临深池"，马上就被教官厉声呵斥："不许说

话!"复又只听见窸窸窣窣的脚步声。

黄宏嘉跟着队伍爬了一阵,突然发现周围并不是自己小队的同学。原来他只顾跑得快,跟错队伍了。他还算冷静,拿出地图,借着月光,努力想找出自己现在的位置。但是令他绝望的是周围根本没有可以定位的地标。黄宏嘉万般沮丧,只好急急忙忙一个人回到起点,重新出发去找队伍。等他走到半山腰,迎面就碰上了已经完成任务凯旋的队友。

黄宏嘉在总结会上受到了严厉的批评,被罚在黑夜里一个人向山顶冲锋。

对这次挫折,导师和教官主要批评黄宏嘉脱队,而黄宏嘉自己总结的教训,是准备不充分、不细致。他想,如果自己绘图的时候标记能够更详细一点,那么脱队之后也许还可以赶上队伍,不至于回到起点从头再来。当然他没有和导师争辩,而是把这事当作教训,记在了心里。

在整个学生营集训期间,让黄宏嘉一生难忘的经历,还是那一次雨中行军。

1938 年 11 月的一个星期天,天刚蒙蒙亮,一阵凄厉的紧急集合号在营地上空响起。紧急集合号不同于平时的集合号,要求全体学员全副武装、携带所有辎重快速集合。一般是有紧急任务才会吹紧急集合号。

紧急集合完毕,营主任下达了命令:"一中队、二中队全体学员,30 里急行军,马上出发!"

绵绵秋雨已经下了好几天,南温泉的乡间土路泥泞不堪,黄宏嘉背着背包、扛着中正式步枪,戴着斗笠,跟着队伍在油一般滑的田坎上艰难地挪动。队伍里不断有人摔成嘴啃泥，或者摔个仰八叉，或者失足掉进冬水田里，惹来一阵哄笑。黄宏嘉也摔倒了好几次。遮雨的斗笠不仅无济于事，反而不争气地东偏西歪、遮挡视线，黄宏嘉好想把它扔掉，可是纪律又不允许。背上的背包越来越重，肩上的枪也越来越沉，扣在皮带上的瓷缸不停晃动，和刺刀鞘相互碰撞，发出叮咚叮咚的响声。队伍逶迤着拖了一里多路，营部教官和各队导师不停地催促学员"快点，跟上！"

30里地，走了整整半天。黄宏昌整个人都散架了，回到营地操场，也不管地面全是烂泥，一屁股就坐了下来。

队伍陆续回到营地后，教官也没有要求整队，同学们或坐或站，听营主任训话："同学们，今天累坏了吧？你们都十六七岁了，前线的士兵，比你们年纪大不了多少，对他们来讲，今天的行军是家常便饭，而且，这里没有枪林弹雨，没有飞机轰炸，已经是很轻松了！所以，你们要刻苦地训练，不但要有完备之学问，还要有强壮之体魄、顽强之精神，才能肩负起未来之责任！"

黄宏嘉虽然这时候很累，但是这些话直击他的心田。

队伍解散之前，同学们按惯例在音乐老师的指挥下齐唱《毕业歌》。满身泥水、疲惫不堪的学员们，这时的情绪比往日似乎更为激昂，嘹亮的歌声在南温泉的山谷里回荡：

> 同学们，大家起来，担负起天下的兴亡！
> 听吧，满耳是大众的嗟伤；看吧，一年年国土的沦丧！
> 我们是要选择"战"还是"降"？
> 我们要做主人去拼死在疆场，我们不愿做奴隶而青云直上！

我们今天是桃李芬芳，明天是社会的栋梁；

我们今天弦歌在一堂，明天要掀起民族自救的巨浪！

巨浪，巨浪，不断地增长！

同学们！同学们！

快拿出力量，担负起天下的兴亡！

巨浪，巨浪，不断地增长！

同学们！同学们！

快拿出力量，担负起天下的兴亡！

黄宏嘉自幼在父亲严厉的教育下养成了倔强、不肯服输的脾气，体魄又在学生营里得到了很好的磨炼，更加能吃苦耐劳，也从此养成了百折不挠的个人品格。学生营的军训，也为他在抗战后期从军生涯打下了坚实的基础。

当然，也有一些人吃不了这个苦，当了逃兵。半年后，学生营的学员就只剩下110多人。

黄右昌虽然把黄宏嘉送到了学生营，但是对黄宏嘉在学生营的情况还是不大放心，曾经以国府立法委员的身份，亦公亦私抽空去营地视察过一次。他看见原本还是文弱书生的小青年，经过几个月的学生营生活，已经变得坚毅、壮实，倍感欣慰，当即赋诗一首，用来勉励儿子。诗云：

花滩溪里缓舟行，旋转乾坤一棹轻。百道飞泉来呼啸，双悬瀑布作龙鸣。路多岌嶪山乘榻，雨澈连宵昼放晴。更喜青年能尚武，卧尝先见学生营。

诗作情绪饱满、意气风发，足以表明他对学生营培养青年学子的尚武精神和卧薪尝胆的坚忍精神深表赞赏。

黄宏嘉在南泉学生营生活了半年。12 月初，黄宏嘉结束学生营生活，被分配到专门安置江浙沪流亡学生的国立第二中学，重新开始了正常的学校生活，也迎来了他一生中的重大转折。

江城合川逢知己　国立二中遇名师

1938 年 12 月 7 日，下午 4 点左右。嘉陵江、涪江汇合处的合川鸭嘴码头。

从重庆启航的民生公司民生号客轮缓缓靠上了码头的趸船。一位学生模样透着军人气质的青年随着人流下了船。他背着简陋的背包，手里却提着一只和背包不搭配的皮箱。他就是刚从南泉学生营转到国立二中的黄宏嘉。

合川位于重庆北部，与北碚相邻。因为嘉陵江、涪江、渠江在此汇合，所以古称合州。1913 年，民国北京政府废州设县，遗老乡贤，舍不得"合州"的辉煌，于是去掉"州"字三点，改名叫合川县。合川三江汇流，号称"江城"，水运发达，长期以来就是重庆与川东北和陕西、甘肃的交通节点和物质集散地。抗战以来，重庆成为战时首都，合川更是担负起了接纳沦陷区难童和学校的使命，国立第二中学、江苏南通中学、育才学校、战时儿童保育会直属第三保育院先后都落户合川避难。

黄宏嘉下了船，找到一块空旷的地方，放下手中的皮箱，四处环顾，寻找约好来接他的江苏同学会同学的身影。

　　一个清瘦的学生模样的青年走到黄宏嘉跟前，操着南京话问："你是黄宏嘉同学吗？"

　　"是，是。我是黄宏嘉。"

　　青年友善地笑了笑，自我介绍道："我叫吴良镛。我来接你去学校。"

　　"谢谢，谢谢。"黄宏嘉连连道谢，准备去提放在地上的皮箱，吴良镛已经抢先提到了手上："走吧，还有好几里路呢。慢了就赶不上晚饭了。"

　　黄宏嘉跟着吴良镛沿着码头的石梯进了县城。县城的街道不宽，街道两边基本上是一个接一个的院子，临街都是店铺，间或有几处白墙朱门的祠堂或者大宅。走过几条街，又出了城，沿着一条石板路，来到一处寺庙，赭墙朱门，山门上方并没有匾，只是大书"定林寺"三个大字。

　　吴良镛说："到了。"

　　眼前这座庙，叫濮岩寺，是国立第二中学校部所在地。

　　山门上方写着"定林寺"，怎么又叫"濮岩寺"呢？濮岩寺始建于唐代开元年间，最初的名字叫作庆林观，之后更名为定林寺。明朝时，因为相传这里曾是古濮国所在，山上有座"濮子墓"，当地人就把这座小山丘叫作"濮岩"，寺庙也相应叫成了濮岩寺。唐宋时期，濮岩寺香火鼎盛，背后山崖有许多精美的摩崖石刻，据顾颉刚等人考证，是大足石刻的蓝本。宋以后，由于战乱，寺庙逐渐荒废。濮岩寺的前方有一块洼地，据说曾经是一方池塘，有一个诗意的名字叫作"濮湖"，"濮湖夜月"还是当年的"合州八景"之一。但是随着寺庙的荒废，濮湖也干涸了，只留下残迹。

民国初年，濮岩寺被占用作为军营，用来训练宪兵。1938年初，负责筹建国立二中的原扬州中学校长周厚枢看这里环境幽静，出入也比较方便，所以把濮岩寺选作校址。先是高中男生部在这里办学，后来合川人民把附近的蟠龙山捐赠给国立二中，于是高中女生部、初中部也陆续迁来合川，濮岩寺就成为校部和高中部的驻地。

图1-6　抗战时期国立第二中学旧址

图 1-7　1938 年吴良镛手绘的国立二中远眺速写

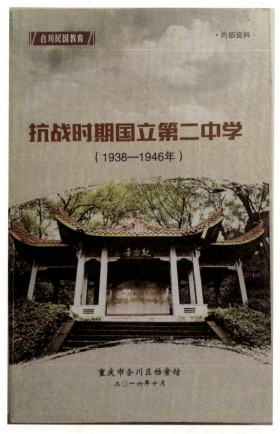

图 1-8　重庆市合川区档案馆利用馆藏编纂的
《抗战时期国立第二中学》校史资料

黄宏嘉跟着吴良镛迈进山门，只见迎面立着一块麻石，上面模糊刻有"濮湖"两个大字，算是照壁。里面的房屋是典型的川东民居，上盖青瓦，下铺三合土（由石灰、煤灰、黏土混合压实的混凝土），墙壁用竹编抹黄土刷白，石灰掉落的地方，露出斑驳的黄泥。当地人把这种墙叫"夹泥墙"，是川东民居的特色。院子夹杂着扬州和苏州园林的风格，房屋呈"工"字形布局，院中有假山、水池。昔日的大雄宝殿被改作大礼堂和饭堂，陈年的仿古木窗、双扇大门相呼应，也颇有一点森严学府的味道。

吴良镛把黄宏嘉带到注册处。注册处老师查验了学生营开具的黄宏嘉转学证明，转过头问吴良镛："你们认识？"

吴良镛回答："我们是南京老乡。"

"你在哪个班？"

"我在四零秋丙班。"

注册老师笑了笑，说："那好，黄同学就到四零秋丙班。你带他去安顿一下吧。"

就这样，黄宏嘉成为国立二

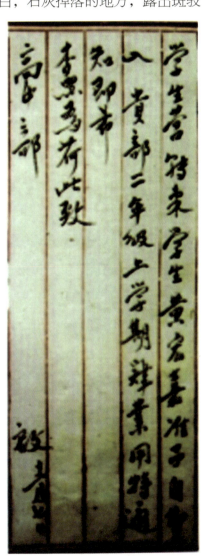

图1-9　1938年12月7日，国立二中注册处开具给高中部的黄宏嘉入学证明

中高中二年级的一名正式学生。

国立二中师生以在江苏赫赫有名的扬州中学流亡师生为主。战前，扬州中学的名声远胜中大实校，内迁改建为国立二中以后，主要安置京、沪、苏、皖、浙的流亡师生，这些地方都是中国教育质量顶尖的地区，教师除了来自扬州中学，还有很多镇江中学、常州中学等江苏名校的老师，所以国立二中在当时号称中学里面的"西南联大"。

黄宏嘉虽然顺利考入中大实校高中部，但是一直处于颠沛流离的状态，没有能够入学。在学生营的半年时间虽然比较安定，但是学生营的性质决定了教学的质量和正规学校还是有很大差距。黄宏嘉相当于以初中毕业生的底子，直接跳级进入了高中二年级，而且是顶尖名校的高中二年级，学习的压力非常大。

第一个拦路虎，就是黄宏嘉一直犯怵的数学。

国立二中的老师基本上都是名师，对教材的选择也非常讲究。以数学课为例，代数课选用的是刚刚出版的《范氏大代数》，几何课选用的是《三S平面几何学》《三S立体几何学》，三角课选用的是《龙氏平面三角法》，全是新出版的汉译美国教材。基本上是初中底子的黄宏嘉一看就傻眼了。虽然有吴良镛等同学热心帮助，黄宏嘉的数学也只是勉强维持在及格线上下。

数学老师汪桂荣注意到了黄宏嘉的异常。一天晚自习的时候，他把黄宏嘉叫到办公室，单刀直入地问："黄宏嘉，你物理成绩还可以，为什么数学成绩不那么理想，是不是我的口音你听不懂？"

黄宏嘉说："不是。是我基础不好，以前没学过大代数。"

汪桂荣笑了："什么大代数小代数，都是代数，你初中能学好，高中也一定能学好。"

黄宏嘉嗫嚅着说："我初中的代数也不是很好。"

"那也不是问题！"汪桂荣继续说："数理一家，你物理能学好，数学也一定能够学好。"

汪桂荣是江苏江都县（今扬州市江都区）人，生于 1899 年，是当时全国知名的中学数学老师，曾经在黄宏嘉的母校中大实校的前身东南大学附属中学教过数学。他专门研究高中数学教学法，是民国时期新学制高中代数以及高中三角课程纲要的起草者。他身材魁梧，平时穿一件灰大褂，大腹便便，慈眉善目，讲话慢条斯理，被戏称为"汪大菩萨"。汪桂荣教学精湛，他自称其教学方法是"牛肉汁的灌输"，特别注重在广泛阅读的基础上，把学生们应当记忆的地方，提纲挈领加以整理，便于学生掌握。

汪桂荣慧眼识珠，看到了黄宏嘉的潜力，于是经常利用晚自习单独给黄宏嘉开小灶。从数的认识这些最基本的概念讲起，然后到基本演算、方程式、函数、对数一直到行列式、高次方程，有针对性地讲解、练习。黄宏嘉渐渐掌握了要领，也因此对数学有了浓厚的兴趣，特别喜欢听汪老师的课，没听懂的地方，下课后就抄同学的笔记，再一遍一遍地琢磨。

"学习这个东西，不用功是不行的啊。"黄宏嘉经常这样提醒自己。

经汪桂荣老师点拨，黄宏嘉忽然像是打通了数学的任督二脉，豁然开朗。经过一个学期的艰苦努力，黄宏嘉的数学成绩有了很大提升，虽然没能在年级名列前茅，但是已经进入中等偏上的水平。汪桂荣老师堪称是黄宏嘉的伯乐，成功激发了黄宏嘉在数理方面的天赋。黄宏嘉成为院士之后，在接受采访时还多次以崇敬和感激的口吻说："汪老师学识渊博，教学得法，不但给我在数学方面奠定了一个良好的基础，终生受益，而且使我立志学习理工。"

钓鱼城内吊英雄　大轰炸中考大学

1939 年 7 月，黄宏嘉四弟黄宏荃也进入国立二中初中部读书。父亲黄右昌送黄宏荃来学校，顺便也来看望黄宏嘉。黄右昌早就听说了合川有个钓鱼城，是著名的古战场遗址，就领着黄宏嘉兄弟前去凭吊。

黄宏嘉也早就知道钓鱼城。国立二中之所以落户合川，和钓鱼城有一定的因缘。在国立二中落成后的第一次开学典礼上，校长周厚枢就对同学们说："我们为什么把学校建在合川？因为这里有座英雄的钓鱼城，坚持抗战 36 年，还打死了蒙古大汗。我们就是要把钓鱼城的精神用到我们今天的抗战！"

黄宏嘉虽然来合川已经有大半年，但是学校在郊外，进出不便，还没有去过钓鱼城。问了去过的同学，说到鸭嘴码头能叫到渔船，顺水去钓鱼城前山；游玩后从后山下来，又可以坐顺水船回到鸭嘴码头，这样最方便。

钓鱼城建在合川城区东岸的钓鱼山上，筑于南宋淳祐年间，在当时已有 600 多年历史。1243 年至 1279 年，南宋合州军民婴城固守 36 年，抵御了蒙、元精锐之师，元宪宗在御驾亲征钓鱼城的战斗中死于城下，钓鱼城因而成为名扬天下的古战场遗址。

尤其在眼下，钓鱼城更有威武不屈、坚持抗战的象征意义，包括蒋介石在内的国民党军政要员都到过钓鱼城凭吊。

图 1-10　位于重庆市合川区东郊的钓鱼城古战场遗址

渔船顺流而下，到了钓鱼城水军码头遗址。黄宏嘉和父亲、弟弟下了船，沿着登山小道，经始关门、飞来寺、"护国名山"石牌坊，进入护国门，沿途边走边看。

饱经风霜的钓鱼城满目断壁残垣，但是山上的石刻、庙宇还基本完好。

钓鱼山上出乎意料的热闹。原来是中央陆军军官学校特别训练班在这里集训，也是取钓鱼城坚韧不拔、坚持抗战的象征意义。

在钓鱼山顶的护国寺门前，黄右昌指着匾额上的"护国寺"三个大字对黄宏嘉兄弟说："护国思想是佛教的重要思想，所以国内叫护国寺的寺庙很多。但是钓鱼城这个又更应景了。"

护国寺旁边是忠义祠，里面奉祀着五位钓鱼城守将。黄右昌对黄宏嘉说："中国的文化，崇文尚武的落脚点都是尽忠报国。你看各地民间祭祀的人物，要么是为国捐躯的，要么是为民请命的，让老百姓记得住你，才叫作不朽！"

步出忠义祠，黄宏嘉站在古钓鱼台上，极目远眺。脚下的嘉陵江宛如一条玉带，在阳光的照射下反射出粼粼波光。江对岸的豫丰纱厂热气腾腾，纺织女工正在为抗战赶制军需。两江汇合处南岸，巍巍的文峰塔下，晒网沱码头舟楫密布，码头工人正在搬运抗战物资。灰白相间的合川城夹江而立，市民或步履匆匆，或品茗下棋，一片祥和景象。大后方虽然生活艰苦，但是人民勇敢、坚忍、勤劳，有这样的人民，任何强寇都必将被驱逐、被战胜。黄宏嘉感觉心胸开阔了许多。

黄右昌临走时，写下一首诗送给黄宏嘉、黄宏荃兄弟，勉励他们以钓鱼城抗战精神为镜鉴，好好读书，学有所成，报效祖国：

濮湖名著古丛林，唐宋碑文尚可寻。江水合流环碧玉，菜花遍野灿黄金。岂无历史存乔木，尽有弦歌惠好音。此去钓鱼城不远，长留日月照丹心。

黄宏嘉进入高三以后，中国人民的抗日战争正处于战略相持阶段。侵华日军在前线的进攻已经成为强弩之末，于是利用空中优势，对我大后方进行狂轰滥炸。合川作为战时重要的物资集散地和交通枢纽，也成为日军轰炸的重点。

图 1-11　1940 年，已经高中毕业的黄宏嘉和正在初中部读书的
弟弟黄宏荃在合川国立二中合影

　　1940 年 5 月 30 日 10 时 37 分，27 架日军轰炸机由北面侵入合川县城上空，对平民区进行投弹轰炸，前后历时约 3 分钟。此次轰炸共造成 175 人死亡。炸伤 149 人，其中重伤 68 人，造成直接财产损失 3 万多元。

　　这次轰炸揭开了日军对合川平民进行惨无人道的大轰炸的序幕。随后，日军飞机或者在轰炸重庆时飞临合川上空，或者直接以合川作为轰炸目标，整个夏季防空警报不断。国立二中师生同合川人民一样，"跑空袭"成了家常便饭，学习生活的节奏全部被

打乱。

黄宏嘉和国立二中的师生一道，喝着稀粥，嚼着胡豆，冒着日本侵略者的轰炸，在昏黄的油灯下努力学习，希冀学有所成，报效国家。同时，师生们积极开展抗日救亡的宣传活动，参与救护伤员，和合川人民一起，胼手胝足，一次次重建家园。1940年2月，饱受日军轰炸摧残的合川人民同仇敌忾，发起"一人一元"募捐活动，捐款购买战机，支援抗战。国立二中师生也自编自演话剧参加义演，为"献机运动"筹款，三天的义演，共募得捐款40000多元。

在这种激越而又祥和、亢奋而又安静的氛围中，黄宏嘉在国立二中度过了一年半的求学生涯。

1940年7月，黄宏嘉高中毕业了。此时，他的学业已经突飞猛进，数学已经从拖后腿的学科变成了优势学科。他重拾信心，违拗了父亲黄右昌要他学文科、传承黄家诗文衣钵的意愿，决意学工科，走"工业救国"之路，于是报考了国立西南联合大学的机械工程系。因为他要实现当年中大实校的班主任朱静秋对他的希望："将来当个工程师，造枪、造炮、造飞机，打败小日本，去为国家雪耻。"

因为大轰炸的原因，1940年度重庆地区的国立大学统一招生考试是在防空洞里举行的。这年的全国统考有8门课程，其中公民、国文、英文、生物四门为必考，理工科加考数学、物理、化学、中外史地四门。重庆在沙坪坝、江津、北碚设有考点，但国立二中是生源大户，所以专门设立了考场，算是北碚考点。

7月20日上午，国立大学统一招生考试正式开考。

7月22日是考试的最后一天，上午考数学和生物。黄宏嘉对数学已经是成竹在胸，考试非常顺利，其中有一道关于德莫伊夫定理的题目，汪桂荣老师还曾经作为重点讲过。当最后一门生物考试完毕，黄宏嘉正准备交卷离场的时候，防空洞外面响起凄厉的防空警报，敌机又来了。

这次的轰炸特别猛烈，黄宏嘉只觉得地动山摇。防空洞的碎渣不断下落，油灯也被震灭了。警报解除后，同学们陆续走出防空洞，只见整个合川县城遍地火光，四处瓦砾，满街伤员。见此情景，考生已经没有心情吃午饭，大家在老师的组织下，整队进入城区，帮助驻军和老百姓从断壁残垣中抢救伤员和物资。

事后得知，这天13时46分，第一批敌机共24架由东南方向侵入合川县城上空。以"品"字队形变换成"一"字队形，投掷炸弹、燃烧弹多枚，然后机枪扫射，持续约3分钟。继而第二批共27架、第三批共36架相继侵入，在合川上空盘旋投弹、扫射持续约4分钟，然后折转东南方向向南飞去。这次轰炸，共投弹500枚以上，所投掷的炸弹多为重磅炸弹，一时间城内火光冲天，火头达21处；全城电报、电话毁坏殆尽；民生公司自来水厂、消防设施全被炸毁；县政府、法院、监狱被夷为平地，县城五分之三的街道化为废墟。此次轰炸共造成700余人死亡，重伤260余人，轻伤者不计其数。财产方面，除电报、电话、消防设施外，县内机关团体如县政府、法院、税务局、管狱署、银行、民众教育馆等全被炸毁，商会及其他机关亦大部分被毁，2000余户平民房屋被毁，嘉陵江上90艘船只被炸毁，直接财产损失3000万元以上。

　　傍晚，筋疲力尽的同学们刚刚回到学校，又有噩耗传来：国立二中同学们非常敬重的江苏省首席国文教员戴劲沉父子在轰炸中不幸遇难。同学们闻讯无比悲愤，很多人泣不成声。

　　考试虽然结束，可以离校了，但黄宏嘉和同学们一直坚持劫后的抢救工作，用实际行动报答合川人民的接纳和厚爱。直到7月25日，现场的善后工作告一段落，黄宏嘉才收拾行装，告别了国立二中的师友，回到家中等待考试结果。

　　恩师汪桂荣后来到国立中央技艺专科学校担任教授，研究工厂管理，但大部分时间在教高等数学。1941年，他受聘担任中央大学师范学院数学系副教授，主讲数学教学法。1949年春，汪桂荣因心脏病突发病逝于南京，年仅52岁。黄宏嘉和恩师汪桂荣合川一别，竟成永诀。

　　同窗好友吴良镛报考了中央大学建筑系。合川在大轰炸中遭遇的浩劫促使吴良镛选择了建筑专业，立志要重整城乡。两人同时离开国立二中，乘船到达重庆朝天门码头。下了船，黄宏嘉与吴良镛在火辣辣的毒日头下互道珍重，挥手别过。这一别，等到再一次聚首，已经是在1981年5月的中国科学院第4次学部委员大会上。1980年，中国科学院恢复评选学部委员，黄宏嘉和吴良镛同时当选为技术科学部学部委员（1993年以后称院士），阔别整整40年的同班同学，光荣重聚，再度同框合影。

　　1940年9月初，黄宏嘉收到了国立西南联合大学机械工程系的录取通知书，他很激动，工程师之梦将要成为现实，他因此对未来充满了憧憬。

第二章

南渡北归

1937 年 7 月 7 日夜，日军借口一名士兵"失踪"，悍然向由中国守军驻守的宛平县城发动进攻。卢沟桥事变爆发，中国守军寸土不让，坚决回击日本侵略者的挑衅和进攻。卢沟桥事变标志着抗日民族统一战线旗帜下的全民族抗战正式开始。随着战事吃紧，平津告急，北平城内的清华大学、北京大学和天津的私立南开大学奉命筹备南迁。7 月 29 日，日机轰炸天津，南开大学遭受猛烈轰炸，校园付之一炬。7 月 30 日，平津陷落。北平沦陷后，国民政府命令清华、北大、南开三校在湖南组建长沙临时大学。

1937 年 10 月 25 日，长沙临时大学开学，11 月 1 日正式上课。临时大学综合了清华、北大、南开原有的院系设置，设 17 个学系。1937 年底，南京沦陷，武汉危急，战火逼近长沙，长沙临时大学被迫再度奉命迁校至昆明。

1938 年 4 月 2 日，教育部以命令转知：奉行政院命令，并经国防最高会议通过，国立长沙临时大学更名为国立西南联合大学。校名取消"临时"二字，意味着抗战的长期性。6 月 8 日，"国立西南联合大学关防"到校，7 月 1 日正式启用。

在战火纷飞的年代，在中华民族最危险的时候，祖国西南边

陲的春城昆明，出现了一所彪炳史册的著名大学——国立西南联合大学。西南联大在昆明办学 8 年，全体师生在艰苦卓绝的办学环境中同仇敌忾，弦歌不辍，书写了中国近代教育史上最辉煌灿烂的篇章，创造了中国乃至世界高等教育史的奇迹。

1945 年，抗日战争以中华民族取得全面胜利、日本帝国主义无条件投降而结束。中国人民抗日战争是近代以来第一次取得完全胜利的民族解放斗争。

河山既复，日月重光，西南联大不辱使命，大功告成，奉命撤销。1946 年 5 月 4 日，学校举行最后一批毕业生的结业典礼，西南联大正式宣布结束，原有三校陆续迁回原址复校。临别之时，校方决定勒石立碑，以纪念西南联大"与抗战相终始"的光荣岁月。碑文由冯友兰撰文、闻一多篆额、罗庸书丹，享有"三绝碑"的美誉。碑文写道：

中华民国三十四年九月九日，我国家受日本之降于南京，上距二十六年七月七日卢沟桥之变为时八年，再上距二十年九月十八日沈阳之变为时十四年，再上距清甲午之役为时五十一年。举凡五十年间，日本所鲸吞蚕食于我国家者，至是悉备图籍献还。全胜之局，秦汉以来所未有也。

……

稽之往史，我民族若不能立足于中原，偏安江表，称曰南渡。南渡之人，未能有北返者：晋人南渡，其例一也；宋人南渡，其例二也；明人南渡，其例三也。风景不殊，晋人之深悲；还我河山，宋人之虚愿。吾人为第四次南渡，乃能于不十年间，收恢复之全功。庾信不哀江南，杜甫喜收蓟北。此其可纪念者四也。

中国人民抗日战争的胜利，彻底洗刷了近代以来抗击外来侵略屡战屡败的民族耻辱，"南渡"之后，终于"北归"，成为中华民族走向复兴的历史转折点。

西南联大短短 8 年时间，仅招收 8000 余名学生，却培育出一大批杰出的人才。据统计其中包括了 2 位诺贝尔奖获得者、4 位国家最高科学技术奖获得者、175 位院士和一大批社会科学方面的资深教授、研究员。

黄宏嘉，就是西南联大在战火纷飞的年代培育出的中国科学院院士之一。

揖别朝天门　南下叙永城

1940 年 9 月，国立西南联合大学录取终于放榜，黄宏嘉终于等来了被国立西南联合大学录取的消息，如愿以偿进入西南联大工学院的机械工程学系。那时，在黄宏嘉心目中，只有机械才是真正的工科，才能造枪、造炮、造飞机，所以选报了当时非常热门的机械工程。二哥黄宏煦也从武汉大学转入西南联大，进了工学院土木工程学系。兄弟二人再度成为校友，还在同一个年级、同一个学院。

这一年西南联大放榜比其他大学晚了将近两个月，是有原因的。

1940 年，希特勒在欧洲绕过马其诺防线，占领了法国。日本趁法国战败，无暇东顾的机会，大举入侵法属印度支那，迅速占领了越南，屯兵中越边境，觊觎中国西南。日军飞机开始从越南机场起飞，轰炸昆明。英国在法国的 20 万大军千里大溃败，由敦刻尔克仓皇退回本土，大英帝国已无力顾及在亚洲的殖民地，只能答应日本条件，封锁中国西南唯一的出入境通道滇缅公路，换取英军在缅甸苟且偷安。即便如此，日军也随时可能入侵缅甸，威胁云南。风云诡谲，转瞬间云南从后方变为前线，原本以为远离战火的西南联大，再次处于险境。

由于战局不容乐观，国民政府敦促西南联大再次迁校。当时，国内知名大学除国立厦门大学迁至福建长汀，坚持敌后办学外，大部分名校都迁到了四川。如中央大学迁到重庆，武汉大学迁到乐山，同济大学迁到宜宾。因此国民政府要求西南联大也迁入四川。四川省政府对西南联大入川表示热烈欢迎，提供了白沙、泸县、宜宾、叙永供西南联大选择。经过实地考察，校委会选定临近泸县的川南小县叙永为新的校址。

叙永是云贵川三省交界地区的一座边城，陆路有川滇公路过境，乘汽车可直达昆明，如果迁校的话，交通比较方便；水路坐木船可通泸县，然后沿长江直达重庆，也便于中央对学校的控制。西南联大事先派人到叙永，与叙永有关人士洽谈迁校事宜。筹备工作尚未妥当，重庆当局又一再催促学校迁川。于是，作为一个折中，西南联大叙永分校就在毫无准备的情况下仓促成立。9 月，西南联大在报上刊出公告，要求 1940 级新生和先修班同学，一律在 12 月 10 日前到叙永分校注册上课，原在昆明的学生继续留在昆明，根据战事的发展再做决定。

二哥黄宏煦不知道这个情况，早在 8 月份就先行去了昆明。现在后悔也来不及，只好自己设法从昆明赶到叙永报到。

11 月下旬，黄宏嘉收拾行装，辞别父母兄弟姐妹，在重庆朝天门码头登上民生公司客轮，溯江而上，前往西南联大，开始他的大学生活。

启程的那一天早晨，重庆难得云开雾散，晴空万里。朝天门码头熙熙攘攘挤满了人，旅客、挑夫、小贩摩肩接踵，喧嚣嘈杂。黄宏嘉背着简单的行囊，登上了由重庆开往宜宾的"民望"号客轮。

"民望"号客轮是民生公司最早投入川江航行的轮船，船上设施已经比较陈旧。抗战期间，运输紧张，船票一票难求，黄宏嘉好不容易才买到统舱票，没有座位，就在甲板上随便找了一个位置安顿下来，和一群流亡学生、受伤士兵挤在一起。

早上 7 点 15 分，轮船拉响汽笛，趸船上的工友解开缆绳，轮船慢慢驶离码头，向长江上游缓缓驶去。此时，万丈阳光洒在江面上，反射出一片耀眼的金光，晃得黄宏嘉睁不开眼，江心不时地吹来阵阵凉风，让黄宏嘉觉得神清气爽，比闷在家里的感觉舒服多了。在家里，黄宏嘉明显感到二姐黄绍湘和二哥黄宏煦同父亲黄右昌格格不入，很少说话，二姐二哥甚至尽量避免回家，家里的气氛并不和谐。如今自己能够借上学的机会逃离家庭的环境，也觉得如释重负，心情格外轻松，并没有什么离愁别绪，反而对未来的大学生活充满向往。

11 月的长江已经过了汛期，但水量依然充沛，江水平缓如镜，轮船虽是逆流而上，速度还是比较快。黄宏嘉跑到船舷，凭栏眺望岸边的农家风景。甘蔗和稻谷早已收割，田野里只剩下草垛，一排一排犹如站岗的士兵；间或有一片片果园，正值橙黄橘绿，装点着江山。

下午四点半，轮船到了江津县城，靠岸稍作停留，补充给养后，继续前行。太阳将要落山之际，轮船到达白沙码头，只见夕阳西照，晚霞满天，烟波渺渺，暮霭沉沉，恰是一幅"一道残阳铺水中，半江瑟瑟半江红"的生动图画。

川江不能夜航，轮船要在这里停靠过夜。黄宏嘉趁机下船到镇上溜达了一圈。白沙镇属于江津县，这里江面宽阔、水流平缓，是长江上游难得的深水良港，而且是川黔滇驿道上的一个重要集镇。国民政府迁都重庆以后，这里被重庆卫戍总部确定为战时首都机关疏散地，设有重庆市户口疏散白沙指挥所，省内外一批机关、工厂、学校纷纷迁来此地，使这个昔日的水码头更加繁荣，成为抗战大后方的一个经济文化重镇，同时还成为"新生活运动"的示范镇。这时正该吃晚饭，街上熙熙攘攘，临街的小酒馆座无虚席，食客们吆五喝六，好不热闹，完全没有战时气氛，倒有几分升平景象。船上的饭难吃，分量还少，黄宏嘉忽然觉得肚子饿，于是找到一个小摊，冲了一碗米花糖开水喝下，又香又甜还热乎，喝完抹抹嘴，觉得好惬意。

晚秋的天黑得快，黄宏嘉不敢久留，匆匆回船。朦胧的月色下，江风习习，已经略有寒意。黄宏嘉进船舱找了一个角落，解开背包，裹上被子蜷成一团，蒙眬睡去。到第二天一早醒来，轮船早已开航。长江上游重庆以上河段，水流比较平缓，江面比重庆段更为开阔，轮船的速度也更快。下午四点，船就到了泸县码头。

泸县，古称"江阳"，南朝梁大同年间（535—546年）置泸州，民国初年废州设县，改名为泸县，但是民间仍然习惯性把泸县县城称为"泸州"。泸州是长江上游重要的港口城市。由重庆前往贵州、云南，大多乘船到泸州，然后弃水登岸，各奔前途，泸州于是成为长江上游非常繁华的水码头。

泸州位于长江和沱江交汇处，也是两江四岸三镇的格局。西南联大叙永分校的新生接待站设在长江南岸蓝田坝的中国旅行社招待所。黄宏嘉于是重新背着行囊坐轮渡过江，好不容易找到中国旅行社招待所，天已经黑了。

负责新生接待的是黄中孚老师，他查验了黄宏嘉的入学手续，然后告诉他："学校没有接新生的专车，接待处有西南公路局免费的搭车票，每天可以捎带几个人。你只能先在这里住下来，也可以另外找地方住，每天到这里来守候，看有没有当天的搭车票，也可以去码头搭运货的小木船，沿永定河去叙永，不过坐车只需要六七个小时，坐船要三天。"

黑灯瞎火的，另找住处太麻烦了，黄宏嘉只好就在这里住下来。一看房价，两人住的房间一张床一晚要四块一，嫌太贵，于是住了通铺。通铺里住的好多都是本校刚录取的新生，也是在这里候车，大家并不觉得生疏，黄宏嘉感觉时光仿佛回到了南温泉的学生营。

就这样等了将近半个月，黄宏嘉终于在一天早上9点钟爬上了一辆开往叙永方向的卡车。卡车刚好没货，满载兴高采烈的西

南联大 1940 级新生，顺着川滇公路南行，驶往他们的目的地——西南联大叙永分校，一个充满希望的彼岸。

天已经转阴，浓云蔽日。弯弯曲曲的公路旁，密布着桂圆树和柑橘树，乌泱泱的果园在川南冬季阴沉的天空下一片墨绿，透着顽强的生机。车开起来，风飕飕地吹在脸上，师生们倒也不觉得冷，反而有点凉爽。车过纳溪县后，就沿着永宁河曲折前进。越往上游，水越澄碧，山形也渐渐奇峭，然而半山腰以下全是梯田，弯弯曲曲的田坎勾勒出大山曼妙的曲线，田里麦苗盈畴，绿油油一片，山坡土埂也密密麻麻种满了庄稼。黄宏嘉久闻川南物华天宝、人民勤劳，看来确实名不虚传。难怪当年诸葛亮能以蜀地一隅去抵抗中原。如今抗战，四川又成为大后方，他不禁想起诸葛亮"务农殖谷，闭关息民"的策略，比诸今日，不是"闭关"而是"守土"，更觉得形势逼人。

图 2-1　黄宏嘉在国立西南联合大学时期的注册片（清华大学档案馆提供）

下午四点半，卡车驶进了叙永县城。因为车上大多数是西南联大的新生，所以好心的司机好事做到家，干脆把他们直接送到了学校。

卡车穿过一条小街，在一座庙宇门前停了下来。

迎新的老师闻声从大门里跑出来，高声喊道："到了，同学们下车！大家去注册处报到，分配住处。"

黄宏嘉下车，抬头一看，庙门上方塑着两个泥金大字：文庙。墙上用毛笔写着两行字：国立西南联合大学叙永分校筹备处。

古城老庙　筚路蓝缕

叙永县城分为东、西二城，分别建在永定河两岸的台地上，由蓬莱桥和永和桥上下两座石桥连接，"双桥夜月"还是叙永八景之一。叙永分校的校舍星散城中，在东、西二城都有分布，学生上课吃饭，都从桥上经过，两座古桥因而也热闹起来，风景与从前又有所不同。

在西南联大执教的朱自清，也曾经到叙永分校讲过课，对叙永的边城风情印象颇深。他这样描绘当时的叙永县城：

> 叙永是个边城。永宁河曲折从城中流过，蜿蜒多姿态。河上有上下两桥，站在桥上看，似乎颇旷远；而山高水深，更有一种幽味。东城长街十多里，都用石板铺就，很宽阔，有气象，西城是马路，却石子像刀尖似的，一下雨，到处泥浆，两城都不好走。

叙永县城由于地处川滇黔交界处，是永定河水运的终点，所以一直是重要的水陆接驳物资集散地。川滇公路修通以后，叙永县城成为盟军援华战略物资运输的重要节点，每天有上百辆的汽车穿城而过，还有无数的马车、牛车在这里停留过夜，于是一天天逐渐繁荣起来。不过县城常住人口并不多，除了县政府、机关、驻军单位以外，就是一些大大小小的庙宇和零零星星的商店、饭铺和茶馆。西南联大在这里建立分校，总算是给这座古老的边城带来了热闹的人气。

叙永的西城，因为有公路过境，所以以商业为主，较大的商店都在西城。西城的春秋祠原来是陕西会馆，据说是由几个陕西盐商集资，在清光绪二十六年（1900年）建造的，整座建筑坐南向北，长方形布局，沿中轴线从前到后有4个封闭式四合院，依次为乐楼、大厅、正殿、三官殿，气度非凡。著名语言学家罗常培说它"建筑得很宏丽，朱甍碧瓦，画栋雕梁，真有点儿像北平的几个大祠宇"。祠内殿堂金碧辉煌，百鸟窗玲珑剔透，大殿前面有戏台，戏楼台沿那块"周武王大会八百诸侯于孟津"的雕刻场面恢宏，人物栩栩如生，左右有厢房，都是木质两层。整座建筑规模宏大，富有文化气息，于是就给了文学院、师范学院、法商学院和理学院男生共用。南华宫与春秋祠相邻，房子比较破旧，但是规模比较宏大，工学院男生多，就安置在南华宫。除了厢房用作工学院的宿舍外，大殿被辟为大教室，可供二百来人上课，就作为各院系公用。实验室、图书室分设在劝工局、天上宫，食堂设在城隍庙。教授们集中住在春秋祠对街的一所大院落里，助教因为要随时答疑，就住春秋祠的后进，和学生们在一起。

东城比较安静，是读书的好地方，那里的商店性质和西城也不同，卖纸的、刻书的、印佛像的都在东城。学校的"主校区"在东城的文庙，办公室、教室也在这里，因为这边房子比较宽敞，且文庙向来是读书人聚集之所，用作分校总部也恰如其分。女生人数比较少，只有一百多一点，就集中住在东城的帝主宫。因是女生宿舍，被列为禁地，不能随便出入。

黄宏嘉到校比较早，这时学校的后勤还没有完善，宿舍的床也没有到，同学们就在地上直接铺上稻草打地铺。山区的冬天阴冷，破庙四壁透风，黄宏嘉常常在半夜被冻醒，把棉被裹一裹接着又睡。没有自来水，早上就直接到河边洗漱。饮用水也是到河里去挑，然后用明矾澄清一下。黄宏嘉头几天不大适应，还拉过肚子。饭堂更为简陋，连饭桌都没有，就在地上用粉笔画上圆圈，编好"桌次"，开饭时用桶提来饭菜，大家打到自己的碗里，蹲在地上吃。米是陈米，饭里好多稗子、沙粒；大锅菜煮得稀烂，不见油星。好在黄宏嘉经历过学生营的磨炼，吃这点苦不算什么。同学中也有扛不下来的，不等开学，就自动离校了。

无论东城西城，都没有电灯。同学们每人都备有一盏桐油灯和一支竹筒做的油瓶。桐油燃烧性能不好，点起来黑烟直冒，热度高而亮度低，外加一股不太好闻的味道。一群衣衫褴褛、面黄肌瘦的青年住在庙里，点着油灯，一阵晚风袭来，只见满屋火舌摇曳、人影散乱，场景颇有几分诡异，所以同学们常常用"古城老庙，青灯黄卷"来打趣叙永分校的读书生活。

黄宏嘉来到群山环抱之中的叙永县城，暂时没有了防空警报的骚扰，突然觉得世界静谧而祥和。清澈的永宁河绕着小城潺潺而流，河滩成了同学们读书、散步、摆"龙门阵"的场所，洋溢着青春的气息，显得生机盎然。青青校园、莘莘学子让这座偏僻的小城有了几分书卷气，颇具几分钟灵毓秀的气象。

西南联大叙永分校负责人不称校长，称分校主任，由知名作家杨振声教授担任。杨振声以前是北大国文教授，和黄宏嘉的父亲黄右昌是很熟识的同事，从西南联大成立之日起，就担任常委会主任秘书，很熟悉西南联大的办学思想、办学方针、培养目标、教学科研和校风校纪，而且，杨振声主任每周都用一部手摇发电的无线电话机与西南联大主持校务的常委梅贻琦通话，汇报情况、听取指示。在昆明西南联大常委会的直接领导下，叙永分校保持了西南联大原有的办学作风。

进入1940年12月，西南联大新生陆陆续续来到叙永分校报到，几座冷清大庙逐渐热闹起来。住在东城的同学，每到饭点就叮叮咚咚敲着饭碗，经过永和桥去西城的城隍庙吃饭，给小城营造出一种别样的欢乐。学生宿舍的上下铺木床也到了，黄宏嘉终于不用再睡地铺，虽然床架有点摇晃，但不必在又潮又冷的地面上睡地铺，他也知足了。宿舍很挤，放了床就没地方摆书桌，黄宏嘉就把箱子放在床头，当作书桌，也可以应付得过去。

转眼到了1941年1月6日，这天是星期一。当天上午，叙永新任县长就职，在县政府门前大操场举行典礼，邀请叙永分校师生前去观礼。就职典礼后，西南联大叙永分校紧接着举行开学典礼，宾主换位，由分校主任杨振声教授主持典礼，新任县长、驻军的团长，以及当地的北大早期老学长出席作为来宾观礼。宾主例行致辞，不久典礼即告结束。

也就是同一天，在安徽东南的泾县，发生了一场震惊中外的事变。奉命北移的新四军军部及所属部队 9000 余人，行至皖南泾县茂林地区，突然遭到国民党第三战区顾祝同、上官云相指挥的 7 个师 8 万多人的拦截。8 日，新四军陷入重围。全体指战员在叶挺军长指挥下被迫还击，血战 7 昼夜，终因众寡悬殊、弹尽粮绝，除约 2000 人分散突围外，其余大部分壮烈牺牲。军长叶挺与顽军谈判时被扣押，政治部主任袁国平牺牲，副军长项英、参谋长周子昆突围后不幸被叛徒杀害。这就是震惊中外的"皖南事变"。由于国民党封锁消息，同学们根本不知道千里之外这场残酷的战斗，否则开学典礼的气氛不会那么轻松和谐。

1941 年 1 月 10 日，也就是公告学生到校的最后期限，学校正式开课了。开课并没有举行什么仪式。平时也没有像中学那样经常有全校性的活动，学校有事都是张贴布告周知。联大在学习上并没有建立多少规章制度，教授上完课就不见踪影，完全靠学生自律。虽然编了班级，并以班级为单位进行课堂教学，但并不点名，学生愿听谁的课尽管去听，反正考试是全校统考。黄宏嘉明显感觉到，一切都和中学不一样了。新生们从细致、严厉的管束下解放出来，一下子进入了"放养"的状态，好多人都还不习惯。

1941 年 1 月 26 日是农历除夕。叙永县一位早年毕业于北京大学的士绅送来 483 斤猪肉、4 坛叙府老酒，让学弟学妹欢度春节。满脸菜色的同学们托老校友的福，打了一场美美的"牙祭"，兴奋莫名。餐会上，会喝酒的不会喝酒的都喝上两口，个个满脸酡红，兴高采烈。美中不足的是，食堂怕同学们吃坏了肚子，硬是把肉分成三天吃完，大家都不是很尽兴。尽管如此，这次聚餐仍然是

叙永分校的同学们半个世纪以后还津津乐道的欢乐时刻。

学校也在这天晚上举行师生同乐会，地点在南华宫大教室。当天一早，黄宏嘉就被人拉着去街上买来木条，然后把木条钉成框，外面钉上一层马粪纸，纸上再糊一张白纸，刷上颜色，当作晚会的布景片，在煤气灯下勉强充数。晚上，又被拉到后台打杂。一天忙下来，累得腰酸背疼，节目都没兴致去看。

永宁河畔　弦歌不辍

春节过完，紧张的学习生活就开始了。

工学院是西南联大叙永分校规模最大的学院，有机械工程学系、电机工程学系、土木工程学系、航空工程学系和化学工程学系，而机械工程学系又是工学院规模最大的系，当年招收76名新生，占工学院当年新生一半出头。组建西南联大的三校中，由于北大没有工学院，南开只有化工系和机电系，所以西南联大工学院实际上就是清华工学院的继续，有自己独特的学风，这就是严谨、紧张、自律。教学特点是课程多、课时紧、要求严。当时课本主要采用外文原版，都是由有经验的教授、讲师讲授。教授并不坐班，也不负责答疑，全靠学生自己通过阅读参考书、消化课堂笔记来解决自己学习中碰到的问题。

由于推迟了开学，一年的课程要压缩到六个多月上完，老师们都在赶进度，一堂课要讲很多内容，上完课下来还要看参考书；作业多，考试也多，有时一堂课上到中途也来一次考试，至于星期天上午考试更是家常便饭。所有这些考试都要记成绩的，谁也不敢忽视，大家学习都非常紧张，不敢懈怠。黄宏嘉与二哥黄宏煦虽然同在叙永分校，宿舍在同一个大院，平时也很少往来，最多也就是在城隍庙吃饭时如果碰上了就聊几句。好在黄宏嘉现在算是出身名校，底子扎实，尤其是数理两门课，已经成了强项，所以成绩虽然不是名列前茅，也还及格有余。只是学习要比中学时代紧张得多。

西南联大一贯重视基础课教学，大一的课程全部是基础课，也是必修课。文科新生至少要选修一门自然科学课程，理工科大一必修国文，以拓宽学生知识面、提升学生综合素质。学校对必修课的要求非常严格，工学院规定，微积分和普通物理学中有一门不及格，就不能继续读工学院。黄宏嘉暗自庆幸在国立二中遇上了汪桂荣这样的好老师，帮他在数学上突破了瓶颈。

工学院在西南联大很受重视，基础课师资力量非常强。国文教师是杨振声，写作课教师是李广田，英文教师是王佐良，郑华炽和霍秉权教普通物理学，教微积分的教授有蒋硕民、刘晋年。这些人都是国内声名显赫的学者、名师。教师讲课也非常认真、负责，对学生要求特别严格。理工科的微积分课程有六个班，黄宏嘉选了刘晋年教授的班。刘晋年 1924 年毕业于南开大学算学系，1930 年获美国哈佛大学博士学位，回国后在南开大学算学系执教。他课程讲得很深，甚至比原文教科书还要深。普通物理学上大课，由郑华炽和霍秉权两位教授轮流上。这两门课几乎天天都有课外作业，随时都有随堂测验。

黄宏嘉最喜欢上王佐良的英文课。王佐良是西南联大毕业后留校的青年教师，和老教授们相比，资历很浅。但他教学认真，

对学生要求也很严，上课时用英语讲授、提问，学生也要用英语回答。他讲课并不照本宣科，只是对一些比较难的词句做些讲解，讲解后书写在黑板上。经常听写，有时也要求背课文，每两周要写一次作文。黄宏嘉为英文付出了相当多的时间和精力，因为在西南联大，很多专业课使用原版教材，老师也用英语讲课，英文过不了关，是读不下去的。

有一次上英语作文课，王佐良出的题目是《值得回忆的往事》。黄宏嘉写的是自己读初中时因为调皮，朱静秋老师在"雪耻楼"前对他进行教育，给他讲明白了工业强国家才会强的道理，因此暗下决心，将来一定要学工科。作文交上去，王佐良很欣赏，给了个"A+"，黄宏嘉好高兴。大约过了个把月，王佐良突然找到黄宏嘉，说是要办一个英文教学成果展览，需要几篇有代表性的英文作文，叫黄宏嘉把那篇作文交上去做展品。黄宏嘉找遍木箱，翻遍课本也没能找到。王佐良感到很惋惜，同时告诫黄宏嘉说："一个人要珍惜自己的成果，凡是有意义的材料都要慎重保存。"这件事对黄宏嘉触动很大，黄宏嘉铭记在心，从此养成了保存笔记、照片的习惯。

老师努力推，学生刻苦学，一年级上学期的课，用三个月时间就学完了。4月7日开始举行期末大考，10日考试结束。然后放假5天，算是寒假。4月15日，接着又开始上课。

一年级下学期，黄宏嘉印象最深的课程，是机械制图学。

教机械制图学的是后来成了清华大学教导长的褚士荃教授。他当时是叙永分校的训导长，对学生要求特别严格。民国时期大学的训导长多半是些国民党的党棍，不受学生欢迎。但是褚士荃不一样，对学生很关心，还很注意保护学生。黄宏嘉在学生营时期学过测量，也实习过，懂一点制图，但是画一张图经常也要花整整一个下午的时间，其他同学往往需要两个下午才能完成。褚士荃要求学生制图必须认真而又仔细，不允许图纸上有一丁点差错或污渍，只要稍微出一点点错，就必须全部重画。

机械制图是大一下学期开设的，此时已进入 1941 年夏季。当年叙永大旱，入夏有 40 多天没有下雨，气温一天比一天高。工学院的绘图室在春秋祠后院一栋两层楼的空房中，无门、无窗、无楼板，又闷又热，人就算坐在那里不动，也汗水直流。黄宏嘉绘图的时候要在肘下放一只碟子，用来接住从手臂上流下的汗水，免得打湿了图纸。而晚上绘图，点桐油灯不仅费眼，还容易烧到头发，名副其实"焦头烂额"。后来，黄宏嘉偶然发现了一个作图的好去处，就是茶馆。

叙永和四川其他地方一样，茶馆特别多。特别是西城，有很多扯着布蓬的露天茶馆，环境敞亮，又有桌椅，躺椅是用竹子做的，夏天坐上去很凉爽，叫上一杯盖碗茶，有时甚至是一碗"玻璃"（白开水），就可以坐上半天。平时，很多文科院系的同学相约来这里打桥牌、看书，而黄宏嘉却是借茶馆里的茶桌绘图温课。机械制图要求使用仿宋字，久而久之，黄宏嘉还练出一手漂亮的仿宋字。在茶馆做功课，额外的收获是养成了闹中求静的本领。你唱你的川戏，我看我的书；你摆你的龙门阵，我算我的题。井水不犯河水，其乐融融。慢慢地，来茶馆绘图的同学多了起来，老板也知道学生又苦又穷，倒也通融，专门给学生腾了一块地方，免得和其他茶客互相打扰。

西南联大叙永分校虽然偏居川南一隅，但是同学们仍然非常关心时事，关心国家的前途和命运。叙永分校成立之初，中共西南联大总支就组建了叙永分校临时党支部。党支部以"社会科学研究会"做外围，团结其他学生进步组织，通过举办演讲、创办壁报等方式，宣传抗日民族统一战线，揭露国民党顽固派的分裂、反共真面目。

1941年1月发生的皖南事变，由于国民党封锁消息，重庆《新华日报》刊登的关于事变真相的报道，一直到3月才辗转传到叙永。

一天早晨，黄宏嘉起床后拿起毛巾、牙刷、饭盆，像往常一样打算到河边洗漱之后，去城隍庙吃早饭。出门却见宿舍布告栏那里挤了很多人在看墙上贴的传单。黄宏嘉挤过去一看，原来是一张叫作《介绍与批评》的墙报，上面有署名中共中央的《为新四军事件通电》和周恩来所写的题词："千古奇冤，江南一叶，同室操戈，相煎何急！"这些资料都是从《新华日报》和其他文件上剪贴下来的。同学们一边看，一边窃窃私语，有的扼腕长叹，有的义愤填膺。

这天的早饭吃得很沉闷。黄宏嘉三两口喝下一碗玉米糊，就去找二哥黄宏煦。黄宏煦自从到了叙永分校就很活跃，联络了几个同学组织了一个"流火社"，出版大型壁报《流火》，发布一些时事评论，报头是一把熊熊燃烧的火炬。《流火》不管是刊名、刊头图案还是内容，都透着左翼气息，被人怀疑是共产党的喉舌。

黄宏嘉把二哥拉到一边，问："墙报是你贴的？"

黄宏煦若无其事说："不是。我也是起床的时候才看到。"

黄宏嘉知道黄宏煦肯定和这事有关，但是二哥不承认，也只好算了。

回宿舍的路上，远远看见南华宫门前有好多国民党军队的官兵被学生堵在门口，一个长官模样的人正在和分校训导主任褚士荃交涉。原来是驻军接到线报，说是学校出现了非法宣传品，要进宿舍搜查。由于同学们坚决不许军队进宿舍，褚士荃也据理力争、晓以利害，驻军方面也只好撤走，一场风波，才算平息。不过几天以后，几个平时政治上比较活跃的同学突然就不见了。后来才听说，他们是地下党，因为暴露了身份，撤走了。

在全民族抗战呼声高涨的形势下，国民党顽固派的第二次反共高潮被打退。叙永分校恢复了往日的平静，依然书声琅琅。和上学期一样，师生共同努力，用三个月时间学完了半年的课程。

盛夏的 7 月 15 日，国立西南联合大学叙永分校如期举行 1940 级年度大考。

当然同学们不知道，就在他们紧张考试的时候，西南联大校部已经决定要撤销叙永分校。7 月 16 日，叙永分校迁校委员会悄悄地成立了。随着战局趋于稳定，昆明可保无虞，西南联大不顾教育部的劝阻，决定撤销叙永分校，全体师生迁回昆明本部。

7 月 18 日，年度大考结束，分校也适时贴出布告，公开了分校将要迁回昆明本部的好消息。

7 月 21 日，学校开始放暑假，但是下学期何去何从还不明朗，黄宏嘉也不敢贸然离校，于是留下来，趁机饱览了一下叙永山水。

8月1日，叙永分校校务委员会正式更名为叙永分校结束委员会，留校学生开始登记，准备迁回昆明校本部。

西南联大叙永分校存在还不到一年，但是不管是对1940级同学，还是对叙永老乡，都是记忆至深的一段经历。叙永分校的同学，都自称"叙永哥""叙永姐"，不论是不是同一个院系，无论之前是否认识，见面之后都十分亲切。叙永父老更是难忘西南联大叙永分校给叙永这座边城带来的青春活力和现代文明。1990年5月，叙永分校50周年校庆之际，中共叙永县委、叙永县人民政府在春秋祠内树立了西南联大叙永分校纪念碑，让世人铭记这段难忘的历史。碑文写道：

自鸦片战争启端，船坚炮利之帝国主义莫不思以中国为鱼肉，大则侵蚀边疆，小则强行租界，终至贪蛇吞象，妄图亡我中华。"九一八事变"后，日寇频频入侵，不十年间，我国精华之地，铁路通达之区，几全遭蹂躏，沦陷敌手，工厂、学校纷纷内迁，中华民族已临危急存亡之边缘。

北京大学、清华大学、天津南开大学遂联合组成西南联合大学。在侵略进逼之下，始迁长沙，再迁昆明，三迁一年级新生于蜀南山城叙永。七百学子来自全国，不甘沦陷，或万里流亡，或海外来归，忍辱负重，共赴国难，汇集于高等学府中，古庙油灯下，叩终生知识之门，求振兴中华光复国土之路。

时序如流，朱颜不驻。当年娃儿，今已古稀皓首，重聚永宁河畔。抚今追昔，喜半个世纪国家进步；放眼未来，感民族重任未可息肩；饮水思源，谢叙永父老哺育情深；桃李成荫，念启蒙老师辛勤教诲。历史见证，爱记留馨。

图 2-2　国立西南联合大学叙永分校纪念碑

在叙永这段学习生活，对黄宏嘉影响很大，为他今后事业上顽强拼搏、作风上吃苦耐劳奠定了坚实的基础。

西迁昆明　改学电机

1941 年，进入 8 月，正是"秋老虎"肆虐的季节。秋冬春三季"晒不干的永宁"仿佛把阳光都集中到了夏秋之交，毒日头从早到晚高悬在万里无云的天空，晒得人皮肤火辣辣的，热得人心里发慌。

就在这个季节，西南联大叙永分校结束了历史使命，本科师生全部迁回昆明本部，先修班暂留叙永。两个月后，先修班也撤

回昆明。叙永分校人去屋空，只留遗址。叙永人民不舍这帮给古城带来青春活力和现代文明的青年学子，连日前来送别、联欢。师生们和当地群众共饮桂花酒，同跳铜鼓舞，依依不舍。

那时候，四川、贵州都没有通往昆明的火车，也没有专事客运的长途汽车。按学校的搬迁计划，女生可以由学校统一组织交通工具前往昆明，各系男生由学校联系西南公路局，发给搭车票，凭票和司机通融，三三两两搭乘货车去昆明。二哥黄宏煦闲不住，急于到校本部去加入社团活动，约上几个积极分子自己想办法先走了，黄宏嘉则留在学校，天天去学校负责派票的黄中孚老师那里打听有没有余票。

眼看已经10月份了，再不走就赶不上开学了。终于有一天晚上，黄中孚老师通知黄宏嘉说："明天有两张去昆明的票，可是前一趟车电机系刘育伦（刘半农之子）同学在路上翻车，把下巴碰坏了，掉了四颗门牙，你还敢走不？"

黄宏嘉此时已经等得心急火燎，又生怕延误了开学，毫不迟疑地回答："当然敢走。"

从叙永去校本部，要沿赤水河到贵州毕节，然后经过赫章、威宁、宣威、曲靖等地，才能到达昆明。沿途崇山峻岭，到处悬崖峭壁，常常云遮雾罩，公路曲折、狭窄又坑坑洼洼，路况很差。战时燃料紧张，有的司机为省油，在汽车下高坡时常常熄火溜车，稍有不慎就会车毁人亡。还有司机在路上搭客挣"外水"，把持免费票的穷学生半路上赶下，丢在路边，拉愿意付车费的客人，当时把这种私收车费的货车叫"黄鱼车"。后来学校和西南公路局交涉，建立了销票制度，情况才稍好一点。

黄宏嘉和航空系一位叫刘传斌的同学搭上了一辆运输桐油的货车，告别了叙永，前往昆明。

桐油桶和货车车厢差不多一样高，汽车行驶时又不停晃动，人坐在上面非常危险。黄宏嘉把背包牢牢拴在车厢挡板上，双手紧紧抓住车厢，一点儿都不敢马虎。才坐到毕节，双臂就已经酸痛得难以忍受，屁股疼得吃饭都不能坐凳子，手掌也磨起了血泡。更倒霉的是途中下了两场雨，运送桐油的货车没有篷，黄宏嘉被淋得浑身湿透；一会儿太阳出来，又把身上衣服晒干。一路上的艰辛难以言表。还好后来麻木了，也不觉得难受了。幸运的是这位司机师傅人很厚道，看两位学生可怜，处处替他们节省，吃饭都让押车的商人付钱，不要黄宏嘉分摊。

经过 7 天的日晒雨淋，黄宏嘉终于顺利到达昆明。

西南联大校本部在昆明大西门外，是一片干打垒的房子。校舍也经常遭到日军飞机的轰炸袭击，就在 1941 年 8 月 14 日才刚刚遭受轰炸，图书馆、饭厅、教室和宿舍都受到破坏。当时正值暑假，沦陷区的学生们无家可归，都待在学校。为了解决住宿问题，教室多改成了宿舍。进入雨季，在图书馆看书要打伞，在寝室睡觉也要张伞，条件十分艰苦。

工学院自成体系，位于城东的拓东路上，在轰炸中受损不大。校舍是租用的迤西会馆、江西会馆、全蜀会馆三个会馆。这三个会馆相邻，都是百年以上的老建筑。迤西指云南西部一带，因为是本省，所以迤西会馆规模最大，保存得最完好。会馆内寄存了一些客死昆明等待家人迁回的灵柩，初到时，学生们分散住在大殿和停放灵柩的隔板后面，每到夜间，灯光暗淡，光影摇曳，颇让人感觉有些阴森。

　　学生宿舍的大门向南开，进门向左是一个一百多平方米的小院子，石板铺地，苔痕满阶。四周都是两层木结构的瓦房，条件不仅比叙永分校好很多，甚至比校本部新校舍的土坯墙、茅草顶的宿舍也要好。

图 2-3　当年西南联大工学院学生食堂和男生宿舍

迤西会馆正面的大殿是最大的讲堂，一百多人的大课（如全院的公共课）就在这里上。两厢是两层的房子，上层做绘图室和教室，下层是各系的系办公室。第二进是工学院的图书馆。西厢是教务处和医务室。江西会馆和全蜀会馆是各系的实验室和实习工场。机械系的设备最多，有木工车间，备有木工车床多台；金工车间，备有数十台皮带车床，还有一台牛头刨；锻铸车间，有一个烘炉和一座半吨的化铁小高炉。电机系有电机实验室，备有不同类型和型号的电动机。土木系有个材料实验室，测量用的水平仪和经纬仪都有。航空系成立得比较晚，所以设备是就地取材凑起来的。师生们自己动手，还在江西会馆的荷花池旁建造了一个直通式小风洞，从空军修理厂要来几台报废的航空发动机，拆开来给学生学习发动机构造。用一台汽车发动机带动一台测功机，让学生做内燃机的性能实验。条件虽然差，印证基本原理的设备总算都有。

北楼楼下是宽宽的通道，充当小饭厅，有几张桌子，但是没有凳子，只好站着吃饭，当然比分校蹲着吃饭也算有所改善。

每届新生入学，工学院院长和各系主任都要按惯例同新生见见面、讲讲话。叙永分校的同学虽然已经不是新生，但也是刚刚踏进校本部，算新人，所以工学院院长施嘉炀、机械系主任李辑祥、电机系主任章名涛、土木系主任陶葆楷和航空系吴孝达也组队前来看望，和同学们谈心。老师当然把自己的系夸得像花儿一样，新生们听了也很兴奋。

开学前，机械系主任李辑祥集中本系叙永分校来的全体同学讲了一次话。鉴于机械工程系过于庞大，而其他系科人数不多，

学生结构不合理，他劝同学不要一窝蜂念机械、航空。他开玩笑说，机械专业的课程机械、数学好的，可以考虑念理学院或者电机系。经李辑祥这么一说，机械工程系有不少同学转到了物理系。黄宏嘉觉得理学院今后就业不好，而且经过大一的学习，对电磁的兴趣日益浓厚，于是申请转到了电机工程学系，因为他听章名涛说，电讯是新兴学科，前途广大，而且战争期间，国家正急需这方面的人才。

西南联大的电机工程学系由清华大学和南开大学的电机工程学系合并而成，师资力量很强。课程则基本上沿袭抗战以前清华大学电机系的课程门类设置，特点是突出通识教育、拓宽基础范围，这样进入专业课以后可以融会贯通，有利于提升学生的创造力。各系都必修结构力学、热工、机械原理等专业基础课，而且物理类课程是和物理系合在一起上，黄宏嘉也就有幸聆听著名的物理学家如吴有训、王竹溪、任之恭等大师的教诲，这就给黄宏嘉在物理学和电磁学方面打下了扎实的基础。

后来证明，黄宏嘉转到电机系是一个正确的选择。黄宏嘉数学和物理两科的强项得到了很好的施展，学生营锻炼出来的动手能力也开始大放异彩。有一次上实验课，电炉的电阻丝熔断了。抗战时期物资紧张，电阻丝已经接过好几次，再不能用了。同学们正在焦头烂额之际，黄宏嘉突然灵机一动，他跑到金工车间，找来一堆车床车下来的不锈钢屑条，仔细嵌进电炉槽压实，权当电阻丝。

同组的同学有点害怕："这样行吗?"

黄宏嘉一挥手，说："原理是一样的。怕什么，又不会爆炸。"

一通电，嘿，效果还真不错，一会儿金属屑带就烧得通红，发热量和两千瓦的电炉差不了多少。

师从马大猷　初识李约瑟

大二下学期的一天早上，黄宏嘉吃完早饭就直接去了教室。教室里还没人，冷飕飕的，黄宏嘉随便找了一个靠墙的位置坐下，拿出《电声学》的课堂笔记和作业本，开始演算习题。一会儿进来一个二十几岁的男青年，瘦瘦的，架一副圆框的玳瑁眼镜。他走到黄宏嘉身后看了一会儿，然后不客气地拿过笔记本翻了起来。黄宏嘉一抬头，急忙站了起来。这位男青年正是主讲《电声学》的马大猷教授。

图 2-4　中国现代声学奠基人、引领黄宏嘉进入波科学领域的恩师马大猷（1915.3.1~2012.7.17）

"马教授，我只顾做题，没看见您进来。"黄宏嘉惶惶地说。

马大猷呵呵笑着，示意黄宏嘉坐下。他指着课堂笔记的一段内容，问："这个机电类比，你能理解吗?"

"能。"黄宏嘉回答："振动和波、机械波和电磁波在数学上的表现是一样的，所以它们的研究方法可以互相类比借用。"

马大猷满意地点了点头，接着说："你的理解很正确。有些同学认为声学是一门古老的学科，没有学习的兴趣，这是他们没有认识到近代声学的发展趋势。随着无线电技术的发明和应用，机械波的产生、传输、接收和测量技术都有了飞跃发展，和其他学科的相互渗透会越来越广、越来越深入。声音的本质是波。声学吃透了，今后的光学、电磁学、无线电就很容易了。物理学的各个学科之间，是相互融会贯通的……"马大猷还想继续往下讲，同学们已经陆陆续续进了教室，准备上课了。马大猷于是把笔记本还给了黄宏嘉，转身走了。

马大猷生于1915年，和黄宏嘉还是北京高等师范附小的校友，只不过黄宏嘉入校的时候，马大猷已经毕业了，相互没见过。他本科毕业于北京大学，然后考上了清华大学招考的留美公费生，赴美深造，1940年从美国哈佛大学获得博士学位回国，应聘到西南联大任教，是西南联大较为年轻的教授。他是个单身汉，就住在迤西会馆的东跨院，不像其他教授上完课就没影儿了，而是常到教室、图书馆走走，给学生答疑。马大猷对学生十分和气，虽然平时西装革履，很讲究仪容，但是带学生做实验时，又特别能吃苦，还自己动手制作教具，很受同学欢迎。他和黄宏嘉这次不经意的谈话，对黄宏嘉启发很大，为黄宏嘉以后的发展埋下了伏笔。

这以后，黄宏嘉开始有意识地在图书馆找来电磁学、无线电等涉及波的参考书，和光学课程参照阅读，一门课果然有了三门课的功效。20世纪50年代后期，黄宏嘉在"耦合波"理论的基础上发展出了自己的微波传输理论，1965年5月，黄宏嘉出版了对中国激光通信事业具有里程碑意义的《从微波到光》，以后又创立了"超模式"理论，这些理论贡献，都来自和马大猷这次对话产生的灵感。

1942年，正是抗日战争最艰苦的年月。国统区供给紧张，物价飞涨，尤以昆明的生活费用为最高。黄宏嘉的父亲黄右昌虽然贵为立法委员，加上办公经费一个月有一万多元法币的收入，算是高收入人群，但是家庭人口多，尤其是学生多，在经济方面也渐渐不支，要靠著作版税来补贴家用。当年，国防委员会动员各大学外文系学生应征入伍，到滇缅前线给美军当翻译，服役两年后可以回校继续学业，而且享受公费待遇。从叙永分校回迁昆明后，二哥黄宏煦就从土木工程学系转到了外文系，刚好符合征兵条件，于是黄宏煦应征入伍，参加了远征军，投身抗战前线，报效国家，同时也想着给家里减轻一点经济负担。

二哥黄宏煦参军出发的头一天下午，黄宏嘉正忙着准备第二天的实验课，到晚饭时间，才陪同黄宏煦到学校附近的冠生园酒楼一起吃饭。兄弟二人要了一份咕噜肉，一盘干炒牛河，算是饯行。二哥已经会喝酒了，黄宏嘉还不会，二哥就要了一碗五加皮，自斟自饮。昆明虽不及南京、重庆繁华，比叙永又要热闹得多，同学们的课余生活可以说是多姿多彩，新朋旧友，连群结伴，翠湖漫步、大观楼划船、西山郊游、泡茶馆、打桥牌……业余生

活倒也丰富多彩。可是黄宏嘉生性不喜交际，加上生活费也紧张，所以基本上没怎么在外面下馆子。兄弟二人虽在同一所学校，但是不在同一个校区，黄宏煦热心社团活动，黄宏嘉埋头读书，兄弟俩性格不对路，所以平时也没怎么见面。二哥眼看就要上战场，自然是感触良多，见黄宏嘉沉默不语，只顾吃菜，自己也只好喝闷酒。酒还没完，盘子已经空了，又添了一份京酱肉丝。

图 2-5　1949 年，黄宏嘉归国后和同在西南联大读书的
二哥黄宏煦（中）合影，庆祝重逢

吃完饭，兄弟二人走出酒楼大门，眼看就要告别，黄宏煦才对黄宏嘉说：“我当兵的事，没给父亲说，你也不要说。两年后我就回来继续念书。”

黄宏嘉答应道：“好，我不说。”

黄宏煦叹了口气，继续说道：“如果我殉职了，你也不要告诉

家里。父母问起，就说我和女同学私奔了。"

听二哥这么一说，黄宏嘉才意识到这可能是生离死别，心里也有些酸楚，急忙说道："哪能呢，别说这些不吉利的话。"

二哥也没有再说什么。兄弟二人相互挥了挥手，各自回宿舍。

黄宏嘉没想到，第二年自己也会应征入伍，远赴印缅前线作战。

电机系的课程排得又紧又密，天天都有随堂考试，成绩要计入年度总分，总分不及格不能补考，必须重修。所以黄宏嘉不敢懈怠。他已经没钱买教科书，只能在课堂上专心听讲，抄黑板，做笔记。还有就是去图书馆借有限的几本教材和参考书，然后边读边抄。这样努力的结果，各科成绩都还算过得去。黄宏嘉"抄书"的习惯，就是这个时候养成的，一直保持到晚年，20 世纪 70 年代前期，外文资料短缺，黄宏嘉居然把一整本关于激光的英文专著抄了下来。

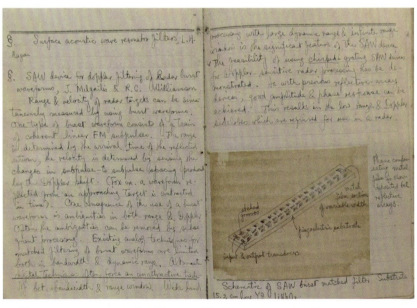

图 2-6　20 世纪 70 年代早期，黄宏嘉手抄在笔记本上的国外英文激光专著

暑假的时候，能够回家的同学基本上都回家了，留下来的同学，很多人都到图书馆自修。为了占位置，黄宏嘉每天早上6点就去图书馆排队等开门，进去以后，就找一个安静的角落，开始念英文。一般上午看书，下午就休息了，所以也不是太累，一个暑假下来，黄宏嘉自己就知道英语水平提高了很多，写英文文章一点儿也不费力了。

抗战时期，日军为封锁中国的声音，对中国大后方的广播设施进行了重点轰炸。在日军的狂轰滥炸下，全国仅剩6座广播电台还在播出，而其中昆明广播电台功率最为强大。西南联大发挥人才优势，帮助昆明广播电台每天用13种语言向全世界播报新闻，报道中国军民英勇抗战的事迹，揭露日本法西斯的暴行。西南联大电机系承担了昆明广播电台的技术保障任务，黄宏嘉也参加到志愿者队伍之中，经常到广播电台帮忙。如果播音员忙不过来，也客串一下临时播音员，帮着读一读英文稿件。黄宏嘉从小学时就开始学英语，又都是名师指点，发音标准，节奏恰当，嗓音富有磁性，电台的人说和他们专业的播音员比也不相上下。

1943年4月的一天，电机系主任章名涛叫人通知黄宏嘉，让他第二天上午到实验室，作为学生代表迎接中英科学合作馆专家考察。李约瑟受英国文化委员会等机构的资助和派遣来华，准备支持战时中国的科学研究。李约瑟是中英科学合作馆的馆长，这次是作为英国皇家学会会员来华访问、交流。李约瑟以一个科学家的眼光仔细观摩了黄宏嘉的实验操作，对电机系在如此艰难的条件下顺利开展教学、实验表示由衷的钦佩。在后来专为同盟国科学工作者撰写的报告中，李约瑟对西南联大的教学、科研等情形作了这样的描述："各系都设在用泥砖建造的临时营房中，房顶上简单地盖着瓦和铁皮，尽管有些房子上有中国式建筑伟大传统的雕檐，内部地面是夯实的土掺有少量的水泥。在这种情况下配置研究和教学用的实验室体现了高度的聪明才智。"

通过在特殊时期的这么一次交往，黄宏嘉和李约瑟建立了真诚的友谊，而且维持了几十年。一直到20世纪80年代初期，二人还保持着通信往来，李约瑟访华，只要能抽出时间，仍然会约黄宏嘉见面。

1943年7月，黄宏嘉进入三年级，电机系要分为电机和电讯两个组（专业），黄宏嘉对电磁学有浓厚的兴趣，于是选择进入了电讯组。这时正在美国麻省理工学院作交换学者、曾经在西南联大担任过教授的孟昭英先生短期回国，在工学院为同学们做了一次报告。报告会上，孟昭英向同学们展示了他随身从美国带回的一段用于雷达的30毫米波段矩形波导管实物。当时波导管的研究还是机密，孟先生冒险带回这一段波导管，用心显然是为了此后在我国开展微波研究。国内当时谁也没有见过微波波导管。孟昭英的报告引起了黄宏嘉极大的兴趣，这也是他后来选择了微波作为研究方向的直接诱因。

印缅鏖战急　万里赴戎机

1943年，是中国人民抗日战争和世界反法西斯战争的一个转折点。在欧洲战场，斯大林格勒战役以苏联获胜结束，德军在斯大林格勒向苏军投降，保卢斯元帅以下9万人被俘，彻底扭转了

二战局面；随后，在北非的德国和意大利军队向盟军投降，盟军在西西里岛登陆，开始解放欧洲；太平洋战场，盟军进入反攻阶段，美国海军击毙日本联合军队总司令山本五十六，6月30日，美军在新乔治亚岛登陆，开始在中部所罗门群岛向日军发起反击。为巩固中美英反法西斯同盟，利用中国的国防力量进入印缅战场，美、英决定放弃在中国的特权，终止领事裁判权，中国的大国地位表面上得到承认。

而此时，在滇缅战场，由于英军背信弃义，率先逃跑，中国远征军第一路军兵败野人山，不得不退到印度，经中、美、英三方协商，改编为中国驻印军。驻印军在史迪威将军的主持下，接收了全套美式装备，积极进行整训，随时准备反攻缅甸，贯通中印公路，解除日军对中国西南后方的威胁，打通战略物资进入中国的陆上通道。

1943年8月，国民政府军事委员会下令撤销中国远征军第一路司令长官司令部，成立中国驻印军总指挥部，任命史迪威为总指挥。史迪威为控制驻印军的训练和指挥权，要求营以上军官全部由美国人担任，他从美国调来300多名军官，充当中国军队营以上的各级联络官和教官。中国驻印军由美军联络官直接控制部队的作战训练和补给、运输等权力，实际上就是美军派驻国军的"监军"。

协议达成后，远征军开始以师为单位逐步接收美国武器装备，师、团除各类先进武器外，电话及无线电报话器也配到连队。在装备美械的同时，美军即向远征军各部分别派驻联络组，每个步兵团配有美国校尉级联络官5人（2人在团部，每营各1人），翻译官也按 5 人配备。翻译官主要的任务是在团、营长同美国联络官共同研究作战情况和请求美方补充弹药、给养或飞机支援等方面做翻译和联络工作。新接收的大量武器装备说明书也需要翻译成中文，以便部队使用。远征军因此急需大量合格译员。为满足战场需要，国民政府教育部发出通告，要求全国当年大学应届毕业生应征入伍，到各部队充任译员，从军经历可以抵扣学分。

1943 年 11 月 9 日上午 10 点，西南联大校长梅贻琦亲自组织学生集会，做应征入伍动员讲话。他告诉台下学生，因为缺乏翻译人才，有数百名美军教官不能发挥作用，"国家急切需要着你们，希望同学们能踊跃参加通译工作"。11 月 12 日，联大教授会议作出决定：四年级男生寒假后一律征调为译员。被征调的学生分两批入伍：第一批为文、法、理学院学生，这部分同学所修学分加上学校送的学分，已经达到了毕业所需的 132 学分；第二批主要是理工科学生，他们主要考虑把上学期的课念完后，加上学校送的 24 学分也可以毕业。到 1943~1944 学年上学期结束，联大四年级应征人数为 310 人，加上其他年级志愿应征的共达 400 余人。校长梅贻琦的一双儿女梅祖彦、梅祖彤也报名参军。

尽管平时同学们对国民党军队虐待士兵、克扣军饷和消极作战非常不满，但既然是抗战需要，同学们还是以民族大义为重，积极响应学校号召，纷纷应征入伍。1944 年 3 月，黄宏嘉作为西南联大第二批应届毕业生报名应征。

所有应征入伍的同学都要先在昆明大西门农校"译员训练班"集中受训。训练班生活军事化，连吃饭、上厕所都要求在几分钟内完成，很多同学跟不上趟，怨声载道。黄宏嘉有"学生营"的

经历，一切驾轻就熟，很受教官赞赏。本来决定译员训练班训练时间为三个月，英语会话考核合格后再行分配，但是因为前线急需用人，训练时间减为三个星期，第二期学员就被纷纷派出去了。

学生译员的服役地点可以在指定范围内自己挑选。黄宏嘉一看有驻印军的名额，心想何不趁此机会出国体验一下？就填了驻印军，结果如愿被分配到驻印军服役。命令下达之后，黄宏嘉和分配到驻印军的同学又被拉到伞兵训练营，进行跳伞训练。同学们以为要被派去伞兵部队，一打听，原来因为运输机要躲避日军飞机袭击，不能从缅甸空域去印度，只能翻越"驼峰航线"。驼峰航线横跨喜马拉雅山脉、高黎贡山、横断山，航线全长约 805 公里，沿线山地海拔在 4500~5000 米之间，最高海拔达 7000 米，山峰起伏连绵犹如骆驼的峰背，故称"驼峰航线"。这条航线天气情况复杂，经常发生坠机事故，它的飞机损失率甚至超过了对德国的轰炸行动，所以要求乘员学会跳伞。

"会跳伞有屁用，跳下去冻死，不跳摔死。"调皮的学员这样调侃。但是既然来了，总不能当逃兵吧？大家硬着头皮还是完成了训练任务。

经过简单的体检后，黄宏嘉和同期结业的 16 名同学搭乘美军 C—47 运输机自昆明启程，奔赴印度。飞越喜马拉雅山时，俯视下面是一片厚白的云层，坠毁在地面上的飞机残骸反射着阳光，分外刺眼，而机内却冰冷难熬。不巧又遇到强气流，飞机剧烈颠簸，好多同学都晕机，吐得一塌糊涂。大约飞了 3 个多小时，好不容易翻越了喜马拉雅山，飞机降落在印度汀江机场，这里正好是大晴天，一下飞机就好像进入了热锅，同学们就把登机时发的棉衣都交了公，省得累赘。

当天晚上，新来的译员统一住在茅竹搭起的棚屋里，一个挨一个排着睡通铺。这是黄宏嘉最后一次过"兵"的生活。第二天一大早，起床号一响，大家照例起床列队出操。一会儿，来了一群军官，人数比学员还多，在一旁观看大家出操。操毕整队，由一位上校队前宣读授衔和任职命令，所有译员全部授少校军衔。虽然战时军衔不值钱，但是起步就是校官，大家还是没有想到，一个个乐滋滋的，都忘了马上要上前线。黄宏嘉被分配到中国驻印军新 22 师 66 团三营，任少校翻译官。

命令宣读完毕，各自上了来接人的吉普，挥挥手告别。大家其实都清楚，这一去也许就是永别，但是没有人表现出伤感的样子。

黄宏嘉和被分配到新 22 师的其他同学先是被送到师留守处，接受军事训练。留守处的营房是在荒野上建起的，全都用粗茅竹当支柱，四周用竹篾当围墙，地面是泥土地，睡的是行军床，每人一顶蚊帐，虽然简陋，条件其实比西南联大的宿舍还要好。加上现在享受美军标准的少校军官给养，在黄宏嘉看来，那些给养就是令人两眼放光的奢侈品。除常规的面包、饼干之外，还有牛肉罐头、香肠罐头、蔬菜罐头、炼乳罐头等各种罐头。头几天还新鲜，后面根本吃不完，只能选着吃。饼干是压缩的，一块顶三块，还分发巧克力当零食。吃的是罐头，领的是卢比，还有勤务兵使唤，轮休时可以搭便车到 20 里外市镇上一家华侨饭馆吃一顿新鲜蔬菜或肉食，改换一下口味。至于军事训练，黄宏嘉在学生营就已经通关了，不觉得苦，不禁感到日子过得赛神仙。

攻克孟拱　会师芒友

　　军事训练结束，师部命令黄宏嘉下部队，去 66 团三营报到，担任三级翻译。到前线没有通勤车，但是中印公路机械化作业跟得很快，部队打到哪里，路就修到哪里，修好的路上来来往往都是军车，看到有车子路过，一招手就会停下来，可以搭上一段便车，这是一种默契。美军开车的基本上是黑人，很豪爽，黄宏嘉一说要到什么地方，他就说你上车吧。坐上一段，他说我到这就拐弯了，你们得往那边走，黄宏嘉就下来继续走，看到有车来，又招手叫停，就这样花了 3 天时间来到了三营驻地。美军驻营联络官年龄比黄宏嘉大，却只是个中尉，经过前段时间史迪威将军的敲打，美军联络官已经不敢在中国军官面前傲慢，见了黄宏嘉忙不迭敬礼，一口一个"Sir"。黄宏嘉还没脱学生气，看见比自己年长的人向自己敬礼，反而觉得怪不好意思。

　　1944 年 3 月 8 日，不甘心坐以待毙的日军为打破中美英联军反攻缅甸的计划，保住其西线防卫圈，采取以攻为守的战略，孤注一掷，集中三个师团的兵力发动了进攻印度英帕尔地区的战役。正面布防的英军第 14 集团军不堪一击，日军由缅甸西北部全线突破缅印边界，攻入印度境内，于 4 月上旬攻占科希马，包围了英帕尔。英军统帅蒙巴顿紧急向中国求援。尽管英军在印缅战场一再背信弃义，中方还是顾全大局，下令中国远征军于 5 月上、中旬向怒江以西发动全线进攻，以解英军之围。史迪威于是决定命令驻印军对孟拱河谷全力反攻，以新 22 师进攻加迈，以新 38 师迂回袭占孟拱。

孟拱河谷是由户拱河谷南行至孟拱的缅北第二大河谷，也是进入缅北枢纽密支那的必经之地，河谷两边是险峻的悬崖峭壁和大森林，雨季山洪很集中，河水汹涌，难以施渡。日军决心凭借孟拱河谷的险峻地势，阻滞中国军队前进。

黄宏嘉所在的新 22 师是抗战中的铁军，曾经在昆仑关战役中担任主攻，几乎全歼日军第 5 师团第 6 旅团，让日军闻风丧胆。后来新 22 师编入第一批远征军部队，在翻越野人山时损失惨重。现在反攻开始，官兵们一心想要报仇雪耻，作战异常勇猛。由于战场设在崇山峻岭，中国军队经常处于临绝地以攻天险的困境，招致很大的伤亡。日军还利用茂密的森林埋伏狙击手，专门狙击中国军队指挥官，新 22 师在 5 个月的作战中竟牺牲连长 57 名。黄宏嘉虽在营部，主要任务是统计战损、联络后勤，不需要上火线，但是营长也吩咐勤务兵不准黄宏嘉外出，怕挨黑枪。

丛林战好像是在大山里捉迷藏。日军虽被包围，仍顽固坚守，白天不敢暴露目标，每到夜晚就组成几个人的小组出击，偷袭中国军队的指挥机构。有一次，黄宏嘉做完报表，正准备睡觉，忽然听见营部背后响起密集的枪声，而营部这时只有几个人、几支手枪。美军联络官吓得蜷在墙角，口中不停念念有词"完了完了，我要死在这里了"。这时营长接到团部电话，说一股日军流窜到团部和营部之间，特务连正在清剿，命令三营不准活动，以免战场混乱。形势非常紧张，大家都屏住呼吸，通宵警戒，直到特务连将敌人消灭。

新 22 师在坦克和空军的协同下，迅速击破正面日军据点，于

5月1日攻进英高塘一线，与日军对峙。6月1日起，新22师将日军8000余人包围压缩到索卡道地区，激战9昼夜，歼敌6000余人，缴获枪炮、战车无数。6月16日，新22师攻占加迈，与新38师113团胜利会师。6月18日，中国军队强渡楠冈河，击溃日军，在孟拱城南救出被困的英军第77旅。随后于20日对孟拱之敌发动总攻击。6月25日，全歼守敌，攻克孟拱。

战斗后期，中国军队逐渐缩小包围圈，日军残敌陈尸遍野，但是困兽犹斗，更加疯狂。中国军队是攻方，营部离火线一般隔着几百米，黄宏嘉不能外出，看不见厮杀的情况，但是枪声、爆炸声、呐喊声仍然让人心惊肉跳，不由为战场的形势揪心。一次，在随部队前移时，黄宏嘉淌过一条齐腰深的小河，见水上漂着许多具日军尸体，身上爬满白蛆，整条河水散发着死尸腐烂的臭味，黄宏嘉当场吐得翻江倒海。过河后，尸臭沾在身上好几天都没有散尽。

经过持续半年多的艰苦战斗，中国驻印军以自己牺牲万余人的代价，取得了"毙敌74000余人、伤者倍之"的辉煌成绩。新22师由于其勇猛、顽强的作战风格，被誉为"丛林之虎"，令日军谈"虎"色变。

密支那战役结束后，黄宏嘉所在的新22师以及空运过来的第14师、第50师整编为新编第6军，新22师师长廖耀湘升任新6军军长，黄宏嘉也从一线部队调至中国驻印军副总指挥部，在郑洞国手下负责美军新闻团的联络翻译。扩编后的中国驻印军于1944年10月中旬开始发起反攻缅甸的第二阶段战役，南下攻取八莫、南坎、腊戍等地。新6军由孟拱南下，从西南切断八莫、南坎日军的后方，势如破竹。

为策应驻印军缅北作战，中国远征军从1944年5月开始强渡怒江天险，发起滇西反攻，全体将士血战8个月，连克日军重兵防守的腾冲、松山、龙陵、芒市等重要城市。1945年1月27日，中国远征军与中国驻印军在畹町附近的芒友胜利会师。1月28日，为庆祝这一重大胜利，中国远征军、中国驻印军与盟军在畹町举行隆重的会师典礼。此时二哥黄宏煦在远征军当随军翻译，兄弟二人战地相逢，悲喜交加，相拥而泣。黄宏煦谈起他在第一次远征时兵败野人山九死一生的经历，黄宏嘉也不胜唏嘘。

中印公路终于全线打通，空中走廊也畅通无阻。中国抗战所急需的战略物资，源源不断通过陆地、空中运到昆明，分发到各个战场。日军靠装备优势欺负中国军队的时代结束了。中国抗日将士，聚集在全民族抗日统一战线的旗帜下，同仇敌忾，向日本侵略者发起了最后的反攻。

芒友会师后不久，黄宏嘉奉命回国。5月22日，从印度飞至昆明，在美军一驻华单位继续担任翻译。眼看战事接近尾声，黄宏嘉不愿意继续留在国民党军队，6月30日，他以"身体衰弱，不堪工作"为名请了长假，被调到重庆休养。

1945年8月15日，侵华日军正式向中国军队投降。21日，侵华日军副总参谋长今井武夫一行8人到芷江，向国民党陆军司令部洽降。何应钦在芷江机场设受降台，举行受降仪式，廖耀湘率新6军高级军官，登台参加受降仪式。新22师官兵以整齐的军容列队，担任仪仗。可惜黄宏嘉此时已经离开了原部队，错过了在队伍中目睹日本侵略者向中国军队狼狈缴械的历史时刻。

在慷慨从军的西南联大译员训练班学员中，有的壮烈殉职，

有的在自己的岗位上成为幕后英雄。他们服役期满后,大多数同学看穿了蒋介石集团急于发动内战的真面目,纷纷办理了退役手续。黄宏嘉也离开了军队,返校办理完毕业手续,回到重庆和家人团聚。

抗战胜利后,西南联大完成了历史使命,奉令复员北归。1946年5月4日,西南联大回迁前,在联大新校舍(今云南师范大学)东北角竖立了"国立西南联合大学纪念碑"。纪念碑阴面为《国立西南联合大学抗战以来从军学生题名》,由联大校志委员会撰列,中国文学系教授唐兰篆额,数学系教授刘晋年书丹。碑文云:

> 国立西南联合大学于战时任务完成、学校结束之日,勒其从军学生之姓名于贞石,庶垂令闻,及于久远。其有遗阙,补于校志。

题名录上,绝大多数为1940级的"叙永哥",题名按入伍先后为序排列,二哥黄宏煦的名字排在题名录第118位,黄宏嘉的名字排在第546位,西南联大校长梅贻琦的儿子梅祖彦排在第178位,女儿梅祖彤排在第500位。这是西南联大从军学生中少有的同胞兄弟和同胞兄妹。

1945年7月6日,美国为纪念第二次世界大战期间中国战区对美国的支援,由总统杜鲁门下令给在中国战区作出卓越功绩的人员授以铜质自由勋章,有52名从军的翻译官受奖,其中就有梅祖彦等12名联大学生翻译官。学生译员在反法西斯战场上的贡献,受到了历史公正的评价和充分的肯定。

图 2-7　2008 年，黄宏嘉重返西南联大旧址，在《国立西南联合大学抗战以来从军学生题名》碑前留影

放歌嘉陵　北归燕园

　　黄宏嘉履行了服兵役的义务，在部队凯旋后就申请退役并且获得了批准。西南联大按从军学生优待办法准予毕业，授予学士学位。随后，黄宏嘉告别昆明，回到了战时首都重庆，和家人团聚。

　　此时父亲黄右昌已经搬到了北碚郊外龙凤桥附近的纯园居住。北碚是重庆北部的一座小城，以前是负责嘉陵江小三峡剿匪的峡防局驻地。1936 年，时任峡防局长的合川实业家卢作孚推行乡村建设运动，经国民政府行政院批准，设立北碚实验区，开始了城市的规划与建设。抗战期间，很多文化、教育单位迁设于此，一批文化名人如梁实秋、老舍也寓居此地，北碚俨然成为一座因抗战而兴的文化名城。

图 2-8　国立西南联合大学电机系民三三级毕业留念，
第三排右起第三人为黄宏嘉

此时，二姐黄绍湘在八路军驻重庆办事处工作，二哥黄宏煦因为提前一年应征，学分还没有修满，退役后去中央大学外文系继续念书，四妹黄颂康在西北联大中文系念书，四弟黄宏荃在中央大学物理系念书，只有大姐黄湘在家帮助父亲整理文稿，陪伴二老。黄宏嘉百战疲劳，趁家中清净，正好将息。他有时爬上缙云山，登临狮子峰，眺望嘉陵景色，引吭高歌，一洗胸襟；有时闲步北温泉，观赏石刻碑碣，坐在温塘峡口，任凭江风拂面，畅想人生；有时垂钓龙凤溪，看蜻蜓戏水，听蛙声一片，享受田园之乐。真真切切地过了几个月"慢生活"。

不知不觉间，时光进入了 1946 年。

1946 年的开局，在中国近代史上是一片难得的祥和景象。1月 3 日，国共两党和美方协商成立了停战机构；1 月 7 日，由美国代表马歇尔、中共代表周恩来、国民政府代表张群组成的军事三人小组在重庆成立；1 月 10 日，中国共产党代表与国民党政府代表正式达成停战协定；1 月 10 日至 31 日，由国民党政府主持召集，国民党代表、共产党代表、中国民主同盟代表、中国青年党代表以及无党派代表参加的政治协商会议（旧政协）在重庆召开，会议通过了《政府组织案》《国民大会案》《和平建国纲领》《军事问题案》《宪法草案》五项协议。从一切迹象看来，中国似乎正在走向永久的和平。

在一片祥和、乐观的气氛中，居家赋闲的黄宏嘉身上潜伏文艺细胞也开始活跃起来，在父亲黄右昌的指点下，开始学写旧体诗。黄宏嘉颇有诗人天赋，很快就写出了颇有灵气的句子甚至短诗，将就可以和父亲黄右昌、大姐黄湘唱和了。

纯园在北碚郊外，濒临龙凤溪，乡村阡陌，野趣盎然。一天，黄宏嘉漫步小溪边，见秋阳映照的林下，黄叶斑斑，流水潺潺，不禁诗兴大发，吟成《山村秋兴》小诗一首，诗曰：

落叶斑斑黄，寒鸦点点黑。多情是流水，长伴高山侧。

黄宏嘉把诗作呈送给父亲批改。黄右昌见诗句轻盈冲淡，清新自然，感到非常满意，脸上欣然有喜色，也即席写了一首小诗回赠黄宏嘉，其词曰：

> 自尔来三月，课余常喜吟。岂无腾跃路，难遣别离心。
> 衣钵能传我，文章不在深。眉山苏叔党，合是汝知音。

图 2-9　1946 年夏，黄宏嘉和父母以及家人在重庆北碚寓所
附近的龙凤溪戏水纳凉

二姐黄绍湘由党组织秘密派遣出国留学，已经通过了国民政府自费留学美国的考试，正在筹办出国事项，偶尔也回家看望一下父母。她的共产党员身份，家里人心里其实已经明白，但是都装作不知道。

一天，姐弟二人单独在一起，黄绍湘趁机问黄宏嘉："你今后打算怎么办？"

黄宏嘉说："现在没想好。等过完年先找个工作吧。"

黄绍湘眼睛看着远方，语气平静地说："你还是应该继续深造。你是工科人才，国家今后需要大量的工程师。"

停顿了一会儿，黄绍湘接着又说："我马上就要去美国留学，你也应该往这方面去做打算，说不定我们还可以在美国见面。"

黄宏嘉有点吃惊。二姐一向激进，尤其是对美国从来没有好话，怎么也要去美国留学？他本来打算问，但是看二姐冷峻的表情，又把话咽回去了。二姐和二哥一直和家人格格不入，今天二姐和他说这么多话，其实已经很例外了。

闲散的日子总是过得很快，一眨眼年已经过完，黄宏嘉在家赋闲已经四个月了，自己也渐渐感到有些无聊，觉得不应该这样混日子、吃闲饭，还是要找一份工作，一来是男子汉应该有所作为，二来也是要给自己谋个饭碗。

正在这时，黄宏嘉从报纸的广告栏看到，设在重庆的中国国际广播电台要招收一名英语播音员，工作是每天晚上九点播半个小时新闻，待遇跟大学助教差不多。黄宏嘉想起在昆明时曾经在电台客串过播音员，得到的评价还不错，眼下这份工作也比较轻松，有充裕的自由时间可以用来复习已经丢掉将近两年的功课，于是抱着试一试的想法，报名参加了考试。考试总共进行了两轮，第一轮是笔试加念稿，第二轮只是念稿。对于黄宏嘉而言，题目确实太简单，所以很顺利就被录用了。

1946 年 2 月 25 日，农历正月二十四，星期一。黄宏嘉一早从北碚出发，赶到重庆上清寺，去国际广播电台英语部报到。英语部只有五个人，主任对他十分客气，又是让座又是泡茶。嘴里还夸："黄先生年轻有为啊，人也帅气，难怪蒋夫人看重。"

什么"蒋夫人"？黄宏嘉一头雾水。后来才听人说，宋美龄很看重同美国的关系，因此经常会听国际台的英语广播，偶尔也会对英语节目提些要求，她本人还多次来国际台发表演讲，所以台里招收英语播音员很谨慎，把第二轮考试的录音带送给了宋美龄把关。黄宏嘉被录取，原来是宋美龄钦点的。

黄宏嘉听了哭笑不得。心想自己好歹算是西南联大毕业的理工人才，堂堂少校退役军官，来打这份短工，本来就是聊以打发时间，现倒好像是托了谁的福，心里暗暗有些不自在。

中国国际广播电台在抗战时期是中国对世界发出讯息的唯一窗口，担负着宣传中国抗战、介绍世界反法西斯动态的重要使命。各界名流政要都利用这一窗口向世界传达中国声音，国共两党的要人，也经常来国际台发表演讲。同时，国际台也是国内报刊重要的国际新闻来源。德国对苏联宣战、日本偷袭珍珠港等重大新闻，都是由国际台播出后，国内报刊纷纷转载的。日本宣布无条件投降的消息，也是国际台首先得知，第一时间播出的。

抗战胜利后，重庆中央广播电台接收了南京汪伪"中央广播电台"，上上下下一些人急于钻营当"接收大员"、另一些人在忙着"还都"，人心浮动。黄宏嘉是刚毕业的学生，又是血海里摸爬滚打出来的军人，哪里适应这种"党国喉舌"的官僚习气。恰好此时英语部主任找他，给他一张申请加入国民党的表格。黄宏嘉说自己无意加入任何党派，借机辞了职。4月30日，黄宏嘉仅仅工作了两个月，就离开了国际广播电台，随后侍奉母亲，乘舟东下，回到阔别8年多的南京城，在南京天竺路4号安顿下来。

图2-10　1947年，抗战胜利后，国民政府还都南京，
黄宏嘉随父亲回到南京市天竺路4号居住

　　生活渐渐回到正轨以后，黄宏嘉也开始思考自己今后的人生之路应该朝哪个方向延伸。正当黄宏嘉四处寻找合适工作的时候，当年西南联大的老师马大猷向他伸出了橄榄枝。

　　组成西南联大的北大、清华、南开复员原址以后，三校原有教职员工各回本校，联大期间新入职、入学的师生，则根据个人志愿决定去留。马大猷虽然是清华大学的公费留学生，却是北京

大学的本科毕业生，于是选择了去母校北京大学，担任物理系教授。刚刚复员的北大，教学辅助人员严重缺乏，四处招兵买马。马大猷想到了当年西南联大的学生黄宏嘉，于是邀请他来北大物理系担任助教。马大猷对黄宏嘉说："你有潜质，应该留在学术界发展。当助教待遇虽然不高，但毕竟是回到大学，工作之余还可以读点书，可以继续学术之路。"黄宏嘉觉得马大猷说得在理，当即答应了下来。

到了北大以后，马大猷又告诉黄宏嘉，由于现在人手严重不足，黄宏嘉虽然是助教，但是并不给指定的教授做教学助理，而是被安排到物理实验室，负责给学生上物理实验课，需要独当一面。

黄宏嘉觉得自己虽然从西南联大顺利毕业，但是开学晚了半年，大四又只念了半年，课程并没有修完，底子很薄，一上手就要独立教学生实验课，害怕不能胜任。马大猷很相信黄宏嘉的潜力，对他说："别怕，学生是来学习的，他们更不懂。既然大家都不懂，先学的就是老师，你边学边教吧。不懂的再来问我。"

见马大猷这样说，黄宏嘉一咬牙坚持了下来。好在教学任务并不重，理学院在沙滩，环境清静，也适合读书。黄宏嘉真的边教边学，每次带实验前都认真准备、反复演练，确保万无一失，教学效果很好，学生们反响也很不错。

1946 年 8 月，北京大学筹备成立工学院，马大猷被聘为工学院筹备委员会主任，随后担任工学院首任院长，离开了物理系。此时马大猷年仅 31 岁，是北大最年轻的院长。

黄宏嘉没有跟随马大猷去工学院，继续留在物理系担任助教。

1947 年 2 月，为奖励抗战期间中断学业充任盟军译员的青年学生，国民政府发出公告，由教育部专门举办一次翻译官留学考试，选派其中的优秀者出国深造。决定在 4 月 1 日至 3 日，分别在南京、重庆、北平、昆明、广州、武汉、福建 7 个考区举行考试。

这就意味着不仅能取得公费留学的机会，留学费用问题也迎刃而解。得到这个消息，黄宏嘉心里踏实了，他马上报了名，利用寒假的空隙抓紧时间温习功课。他似乎已经看到了隧道尽头的亮光，相信只要自己肯努力，前面就会有出路。

第三章

祖国在等我

美国耶鲁大学图书馆大堂到阅览室长廊的拐角处，有一尊中国人的全身塑像，他身穿长衫，卷发齐耳，目光沉毅，气宇轩昂。这个人叫容闳，是第一位毕业于美国大学的中国留学生，也是首批官派留美幼童的倡议者和组织者，中华民国第一任国务总理唐绍仪、清华大学首任校长唐国安、中国铁路之父詹天佑都是这批留美幼童中涌现出来的人才。

从 1872 年 8 月清朝派出第一批留美幼童，到 1947 年国民政府派出最后一批公费留学生，75 年的时间里，陆陆续续有近万名青年学子赴美深造。1909 年，美国政府率先退还所谓"庚款"，用于兴办教育和资助留学生。随后，在美国的倡导下，英法荷比和苏联纷纷仿效，相继与中国签订协议，退还应付赔款，用于派遣公费留学生。屈辱的"庚子赔款"，催生了中国历史上特殊的"庚款留学生"，成就了一批奠定中国近代科学大厦基座的科学家和文化巨匠。

与旅欧、留日学生大部分活跃在党政军以及文艺界不一样，留美学生回国后，绝大部分留在了学术界，成为各大学的学科带头人，用他们带回来的前沿知识，奠定了近代中国的学术基石，支撑了民国大学的学科体系。在整个民国时期和中华人民共和国成立初期，这批留学归来的科学家，对中国科学技术发展起到了开路先锋的作用。民国时期，成立于1928年的中央研究院，以留美归来的科学家为主体；1999年9月18日，中央军委在中华人民共和国成立50周年前夕，表彰了一批对"两弹一星"研究作出突出贡献的有功之臣，给他们颁发了"两弹一星功勋奖章"，23名获奖者中留学生占20名。

抗战胜利以后，国民政府加大了向美、欧派遣留学生的力度，数量成倍增长。到了1947年中期，国共内战进入第二阶段，东北战场、西北战场、华东战场的解放军已经转入战略反攻，国民党在军事上捉襟见肘，政治上分崩离析，社会不稳，物价飞涨，国民党当局焦头烂额，已经没有心思再来筹备派遣留学生的事情。而通过了上一年考试，在这一年7月登船前往欧美各国的留学生们，虽然避开了国内的战火，但他们仍然关心着祖国的形势。当他们在异国安静的学府里完成了他们的学业时，国内的形势已经发生了翻天覆地的变化，他们不可避免地成为国共两党争夺的目标，是回到祖国大陆，还是投奔台湾或者留在美国，成为他们重大的人生选择。

在人生的十字路口，黄宏嘉没有半点犹豫。他迫不及待、义不容辞地率先踏上了回国的归途。问他为什么不观望观望？他只说了一句话："我的祖国在等我。"

挥手从兹去　东渡美利坚

1947年4月1日，黄宏嘉走进了设在清华大学的翻译官公派留学考试北平考区的考场。考试分文法学院、理工学院、师范学院、商学院、医学院 5 个门类，其中理学院除国文、英文、中国史地为必考科目外，另外考数学（在初等微积分和大代数及解析中任选一门），和在物理、生物、化学中任选一门。黄宏嘉当即就报了理工学院的选拔考试，科目选考了初等微积分和物理。本来黄宏嘉对大代数及解析几何更有把握，但是黄宏嘉觉得初等微积分对于通信技术更重要，更能表现自己的专业性。

考试一共进行了 3 天。黄宏嘉觉得自己发挥得还不错。考试成绩揭晓，黄宏嘉果然以名列"理工学院类"第 4 名的成绩顺利取得了公费留学的资格。黄宏嘉立即和已经在美国密歇根大学物理系留学的好友朱光亚联系，请他在密歇根大学机电系帮他联系入学事项。很快黄宏嘉就得到了回音，校方同意接收他到密歇根大学研究生院深造，但是这个时候已经过了大学申请当年秋季入学研究生的截止日期，只有等到明年才能入学。

也就是说，黄宏嘉还要等到明年下半年才能去美国。

不过他实在不愿意继续留在北大了。1946 年 12 月 24 日晚，北京发生了美军士兵强奸北大女学生的"沈崇事件"，校方对事件处理的冷漠态度让黄宏嘉这个热血青年难以接受。于是他找到已经在工学院当院长的马大猷，希望马教授推荐他去南京或者上海工作，以便经费下拨后尽快办理相关出国手续。黄宏嘉和马大猷虽是师生，但是年龄只差几岁，也算同代人，马大猷自己也经常参加进步学生的活动，对中国的现状非常不满。马大猷听黄宏嘉讲了执意要离开北大的真正原因，非常理解黄宏嘉的选择，但是又舍不得这个很有前途的年轻人就这样告别学术，就说："陈省身现在是中央研究院数学所的代所长，就在南京，你数学也不错，我给你写封推荐信，你到他那里去吧。"

听说马教授要把他推荐给大名鼎鼎的陈省身，黄宏嘉当然非常高兴，连声道谢。

"中国的前途必定是光明的。"在送黄宏嘉出门时，马大猷再一次强调了这一点。同时鼓励他出国前好好复习功课，出国后认真钻研学术，早日学成归国。

黄宏嘉谢过马大猷的教导，拿着推荐信回到了南京。黄宏嘉到中研院数学所找到陈省身，递上马大猷写的介绍信和自己的学历资料，请陈省身过目。陈省身也在西南联大当过教授，虽然没教过黄宏嘉，但是既然是马大猷器重的学生，想必也非常优秀，看了黄宏嘉的履历，也觉得满意，就要把黄宏嘉留在身边，给自己做助手。黄宏嘉当然很高兴。但是陈省身话锋一转，又要求他5年之内不能离开，因为他的研究不能中断。黄宏嘉一想，能跟着陈省身，留不留学倒无所谓，不过这辈子不就只能搞数学了吗？黄宏嘉不愿意放弃自己把工科作为人生事业的初衷，于是谢绝了陈省身的美意。

马大猷见黄宏嘉不愿去数学所，马上又另外写了推荐信，把黄宏嘉介绍给上海交通大学的朱物华教授当助教。朱物华是朱自清的弟弟，兄弟俩一文一理，都在西南联大当教授，在当时传为佳话。朱物华在西南联大时教过电讯组的课程，但是黄宏嘉并没有听过他的课。黄宏嘉对通信技术很有兴趣，听课、实习都很认真，成绩也好，所以朱物华在西南联大时对黄宏嘉也有所耳闻。他接到马大猷的信，就立刻写信邀请黄宏嘉去上海交大就职，

给他当助教。黄宏嘉觉得上海交大条件好，更适合复习巩固功课，离南京又近，交通也方便，也就答应了。

朱物华1923年从上海交大电机系毕业，随后以第一名的成绩取得了庚款留学资格，赴美国留学，先后获得麻省理工学院电机工程硕士和哈佛大学电信工程博士，随后又赴英国剑桥大学，师从卢瑟福研究离子、电子和电离辐射。朱物华工作勤勉、教学认真，尤其对数据敏感，凡是课堂上要讲到的数据，从不轻信教科书，要从原始文献取得。黄宏嘉在给朱物华当助教期间，耳濡目染，也养成了不轻信二手资料，凡事认真准备的良好习惯。

朱物华要黄宏嘉不仅给他做助教，同时还要他指导学生实验。对于凡事兢兢业业的黄宏嘉而言，给朱教授做"一岗双责"的助教是件苦差事。朱物华通过对欧美高等教育的考察，认为知名大学必须高度重视研究生教育，所以他除了给本科生开设通信、电子方面的课程，还把主要精力用于培养研究生。通信技术发展很快，研究生课程又都是前沿知识，在不断发展，黄宏嘉这个助教就得花很多时间、用大量精力去阅读文献、编制卡片，以备朱物华研究和教学所需。

黄宏嘉记忆非常深刻的一件事，是为朱物华教授做《电视机原理与知识》的资料准备工作。

1948年3月，黄宏嘉刚刚到职不久，朱物华就把他叫去办公室，问："你知道什么是电视吗？"

"知道。"黄宏嘉尽量简明扼要，"跟广播差不多，只不过采集、传输、再现的是图像而不是声音。"

"你这个说法倒也提纲挈领。"朱物华笑了笑，并没有深究，只是简明扼要地下达了指示："我正在编写一本电视方面的教材，还要开一门这方面的课。其他的资料我都准备得差不多了，你去把最近关于显像管方面的资料搜集点，整理一下给我。"

第二次世界大战结束后，欧美电视工业蓬勃发展，电视机也迅速流行起来。1946 年，英国广播公司恢复了固定电视节目，美国政府也解除了禁止制造新电视的禁令，因而电视工业得到了飞速发展。朱物华及时关注到这个新兴的技术领域，着手编写我国第一部《电视机原理与知识》的教科书，并开设了《电视学》《电传真》等课程，讲授与电视技术有关的天线、接收、显示设备以及电传真技术。黄宏嘉在北大做助教的时候主要就是带实验，对学术前沿的动态略有所知，但是要系统地整理文献资料，明显超出了原有的知识储备。

黄宏嘉是个不愿意服输的人。既然朱教授提出了要求，他当然义不容辞地接受了下来。同时他也耍了一个小心眼，为了使自己的工作能尽量贴合朱物华所需，他提出了一个"我找"和"你要"互补的模式，就是说黄宏嘉会尽量去搜索电视机方面的最新成果，但是朱教授要明确指示该搜集哪方面的成果。朱物华觉得有道理，当即答应了下来。

后来合作的效果表明，黄宏嘉根据朱教授科研进度的需要组织资料的思路非常正确，使双方沟通更为顺畅，效果很好，自己也可以学到很多新鲜的东西。朱物华严谨治学的风范也给黄宏嘉留下了深刻的印象。

在朱物华教授那里工作了一个学期，教育部的留学经费终于

下来了，黄宏嘉告别了朱物华，回到南京办理出国手续。

父亲黄右昌此时已年过六旬，对儿女的态度已经由当年的严厉苛责变成了老牛舐犊，对黄宏嘉也是以勉励为主。通过十几年的官场历练，他已经看透了国民党当局大厦将倾，无力回天，也在考虑安排后路，尤其是几个子女的未来。家里已经有大姐黄湘、三姐黄季彬、大哥黄宏建、四弟黄宏荃照应，二姐、二哥、四妹已经去了美国，现在黄宏嘉马上又要登船赴美，总算没有了后顾之忧。

到 1948 年 7 月初，黄宏嘉办妥手续，回到上海交大，向新的助教移交了工作，也没有再回南京向父母告别，直接在吴淞港登上了一艘开往美国旧金山的货轮，踏上了留学之路。

清晨，轮船汽笛长鸣，缓缓驶离吴淞港。巨轮驶出吴淞口，船头正对一轮朝阳，破浪前行。此时，晴空万里，霞光万道，辽阔的海面上波光粼粼，一群群海鸥在船尾欢快地上下翻飞。黄宏嘉站在船舷，手扶栏杆，回望渐行渐远的祖国大地，心潮澎湃，思绪万千。他知道，此时的中国，正在接受一场血与火的洗礼。

国民党当局在 1948 年 3 月 29 日至 5 月 1 日在南京召开了"行宪国大"，选举总统和副总统。4 月 19 日，国民大会选举蒋介石为总统。5 月 20 日，蒋介石、李宗仁就任国民政府总统和副总统。7 月 15 日，蒋介石签署总统令，提任黄宏嘉的父亲黄右昌等 12 人为司法院大法官。黄右昌深知国民党已经日落西山，辞不就任，毅然带领全家回到湖南，到湖南大学依旧当起了教授。

轮船一路向东，经日本长崎、神户、横滨和美国夏威夷的檀香山，经过 30 多天的航行，横跨太平洋，终于到达旧金山。轮船驶过横跨旧金山湾口火红色的金门大桥，湾区的美景尽收眼底。前方恶魔岛被笼罩在云雾之中，矗立在峭崖上的灯塔时隐时现，阳光下蓝色的海面、葱郁的山峦、白色的房屋和桅樯林立的码头，宛如一幅立体的画卷在眼前展开。黄宏嘉被眼前的景象深深地震撼了。

重逢朱光亚　苦读密歇根

经过 30 多天的海上航行，黄宏嘉搭乘的货轮于 1948 年 8 月上旬到达美国旧金山。

下了船，北美基督教中国学生会派来的人已经在码头等他。黄宏嘉跟着来接他的人上了有轨电车，转了几次车，来到专门接待中国学生学者的中国学社。北美基督教中国学生会事先已经帮他订好了房间。入住以后，来接他的人说："黄先生，您先休息，下午会长要来看您，晚上请您吃饭。"

旧金山是世界著名旅游胜地，在当时，也是中国人最熟悉的美国城市。可是黄宏嘉对游览名胜不是很有兴趣，加上要倒时差，洗漱完毕就蒙头睡去，直到中午旅店的人叫他吃饭才醒来。

黄宏嘉按照朱光亚事先给他的指引，委托中国学社给他订了第二天去洛杉矶的火车票，然后借前台的电话打给在密歇根大学的朱光亚，把到达美国的情况讲了一下。

下午快要吃晚饭的时候，北美基督教中国学生会会长带着两个人来看望黄宏嘉，简单问了一下黄宏嘉来美国的打算，客套

了一番，然后共进晚餐。黄宏嘉不信教，也不打算结识教会的人，但是人家毕竟是一番美意，也不好断然拒绝，只好勉强应付。席间，会长听说朱光亚是黄宏嘉的师弟，很高兴地说："这样啊，那太好了。朱先生是我会中西部分会的会长呢。这不更近了。"

黄宏嘉很纳闷，朱光亚什么时候信教了，还当了会长？他当然不知道，北美基督教中国学生会其实是一个受中国共产党影响的进步学生社团。

朱光亚是 1942 年 8 月从中央大学物理系转到西南联大物理系二年级的，比黄宏嘉晚一级。朱光亚进校时，黄宏嘉已经进入西南联大电机系的电讯组学习，和物理系在一起上吴大猷的电磁学课程，因此得以认识，并且很快成为非常要好的朋友。1946 年，国民政府军政部计划派人到美国学习原子弹制造技术，学术上由吴大猷、华罗庚、曾昭抡负责，吴大猷就带上朱光亚、李政道作为助手，搭乘美国的"美格将军"号军舰来到美国。但是美国政府不许可吴大猷一行中国科学家接触原子弹技术，吴大猷只好带着两个年轻人去了密歇根大学物理系，从事核物理的研究和学习。朱光亚学习成绩优异，又有才艺，还热心社团活动，很快成为中国留学生中的名人。加之他待人和蔼亲善，同学们都喜欢与他交往。黄宏嘉来美国的时候，朱光亚已经担任了密歇根大学中国留学生会的主席。

吃过晚饭，相互道了晚安别过，黄宏嘉到前台给在洛杉矶读书的妹妹黄颂康打了个电话，通报了自己到达美国的情况。黄颂康听说黄宏嘉已经平安抵达美国，非常高兴，问清楚了车次，连连说："好，好！到时候我接你！"

洛杉矶的意思是"天使之城"，也是美西华人非常集中的城市，当地华人亲切地把它叫作"罗省"。黄宏嘉的妹妹黄颂康从辅仁大学肄业以后，就来到这里的加州大学深造，主修宗教学。此时二姐黄绍湘已经结束了在美国的学习，回到祖国；二哥黄宏煦在密苏里州立大学攻读文学硕士。兄妹能够在异国相见，自然分外高兴。

黄宏嘉忙于去学校，来洛杉矶只是顺道看望一下妹妹。稍作停留，就登上了由洛杉矶开往芝加哥的美国太平洋铁路公司的火车，开始了横贯美国大陆的铁路旅行。火车穿越重峦叠嶂的内华达山脉，碧波荡漾密西西比河、太浩湖，雄伟壮丽的科罗拉多河谷，沿途风景秀丽壮观，叹为观止。黄宏嘉联想到千疮百孔的祖国，看到这段被形容为"每根枕木下面都有一具华工的骸骨"的铁路，心情不由得变得异常沉重。

经过三天三夜的长途旅行，黄宏嘉终于到达了位于底特律的密歇根中央火车站。当黄宏嘉背着简单的行李走出出站口的时候，朱光亚已经在那里等着迎接他了。

密歇根大学在安娜堡，离底特律还有 40 多分钟的车程。火车站有直达安娜堡的客车。黄宏嘉、朱光亚久别重逢，兴奋异常，上车后一路说说笑笑，不知不觉就到了学校。

密歇根大学成立于 1817 年，是美国公立大学中的佼佼者。尤其是物理学科，在当时的全美大学中声名卓著。1931~1933 年，吴大猷曾经在密歇根大学攻读硕士和博士研究生。在赴美学习原子弹技术的计划落空以后，吴大猷就选择到密歇根大学当客座教

授，从事研究工作。朱光亚作为吴大猷的助手，边做科研课题，边攻读核物理博士学位，而同行的李政道则选择了去芝加哥大学攻读硕士研究生。

图 3-1　1948 年，在美国留学时期的黄宏嘉

黄宏嘉到的时候，吴大猷已经离开了密歇根大学，到哥伦比亚大学执教去了。黄宏嘉正愁找不到合适的推荐人引荐导师，刚好，黄宏嘉在西南联大时的物理老师张文裕也在普林斯顿大学从事研究工作，张教授的夫人王承书这时在密歇根大学做博士后。张文裕来密歇根探亲时，听说黄宏嘉也来了这里，就请黄宏嘉和朱光亚吃饭。他乡遇故知，师生之间促膝长谈，十分亲切。师母王承书听说黄宏嘉刚到，还在找到导师，于是告诉黄宏嘉："按照公派留学的计划，你们只是授课型硕士，任务是要修满学分，不需要做助教，也没什么实验课程。所以你最好先根据你今后的发展方向选好课程，保证足够的学分。至于研究和实验技能，可以在今后攻读博士的时候再考虑，那个时候再找一个有实践经验、动手能力强的教授做导师，这样理论和实验都不耽误。"张文裕很赞同夫人的意见，他告诉黄宏嘉，像他这样缺乏研究经历的年轻人，先打好学科基础最重要，实验设计能力和动手能力可以自己通过摸索掌握，必须在实验室摸爬滚打，长期历练才能形成，靠老师教是教不会的。

图 3-2　1948 年，黄宏嘉在美国密歇根大学研究生院实验楼前留影

黄宏嘉诚恳地接受了他们的建议。从西南联大来的同学以物理系的为主，比如杨振宁、李政道、朱光亚，基本上都选择了理论物理或者核物理，但是黄宏嘉一直执念于工业救国，还是想学工科，所以选择了自己很感兴趣的微波技术，于是进入密歇根研究院的微波工程实验室攻读硕士研究生。

黄宏嘉学习刻苦，成绩优秀，很快赢得了密歇根大学研究院教授的好评。和美国学生相比，黄宏嘉的数学功底更是令他们惊讶，被美国同学视为畏途的复变函数论，黄宏嘉轻轻松松就以第一名过关了，理论课各科成绩始终保持领先。黄宏嘉以前在制图课练就了一手漂亮的字体和保持卷面整洁的习惯，作业清晰有序，文字、公式书写工整规范，令教授们耳目一新。他的导师说："黄的卷子，简直就是印刷品，看他的作业是一种美好的享受。"

在学习"复变函数论"这门课时，曾经发生了一段小插曲，让教授们对黄宏嘉刮目相看。

复变函数是指以复数作为自变量和因变量的函数。复变函数论有悠久的历史，它以其完美的理论与精湛的技巧成为数学的一个重要组成部分，并且常常作为一个有力的工具用来解决实际问题，其基础内容是理工科很多专业的必修课程。这门课程很庞杂，所以每次考试都有为数不少的同学不及格。黄宏嘉当然并不觉得很难，考试成绩一路领先。有一次单元考试，试卷发下来，黄宏嘉只得了 70 分，黄宏嘉大吃一惊，反复检查试卷，没有发现错误。下课的时候，他找到授课的布里顿教授，请教授指出他错在哪里。他说："我并不是为争取分数来问您，只是想知道我哪里错了。"

布里顿教授收回了试卷，很严肃地对黄宏嘉说："下午你到我办公室来一趟。"

黄宏嘉心里很忐忑，以为布里顿是误认为自己输不起。下午到了布里顿教授那里，教授已经把卷面上的得分改为了 96 分，并且用红笔在上面写了一段话："I'm sorry.I misunderstood your choice of Laurence series for the required expansion of the function，and your result is all right."（我很抱歉。我误解了你选择劳伦斯级数是为了函数的必要扩展，你的结果是正确的。）

布里顿非但没有因为此事记恨黄宏嘉，反而更加欣赏黄宏嘉，主动帮黄宏嘉申请了奖学金。

身在美国　心系祖国

虽然身在美国，学习紧张，但是黄宏嘉仍然时刻关心着祖国的局势。

自黄宏嘉 1948 年 7 月出国到 1948 年下半年，中国人民的解放战争已经进入转折点。在东北，解放军正在积极筹备连续发动秋季攻势、冬季攻势，将东北国民党军压缩到锦州、沈阳与长春，胜局已定；在华北，继 1947 年 11 月解放军攻克石家庄后，1948 年 5 月中旬，晋南重镇临汾也被我军攻克；在华东，6~7 月，华东野战军发动豫东战役，这是解放军在中原地区进行的第一次大规模兵团作战，对国共双方华东战场态势造成了深远影响；在西北，解放军取得宜瓦战役的胜利，国民党军胡宗南部已经捉襟见肘，1948 年 4 月 22 日，人民解放军西北野战军收复延安。在东北、西

北，在中原、山东，战火燃烧已经整整一年，国共两党正在进行一场生死较量。到1948年底，解放军的战略反攻初见成效，国共两党之间调兵遣将，战略大决战即将拉开序幕。

眼看就要取得全国胜利，深谋远虑的中国共产党开始着手在海外留学生中延揽人才，为建设新中国做准备。北美基督教中国学生会是一个影响广泛的学生社团，从1946年起，留学生中的中共党员就开始利用这个社团开展团结、引导中国留学生的工作。1947年夏季，黄宏嘉的好友朱光亚被推举为中国学生基督教联合会中西部地区分会主席。1948年，中国科协又在美国成立了留美中国科学工作者协会，作为中国科协在美国的分会。留美中国科学工作者协会是一个受中国共产党影响的进步学生社团，朱光亚担任了中西部地区分会的会长。

1949年1月29日，是中国的农历大年初一，留美中国科学工作者协会中西部地区分会邀请中国学生学者举行团拜会，欢度中国的传统佳节。杨振宁、李政道也从芝加哥大学赶过来参加，顺便看望校友。团拜会后，朱光亚特地把西南联大的几位校友请到他的住处小聚。

杨振宁和黄宏嘉同岁，比黄宏嘉还要小1个月，但是因为中学时期没有被耽误，所以比黄宏嘉要高两个年级，反而是师兄。在西南联大上课的时候，两人偶尔见过面，但是不熟。李政道入学西南联大的时候，黄宏嘉已经应征去了中国驻印军，两人没有见过面，算是初次相识。李政道听说黄宏嘉上过前线，很是钦佩，所以对黄宏嘉印象很深。

大家正在闲聊的时候，朱光亚递给黄宏嘉一张油印传单，说：

"昨天刚拿到的，你看看吧。"

黄宏嘉接过来一看，传单转载的是元旦出版的国内《人民日报》社论《将革命进行到底——一九四九年新年献词》。社论开篇写道：

中国人民将要在伟大的解放战争中获得最后胜利，这一点，现在甚至在我们的敌人方面也不怀疑了。

黄宏嘉被这种磅礴的气势震慑了。一口气读完了这篇洋洋洒洒五千余言的文章。

"好文章！"黄宏嘉赞道。

朱光亚说："这是毛泽东的手笔，当然气度恢宏。"

黄宏嘉在西南联大的时候读到过同学们私底下传阅的《新民主主义论》，对毛泽东准确的表达、鲜明的立场、生动的文风非常佩服，有很深的印象。

黄宏嘉感叹："才一年多一点儿，长江以北基本上就被共产党占了，真所谓摧枯拉朽。"

"应该说是国民党土崩瓦解。"朱光亚说："国民党太不得人心了，专制独裁、特务横行，李公朴、闻一多先生都被他们暗杀了。"

"我在昆明的时候还听闻一多先生讲过课呢。"黄宏嘉回忆道，"幸好我回国就退役了，没有给国民党当炮灰。"

临走的时候，朱光亚对黄宏嘉说："共产党肯定是要坐江山了，你多了解一下他们，今后何去何从，早点拿主意。"

告别朱光亚，黄宏嘉陷入了沉思。他从初中起就立下了工业救国、振兴中华的决心，所以才弃文学工；也响应学校的号召，投笔从戎，为保卫国家尽了一己之力。可是，国民党的腐败又让他对这个政权完全失去了信心。虽然他知道二姐肯定是个共产党，二哥也是偏向于共产党的，但是他们兄妹之间彼此都避免涉及政治，所以他对共产党其实并不了解。

**图 3-3　1949 年，黄宏嘉和同在美国密歇根大学留学的
西南联大学弟朱光亚合影**

1949 年 4 月 13 日，中国共产党代表团同国民党政府代表团在北平开始举行和平谈判。4 月 15 日，中共代表团向国民党政府代表团送交《国内和平协定最后修正案》，但是国民党政府拒绝接受，谈判宣告破裂。1949 年 4 月 21 日，毛泽东、朱德发布《向全国进军的命令》，命令中国人民解放军全体指战员"奋勇前进，坚决、彻底、干净、全部地歼灭中国境内一切敢于抵抗的国民党反

动派，解放全国人民，保卫中国领土主权的独立和完整"。当天拂晓，中国人民解放军发起渡江战役，在东起江阴、西至湖口的千里战线上强渡长江，击溃沿江防御的国民党军队。4月23日，南京宣告解放。毛泽东为此写下千古绝唱《七律·人民解放军占领南京》：

钟山风雨起苍黄，百万雄师过大江。虎踞龙盘今胜昔，天翻地覆慨而慷。宜将剩勇追穷寇，不可沽名学霸王。天若有情天亦老，人间正道是沧桑。

黄宏嘉通过收听电台和阅读留美科学工作者协会订阅的香港报纸，对国内形势的发展了如指掌。

从进入西南联大那一天起，更远一点，从进入国立二中那一天起，黄宏嘉身边一直就有若隐若现的共产党人，如今他们真的就要坐江山了。在叙永的时候，黄宏嘉读过毛泽东的《新民主主义论》，对毛泽东提出的新民主主义政治、新民主主义经济、新民主主义文化的构想，黄宏嘉内心是赞同的。"不过那是共产党还很弱小时提出的主张，现在今非昔比，共产党会不会真的实践当初的政治主张？"黄宏嘉想。

留美科协的会员之间，正在悄悄地传阅一本《论联合政府》的小册子。这是毛泽东1945年4月在中国共产党第七次全国代表大会上所作的政治报告。黄宏嘉注意到，《论联合政府》关于新民主主义政治、新民主主义经济、新民主主义文化的表述，和《新民主主义论》基本上是一致的。"将中国建设成为一个独立、自

由、民主、统一和富强的新国家"的号召，对黄宏嘉更是有强烈的吸引力。

国内形势风起云涌，在留学生中产生了不同的反响。大多数学生是抱着静观其变、择善而从、相机而动的态度。黄宏嘉思想上也很矛盾，不过他迟早要回国，这一点是明确的。

不惧白色恐怖　袒露爱国心声

寒假期间，黄宏嘉和妹妹黄颂康约好，一起去密苏里州的堪萨斯城，到二哥黄宏煦那里团聚。二哥住在当地一户白人家里，可以蹭饭，兄妹在那里聚会会比较省钱。

和公费派出的交流学者有生活费不一样，黄宏嘉兄妹虽是公费留学，费用里面却只有学费和往来的船费，住宿费、生活费要靠自己筹措。为了解决留学生的经济困难，北美基督教中国学生会帮助联系了当地热心的居民，安排留学生到他们家寄宿，替留学生省下一笔住宿费。善良的当地民众对中国留学生充满了热情，很多家庭不仅提供住宿条件，还在衣食住行各个方面提供全方位的照顾。黄宏煦就被安排到一个姓沃汉的家中寄宿。

沃汉住在堪萨斯城东 67 街 100 号。他管理着一家煤气公司，在当地很有声望。他为人善良，乐于助人，深受街坊邻居喜爱，被戏称为"东 67 街街道主任"。

沃汉很同情中国人民的遭遇，非常高兴黄宏嘉兄妹来他家做客。他们没有子女，所以把黄宏嘉三兄妹视为己出，关爱备至。黄宏嘉又是那种"老吾老及人之老""滴水之恩，便当涌泉相报"

的善良青年，尊沃汉夫妇如父母，称呼沃汉为 Dad（老爹）。宾主之间相处既久，就成了一家人。沃汉夫妇还给黄宏嘉起了一个英文名叫 David（大卫）。

图 3-4　黄宏嘉冒险珍藏的美国"老爹"沃汉和夫人照片

有时，沃汉也同黄宏嘉兄妹讨论一些中国的时事政治。他对黄宏嘉言谈中表现出来的同情共产党的态度表示了担忧。20 世纪 40 年代末，"冷战"已经开始，美国国内防共反共的白色恐怖日趋严重，虽然臭名昭著的"麦卡锡主义"还没有大行其道，但是国会已经制定了一系列联邦法案，用来防范共产党人的"渗透"。俗称"史密斯法案"的《外侨登记法》针对共产党主张武装斗争的原则，规定任何"故意、自愿倡导、煽动、教唆、宣传……倾向于或有利于使用暴力手段颠覆美国或州政府的"都是犯罪活动。根据史密斯法案，在 1949 年间有 11 名共产党领袖被定罪。所以沃汉夫妇经常劝黄宏嘉不要暴露自己的亲共倾向，以免遭受

无妄之灾。

黄宏嘉对美国日益明显的钳制言论自由的做法也表示了强烈的不满。在沃汉又一次劝他注意自己的言论时，他愤慨地对沃汉说："如果说美国有什么是我最喜欢的，那就是思想表达上的相对自由。但不幸的是，这种自由在战后遭到了压制。无论一个人的思想是多么可笑，多么令人讨厌，让他说出来吧，要有足够的耐心让他把它说完。这种自由就像面包和黄油一样重要，因为人不能只靠面包生存。"

可能是觉得面对面争论对长辈不太礼貌，黄宏嘉忍住了没有继续往下说。

寒假结束，黄宏嘉告别了沃汉夫妇回到学校继续念书。临行，他答应沃汉夫妇，会经常给他们写信。

进入1949年，中国人民解放战争已经进入决战决胜的新阶段。辽沈、淮海、平津三大战役以后，国民党当局自知大势已去，2月初，国民党中央党部和行政院仓皇逃往广州，企图借"和谈"与共产党"划江而治"。"和谈"阴谋破产，渡江战役以后，国民党政府和共产党"划江而治"的美梦破灭，转而逃往台湾。

分崩离析的国民党政府当然早就顾不上被"公派"到各国留学和从事交流研究的学者和留学生，从1948年起，经费就不能按时拨付。进入1949年，就完全没有消息了。交流学者在美方有工资收入，受到的影响不大，最多也就是护照、签证会出现一些问题，只要不离开美国，不是什么大事。留学生们就不一样了，一旦政府停止拨款，衣食住行都没有了经济来源，眼看就要成为难民。

进入新年，新学年的留学费用还没有动静，黄宏嘉很着急。因为要修够硕士学位的学分，无论如何也要两个学期，钱再不到的话，春季的课程就选不了，学位可能就黄了。正当黄宏嘉一筹莫展时，上海那边的友人传来消息，说教育部仍然会给公费留学生拨付今年上半年的学费和回国的船票费用，但是所有留学生都不准延长留学时间，政府不会再拨款，也不会再延长护照有效期。

2月25日，黄宏嘉收到教育部汇来的900美元支票。学费终于有了着落，黄宏嘉心里一块石头落了地。

1949年6月15日，中国新政治协商会议筹备会第一次全体会议在北平中南海怀仁堂举行。出席会议的有中国共产党、各民主党派、各人民团体、各界民主人士、国内少数民族、海外华侨等23个单位的134名代表。筹备会的任务，是为迅速召开新的政治协商会议完成各项必要的准备工作，尽快成立民主联合政府。消息传到美国，黄宏嘉仔细研读了会议新闻，当他看到新政协的组成单位多达23个，囊括了各民主党派和各界人士，而中国共产党的代表人数和民革、民盟一样，只有7人时，被共产党人宽阔的胸怀所折服；当他读到毛泽东在讲话中强调要成立由各党派、各方面代表人士组成的民主联合政府时，感到自己此前对沃汉老爹谈到的政治愿景正在变成现实，更加坚定了回国的决心。

黄宏嘉在写给沃汉老爹的信中，谈到了回国的打算。沃汉觉得黄宏嘉就这样急于回国未免太草率，因为毕竟对共产党谁都不了解，让他再观望一段时间。黄宏嘉干脆给沃汉写了一封长信，

表明了他对中国形式和中国共产党的看法。他在信中说：

　　我不讨厌，也不会讨厌共产主义者，至少对中国的共产主义者是这样。我为什么要讨厌呢？我不是百万富翁，也不希望将来成为百万富翁。据我所知，中国共产党军队在占领中国北方期间，纪律严明，不欺负老百姓。他们不腐败，至少在现阶段是这样，他们正在努力建设强盛和独立的中国。你没有任何证据表明他们得到了苏联的支持。事实上，莫斯科一直否认这种宣传。而且，中国共产党人不同于苏联或其他国家的共产党人，他们以马克思主义为最高理念和最终目标，但目前并没有在中国推行共产主义。他们提出结合中国的实际逐步实现共产主义。

　　关于中国共产党人的辩护太多了，好像我是其中一员！实际上，我不希望中国由中国共产党一党专制。我期待的是一个由共产党人、无党派人士、小党派和国民党改革派组成的联合政府。现在的国民政府是没有希望的。……我讨厌美国以任何形式帮助延长内战，让更多中国人死于战火。我们可以而且应该在真正的联合政府形成时自己终结战争。中国会非常强大。幸运的是，中国有共产党人会让这个国家站稳脚跟。

　　其实，当现政府垮台后——这是注定的，我的经济来源就必然会被切断。不过，在那种情况下，我会很高兴回到我的国家，那里将会有很多工作等着我。

　　我怕你看完这封信，会觉得很不开心，很后悔把我当作你的孩子；但我依然是你心爱的孩子。

这封信落款时间是 1948 年 11 月 3 日。这时，辽沈战役刚刚结束，远在美国的黄宏嘉并不知情。但他已经预料到国民党政府必定会垮台，有了回国的思想准备。

沃汉读了黄宏嘉的信，也理解了黄宏嘉对祖国深切的爱。从此不再阻拦黄宏嘉回国。

放弃深造　毅然回国

1949 年 6 月，黄宏嘉顺利取得密歇根大学硕士学位，并且提交了在密歇根大学和理海大学攻读博士学位研究生的申请。两所学校都录取了黄宏嘉，并且承诺了全额奖学金。经济上的后顾之忧消除了，如果黄宏嘉读完博士再回去，也未尝不可。然而正如他当初对北大校方冷处理沈崇事件不满，所以离开北大一样，面对美国日趋严重的白色恐怖，黄宏嘉开始认真地考虑回国的问题。

这时候，受共产党影响的留美科学工作者协会也因势利导，积极动员留学生返回祖国，参加新中国的建设。留美科协经常举办各种恳谈会，分别以"新中国与科学工作者""赶快组织起来回国去"等主题，介绍国内情况，讨论科学工作者在建设新中国过程中的作用，动员大家"祖国迫切地需要我们！希望大家放弃个人利益，相互鼓励，相互督促，赶快组织起来回国去！"他们还用《打倒列强》的歌曲旋律，重新填词创作了《赶快回国歌》，每次

聚会都要齐唱:"不要迟疑,不要犹豫,回国去,回国去!祖国建设需要你,组织起来回国去,快回去,快回去!"

在一次恳谈会上,朱光亚动情地说道:"同学们,是我们回国参加祖国建设工作的时候了。祖国的建设急迫地需要我们!同学们,祖国的父老们对我们寄予了无限的希望,我们还有什么犹豫的呢?还有什么可以迟疑的呢?我们还在这里彷徨做什么?同学们,我们都是在中国长大的,我们自己不曾种过一粒米,不曾挖过一块煤。我们都是靠千千万万终日劳动的中国工农大众的血汗供养长大的。现在他们渴望我们,我们还不该赶快回去,把自己的一技之长,献给祖国的人民吗?是的,我们该赶快回去了!"

黄宏嘉被朱光亚这一席话深深打动了。他痛下决心放弃了留在美国继续攻读博士的想法,决定立刻回到祖国去。因为,他听到了祖国召唤他的声音。

很多年以后,黄宏嘉这样回顾他的心路历程:

> 我当时思想上有矛盾,回到中国,这一点是明确的,但我没有读完博士就回去,觉得可惜。而且,我已申请到密歇根和理海大学的全额奖学金,经济上没有问题。最后,我还是作了马上就回国的选择,少年时代在抗日战火中度过,在我思想中,孕育着强烈的、自然的爱国心。

黄宏嘉是个说到做到的人,一旦决定回国,就一天也不愿意耽搁。他马上和在洛杉矶的妹妹黄颂康联系,约好到堪萨斯城和二哥黄宏煦会合,商量回国的事。黄颂康答应了,立刻从洛杉矶搭火车过来，三兄妹在沃汉老爹家会合，准备回国。但是二哥黄宏煦此时还没有拿到学位，黄宏嘉只好和黄颂康先走，二哥等拿到学位再说。

但是，当他们开始办理回国手续时，才发现事情已经变得很复杂。原来，国民党不甘心失败，为了干扰新中国的成立和发展，于1949年6月18日发布行政院令，宣布自6月26日0时0分起，"关闭"北起辽河口、南至闽江口的中国领海，所有外籍船舶及航空器均不得进入上述区域，而区域内各港口，也自即日起停止对外开放。由于这个禁令，美国到中国的轮船已经全部停航。在国民党政权的要求下，美国政府也开始对在美中国学生、学者加强了监控，限制他们离开美国。

在这种情况下，黄宏嘉不得不开始琢磨如何"巧妙地"离开美国。

沃汉看出了黄宏嘉的心事，知道这个东方帅小伙的心已经不在美国了。他打心底喜欢这个阳光小伙，舍不得他远去，但是更不忍心他忍受身处异国他乡、常年思念祖国的煎熬，决定豁出去帮黄宏嘉一把。他装着什么也不知道的样子，对黄宏嘉说："大卫，你妹妹来了，现在又是假期，你为什么不带她去欧洲走走？我有亲戚在比利时，他们可以帮你安排。"

正所谓心有灵犀，黄宏嘉心里一下子就亮堂了。对，绕道欧洲回去！

沃汉利用他的社会地位，向移民局出具担保函，获得了允许黄宏嘉兄妹前往欧洲旅游的许可，然后又给在比利时的亲戚写信，请他们帮忙安排黄宏嘉兄妹在欧洲期间的事务。

在签署给移民局的信件之前，沃汉很庄重地要黄宏嘉保证，今后永远要使用 David 作为英文名，因为这个名字是他们"父子关系"的见证。

黄宏嘉不是那种善于表达感情的人，此时千言万语哽在喉头，憋出了眼泪，又悄悄擦干，点着头庄严地承诺说："您放心，我不会有第二个英文名。我会是您永远的孩子。"

国内，渡江战役以后，人民解放军挥师南下，势如破竹。1949年 8 月 4 日，湖南省政府主席程潜、第一兵团司令官陈明仁等 37 名军政要员联署发表起义通电，宣布率领全湘军民，正式脱离南京政府，加入中共领导的人民民主政权；8 月 5 日，黄宏嘉的父亲黄右昌和 104 名湖南各界知名人士联署发表通电，拥护程潜的起义通电，迎接湖南和平解放。黄宏嘉从报纸上看到这个消息，更是归心似箭。拿到移民局的出国许可，立刻打电话订了最近的一班由纽约开往荷兰鹿特丹的船票。

1949 年 8 月 29 日，黄宏嘉和妹妹黄颂康登上了荷美邮轮公司从纽约启航开往荷兰鹿特丹的"新阿姆斯特丹号"邮轮，离开美国，绕道欧洲，奔向祖国的怀抱。临行的前一天，黄宏嘉在纽约给沃汉夫妇寄去了一封饱含深情的信。信中写道：

> 亲爱的老爹和阿姨：
> 明天我将离开 America，这个国家被中国人称之为"美丽的国家"。自从离开你们的那个傍晚，思念你们的心情一直无法排遣。真是光阴似箭，我踏上美国的领土，仿佛是在昨天。这一年的时间真像一场梦，我将会多么思念美国啊！

我将会思念美国。她在科学技术上的迅速发展，使得现在大众都能享用原来只是少数人所拥有的艺术、音乐和医疗。

我将会思念美国人民。他们谦虚礼貌并且乐于助人。

我还会思念美国整个国家的卫生条件，以及她有秩序的社会。

我急于回国的唯一原因，我想，不是我不够爱美国，而是我更加爱中国。我爱中国的全部，不仅是她的美德，而且，甚至也爱她的贫困和不幸……

我会在船上再给你们写信。

永远爱你们的孩子 David

1949 年 8 月 28 日

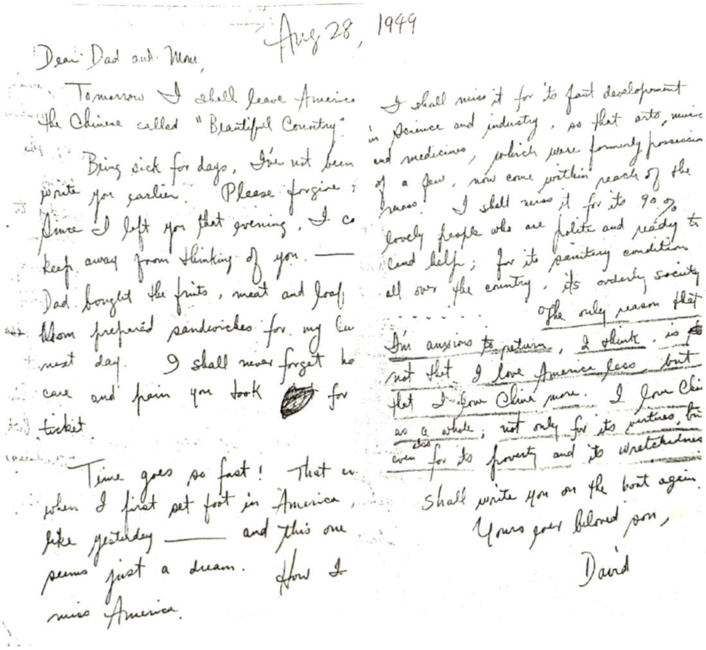

Aug 28, 1949

Dear Dad and Mom,

Tomorrow I shall leave America
the Chinese called "Beautiful Country".

Being sick for days, I've not been
write you earlier. Please forgive
Since I left you that evening, I c
keep away from thinking of you. —
Dad bought the fruits, meat and loaf
Mom prepared sandwiches for my lu
next day. I shall never forget ho
care and pain you took for
ticket.

Time goes so fast! That ev
when I first set foot in America,
like yesterday —— and this one
seems just a dream. How I
miss America.

I shall miss it for its fast development
in science and industry, so that arts, music
and medicines, which were formerly possession
of a few, now come within reach of the
mass! I shall miss it for its 90%
lovely people who are polite and ready to
lend help; for its sanitary condition
all over the country, its orderly society.

The only reason that
I'm anxious to return, I think, is
not that I love America less, but
that I love China more. I love China
as a whole; not only for its virtues, but
even for its poverty and its wretchedness.

Shall write you on the boat again.

Yours ever beloved son,

David

图 3–5　1949 年 8 月，黄宏嘉离开美国回国时，写给沃顿夫妇的辞别信手稿

1987 年，黄宏嘉应密歇根大学之邀重返母校开展特种光纤方面的合作研究，安排时间专程绕道拜访了沃汉夫妇，才得知沃汉先生已经在 1985 年去世的消息。当地报纸这样报道他逝世的消息："当一棵大树倒在森林里，附近的人会听到震耳欲聋的回响。"称赞"他就是这样一个了不起的人。……沃汉先生现在即便已经不在了，但他的努力将在未来几年内产生深远影响。"沃汉夫人拿出来珍藏的黄宏嘉在美国留学期间往来的信件和照片，看到信件和照片保存完好如初，而且沃汉夫人还把黄宏嘉写给他们的信札全部整理好，装订得整整齐齐。黄宏嘉感动得热泪盈眶。他征得沃汉夫人同意，把这些虽然已经泛黄，但是完整无缺的文字全部复印下来，带回国内珍藏，作为对沃汉先生的永久纪念和中美两国人民传统友谊的见证。

图 3-6　黄宏嘉的美国"老爹"沃汉在堪萨斯城的住宅。
这是黄宏嘉 1987 年重访故地时拍摄的

横穿欧亚　抵达香港

黄宏嘉兄妹搭乘的新阿姆斯特丹号邮轮横穿北大西洋，一周以后，抵达荷兰鹿特丹的邮轮码头。

因为余钱不多，黄宏嘉买的还是没有铺位的统舱票。兄妹俩仗着年轻，晚上随便找个地方裹上毯子就可以睡上一觉，白天就在甲板上到处溜达看海，一个星期下来，也不觉得很累。

到了鹿特丹，按照黄宏嘉的想法，当天就要坐火车去比利时的布鲁塞尔，到那里去见沃汉的亲戚，然后回国。可是妹妹黄颂康不愿意。她是学宗教的，既然到了欧洲，就一定要沿途考察一下。钱不够，罗马可以不去，但是既然来了，鹿特丹肯定要逛一逛，这里曾经是自由派新教徒活动的大本营，随便看一两座教堂也好。黄宏嘉拗不过妹妹，只好答应。

鹿特丹是荷兰第二大城市，长期以来一直是欧洲最大的海港，也是欧洲最重要的货运港口之一，非常繁华。19世纪末，全欧洲最高的建筑就在鹿特丹。二战期间，为逼迫荷兰投降，德军对鹿特丹进行无差别的狂轰滥炸，鹿特丹市中心的建筑物几乎全部被毁。战后，由于历史建筑复原很耗时日，鹿特丹重建工程进度非常缓慢。黄颂康一圈逛下来，基本没有什么收获，感到非常遗憾。而黄宏嘉看到鹿特丹满目的断垣残壁，回想起当年合川被日军轰炸的惨象，同情之心油然而生。

黄颂康没有能够参观鹿特丹的教堂，又想去著名的小孩堤坝看风车。一打听那里离市区很远，车费太贵，时间也来不及，黄颂康很是失望。她说："这次就算了，等有机会一定要再来慢慢走走看看。"

果然，1952 年，黄颂康再次出国留学，到荷兰乌得勒支大学专攻历史，并且在 1957 年获得文学博士学位，然后去了英国剑桥大学讲授中国文学。1963 年，黄颂康以归侨身份回国工作了一段时间，最后还是回到荷兰侨居终老。

本来黄宏嘉兄妹可以乘火车从鹿特丹直抵法国马赛，在那里换船去香港。但是沃汉已经联系了在比利时布鲁塞尔的亲戚特蕾莎接待他们。黄宏嘉不忍心辜负了"老爹"的一番美意，还是决定到布鲁塞尔稍作停留。

从鹿特丹到布鲁塞尔是一段愉快的旅程。蓝天白云下，火车从如画的山峦湖泊、草地农场穿过，沿途星罗棋布着有浓郁荷兰风情的民居和牧舍，著名的荷兰奶牛慵懒地躺在草地上晒太阳，牧羊犬在草地上和褐色的山羊嬉戏。虽然二战才刚刚结束几年，战争留下的创伤还依稀可见，但是和平正在让欧洲的土地逐步恢复元气。

上午 10 点左右，黄宏嘉兄妹到达布鲁塞尔中央火车站，特蕾莎已经在出站口等他们了。黄颂康的英文名刚好也叫特蕾莎，两人一见如故，十分亲热，马上就聊得不亦乐乎。

布鲁塞尔号称欧洲的心脏之城，在欧洲有着崇高的地位。黄宏嘉让特蕾莎和黄颂康先等等，自己独自去车站售票处，买好了当天晚上开往法国马赛的火车票。黄宏嘉喜欢坐晚上的火车，不光是节约时间，车上过夜，还可以节约旅馆费。

从中央火车站出来，走了十来分钟，就到了著名的布鲁塞尔大广场。特蕾莎在广场露天咖啡馆找了张桌子，招呼黄宏嘉兄妹坐下，点了咖啡闲聊歇憩。露天咖啡馆旁边是一家售卖手工巧克力的商店，也有一些精致的点心，黄宏嘉看到了妹妹的馋相，也不好冷落了特蕾莎，忍痛买了巧克力和曲奇当茶点。黄宏嘉喝着咖啡，仔细品味眼前这个被雨果称为"美丽而宏伟的广场"的风情。广场的西边高耸着庄严的市政厅，这是一座典型的哥特式建筑，灰白色的墙体已经积淀了 500 多年的历史尘埃。与市政厅相邻的是一座巴洛克风格的 5 层小楼，这就是著名的天鹅之家。天鹅之家门面很小，大门上方有一只昂首振翅高歌的白天鹅雕塑。马克思和恩格斯在这座不起眼的饭店里写下了不朽文献《共产党宣言》。1845 年 2 月，马克思被法国驱逐后，于 3 月 2 日携夫人和女儿在这里居住，其间，恩格斯及一些德国社会主义者也聚集到这里，成立了德国工人组织和第一国际比利时支部。黄宏嘉望着这座小楼，想象着当年马克思是如何坐在饭店一楼的咖啡厅里构思了《共产党宣言》这篇改变了人类历史进程的光辉文献。

"这里要晚上才是最漂亮的时间。"见黄宏嘉沉浸于眼前的风景，特蕾莎说道，"可惜你们傍晚就要坐火车离开。"

"是啊，很遗憾。下次吧。"黄宏嘉难得客套了一下。

喝完咖啡，特蕾莎又领着黄宏嘉兄妹沿城市博物馆、巧克力博物馆、美术馆逛了一圈，很快就到了该上火车的时间了。特蕾莎把黄宏嘉兄妹送回火车站，依依不舍地告别。

黄宏嘉兄妹从马赛再次登上邮轮，穿越地中海，经过苏伊士运河，再穿越红海，进入阿拉伯海，然后一路经过科伦坡、新加坡、马尼拉、横滨，开往香港。眼看离家越来越近，黄宏嘉的心

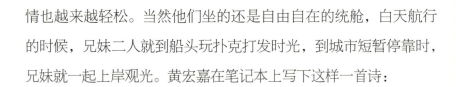
情也越来越轻松。当然他们坐的还是自由自在的统舱,白天航行的时候,兄妹二人就到船头玩扑克打发时光,到城市短暂停靠时,兄妹就一起上岸观光。黄宏嘉在笔记本上写下这样一首诗:

> 海上飘游尽日嬉,舱头凑趣聚捉龟。中途泊岸皆番域,携手先登共猎奇。

邮轮停靠东京时,黄宏嘉和妹妹随着同船旅客下船观光。他们特意到皇宫门前留了一张影。黄宏嘉对妹妹说:"我们打败了日本人,但是没有向日本派遣占领军,这口气没有出。今天我站在这里照张相,表示我已经把日本踩在了脚下,用来告慰牺牲了的兄弟们。"

图 3-7　黄宏嘉和妹妹黄颂康在归国途中途经日本东京,
兄妹二人在日本皇宫门前合影

1949 年 9 月 20 日，邮轮汽笛一声长鸣，缓缓驶入维多利亚港，停靠在专用码头。黄宏嘉和妹妹安全抵达香港。

他们终于回到了阔别一年多的祖国。祖国山河依旧，但是物换星移，江山易主，黄宏嘉要面对的，是一个全新的政权。前途是如此具有诱惑力和充满不确定，黄宏嘉心里其实并不踏实。在到达香港的前一天，黄宏嘉给远在美国的沃汉夫妇写了旅途中的最后一封信。他在信中说道：

> 明天早上我们就要到达香港。二十天的海上生活是一个巨大的、痛苦的挑战。老天保佑，我们仍然处于良好的状态。
> ……我们不知道会在香港待多久，或者我们是否可以在短时间内弄到一张去沿海城市的船票。如果不能去湖南看望父母，我们计划先去北京或东北。不管怎样，我们不愿意在香港待太久。

香港这时候还处于英国的殖民统治之下，黄宏嘉在中国驻印军服役时，耳闻目睹英军在与中国军队联合作战时的种种背信弃义，对英国当局深恶痛绝，把英国对香港的殖民统治视为国耻，所以不愿意在香港多作停留。

开国大典穿越台湾海峡　国庆之夜观礼火树银花

到达香港以后，按照出发前朱光亚给他的指示，黄宏嘉去到香港大学，找到了曹日昌教授。曹日昌 1935 年毕业于清华大学，

然后继续攻读研究生，1941年起在西南联合大学任教，1945年公费赴英国剑桥大学留学，3年后获得剑桥大学心理学博士学位。在剑桥留学期间，曹日昌加入了中共地下党，回到香港后到香港大学任教。按照党的指示，这期间利用自己的条件接应归国的学者，帮助他们解决交通和一些生活上的困难。广东解放后，曹日昌回到了北京，到中国科学院工作，先后任计划局副局长、办公厅副主任、联络局副局长。1956年他担任心理所研究员兼副所长，此后全力从事心理学研究和科研组织工作。

曹日昌问了黄宏嘉回国的意图和时间安排，然后说："现在广东还没有解放，从陆路口岸过不去；国民党海军又封锁了大陆沿海，客船也停航了。只有想办法搭货轮走，但是路上很辛苦，也很危险。你们想一想，是住下来等广东解放以后再走，还是搭货轮先走？"

此时广东战役还没有打响。当然，广东肯定很快就会解放，但是这个"很快"有多快，大家心里都没数。黄宏嘉回国的心情十分迫切，加上经济上也不允许他在香港逗留太长时间，听说可以搭货轮走，就毫不犹豫答应了下来。

"那你们先找地方住下吧，有消息了我就会找你。"曹日昌说。

1949年的香港还没有从战争的破坏中恢复过来，街道也十分狭窄破旧，没什么好玩的。香港大学位置比较偏僻，往来不便，黄宏嘉兄妹干脆就在香港大学的招待所住下来，每天跑到曹日昌那里打听消息。

过了一个星期左右，曹日昌终于替黄宏嘉兄妹找到了一艘开往秦皇岛运煤的小火轮。小火轮是由蒸汽机作为动力，航速慢，每小时还不到 20 公里，从香港到秦皇岛大约需要在海上航行七八天，而且运煤船除了供船员使用的简易伙房外，没有任何生活设施，路上将会十分艰苦。

曹日昌十分抱歉地对黄宏嘉说："本来想找一艘短途货船，这样你们可以少吃些苦。但是现在封锁太紧，没办法，只好委屈你们了。"

黄宏嘉见小火轮条件实在太差，海上的时间又太长，怕妹妹不方便，就让妹妹暂时留下来，等广东解放以后从陆路回内地，自己一个人先走。

曹日昌替黄宏嘉准备了一张可以折叠的行军床，这样他疲倦了就可以躺下休息，还预备了一些水果、干粮带在路上吃。1949 年 9 月 30 日一大早，曹日昌把黄宏嘉送到码头，交给小火轮的船长，然后分手别过。

10 月 1 日，小火轮进入台湾海峡，船上的气氛变得紧张起来。船长把搭船的旅客统统赶下了甲板，让他们在货舱里休息。小火轮吐着黑烟，蒸汽机轰鸣着，向东北方向疾驶。下午时分，小火轮驶入了台湾海峡中段。黄宏嘉不知道，在遥远的北京，此时正是万众欢腾的时刻，首都 30 万人齐聚在整修一新的天安门广场，等待举行中华人民共和国开国大典。

1949 年 10 月 1 日下午 2 时，毛泽东在中南海勤政殿主持召开中央人民政府委员会第一次会议，中央人民政府正式宣告成立，毛泽东就任中央人民政府主席，周恩来就任中央人民政府政务院

总理兼外交部部长，朱德就任中国人民解放军总司令。随后，毛泽东和中央人民政府委员会全体委员，分别乘车驶向天安门，参加开国大典。下午3时，开国大典正式开始，毛泽东向全世界庄严宣布："中华人民共和国中央人民政府今天成立了！"随后，毛泽东按动了升旗的按钮，伴随着雄壮的《义勇军进行曲》，第一面五星红旗冉冉升起。

晚8时，天安门广场上空绽放出五彩缤纷的礼花。参加开国大典的群众手里举着点亮的纸灯、纱灯，把天安门广场变成了灯的海洋，和天空绚丽的礼花交相辉映。群众游行队伍挥舞着各色鲜花和彩灯，从天安门前通过。毛泽东站在城楼上，向游行群众挥手，用浓重的湖南口音高呼"同志们万岁！"以回应山呼海啸般的"中华人民共和国万岁！""毛主席万岁！"的口号声。

此时，黄宏嘉搭乘的小火轮，正悄无声息地通过台湾海峡。这天是农历八月初十，渐近中秋，海上明月分外皎洁，银色的月光洒满大海，在微波荡漾的海面跳跃。黄宏嘉不由得自然而然吟诵起"而或长烟一空，皓月千里，浮光跃金，静影沉璧，渔歌互答，此乐何极！"的词句，心情也变得格外开朗。他站在轮机房旁边的甲板上，凭栏仰望星空，任海风吹拂着脸颊，畅想着自己美好的未来。

天渐渐亮了，小火轮已经驶出了台湾海峡，万道金光扑面而来，黄宏嘉眺望着远方的大陆，回想起一年多前告别祖国，远赴重洋留学的情形，不禁心潮澎湃。他突然灵感袭来，掏出笔记本，写下海外归来的第一首诗：

莫把他乡认故乡，归来及早渡汪洋。远航作伴生平少，海阔天空话更长。

10月6日下午，小火轮终于靠上了秦皇岛的运煤码头。黄宏嘉整理好行李，把行军床送给了船上的工友，兴高采烈地走下小火轮。当他跳下跳板，脚下踩到祖国坚实的土地，心里终于踏实了。港口机器轰鸣，车来人往，一派火热景象。高高的龙门塔吊上，鲜艳的五星红旗猎猎招展。

祖国，我听从了您的召唤，回来了！

黄宏嘉虽然错过了开国大典，不过他很快得到了补偿：1950年10月1日，北京举行盛大的国庆一周年庆祝大会和阅兵式。黄宏嘉作为归侨代表，受中央人民政府政务院的邀请，荣幸地登上天安门观礼台观礼。当天晚上，天安门广场举行盛大的焰火晚会，欢度国庆节。傍晚，成千上万的市民就开始从北京城的各个角落涌向天安门广场。到了晚上8点，广场上已汇集了十多万人。探照灯从四面八方照射到天安门广场的上空，交织成一个个光芒万丈的五角星。一簇簇的焰火和礼花在夜空里绽放出五彩缤纷的花朵，像天上千万颗星都汇集在天安门的上空，把天安门城楼照耀得越发光辉灿烂。焰火也照亮了整个北京城。广场上的广播车响亮地放送着赞颂人民领袖毛泽东的歌曲，青少年和首都各界群众伴随着音乐的节拍载歌载舞，脸上洋溢着欢快的笑容。黄宏嘉置身其间，心潮随着簇簇的火花和激越的歌声起伏，在激动和兴奋中度过了他回国后的第二个国庆节之夜。

图 3-8　1950 年 10 月 1 日，应国务院邀请，黄宏嘉作为归侨代表登上天安门城楼观礼台，参加首都各界庆祝国庆一周年焰火晚会

在天安门广场举办焰火晚会的同时，全国各少数民族代表正在中南海怀仁堂欢聚一堂，举办文艺晚会，向毛泽东和其他党、政、军领导人献礼、献旗，以表各族人民对毛泽东和共产党的热爱。诗人柳亚子应邀出席晚会，即席填《浣溪沙》词一首，记录下这个盛大时刻：

火树银花不夜天，弟兄姐妹舞翩跹，歌声唱彻月儿圆。

不是一人能领导，那容百族共骈阗，良宵盛会喜空前。

毛泽东当即步原韵奉和：

长夜难明赤县天，百年魔怪舞翩跹，人民五亿不团圆。

一唱雄鸡天下白，万方乐奏有于阗，诗人兴会更无前。

人民的新中国，一扫自 1840 年鸦片战争以来萎靡的精神状态、任人欺侮的国际形象，荡涤了半封建半殖民地时期留下来的污泥浊水，以崭新的姿态屹立在世界的东方，给千千万万的黄宏嘉们，提供了展现才华的广阔舞台。

从微波到光

对微波我们再熟悉不过了，因为微波炉几乎是家家户户厨房的必备电器。微波炉跟通信有关系吗？当然有。你家里有 Wi-Fi 吧？它的频率跟微波炉的频率刚好是一样的：2.45G，不信你去看看说明书。当然无线路由器现在也有 5G 的了，它还是属于微波的频段，只不过和微波炉不在一个频道了。

你可能也听说过微波通信，觉得很神秘，其实一点儿也不神秘，它也早就进入了你的生活。比如你家住房面积可能比较大，需要安装一个 Wi-Fi 放大器，恭喜你，你已经组建了一个迷你的微波通信网。在光纤通信没有普及之前，微波通信曾经是大容量长距离通信的主要方式。不过中国发展太快，微波通信还没怎么普及，微波中继站基本上还是保密单位时，它就被光纤通信取代了。当然说取代也不很贴切，虽然目前以光纤通信为主的有线传输网络占据长途通信市场的主导地位，但是在某些特殊应用场景下，微波通信仍然发挥着不可替代的作用。比如偏远地区，布设有线线路难度太大或成本过高，就会采用微波进行数据传输。对于有些专网通信用户，如电网、铁道等，经常也会采用微波通信作为远距离孤立站点的数据传输手段。此外，因为微波通信不需要布线，中继站可以车载移动，组网灵活，所以也会用于紧急情况下的应急通信，例如在"98年抗洪"、汶川大地震抢险救灾中，微波通信为汇总灾情、指挥救灾发挥了巨大的作用。实际上，卫星通信也是微波通信的一种，只不过比较特别而已。

无线电通信、微波通信都是利用电磁波来传送信息。光也是一种电磁波，那么光当然也可以用于通信。只不过一般可见光的波长比较庞杂，需要用波长比较纯粹的光，才能够进行信号调制，这就要用到激光。激光是使用振荡器将光（电磁波）放大后获得的人工光源。它的单色性优异，也就是说波长纯粹，抗干扰性能好，这些特点很适合用于通信。当然，光在空气中传送很容易被吸收、阻挡，需要给它提供一种传导的介质，以便长距离传输。于是就有人开始尝试用透明的玻璃纤维来作为光导材料，这种用来传送光线的纤维，就叫作"光纤"。

1966年，美籍华人科学家高锟在论文中用实验数据和严密的论证指出，只要制作光纤的材料足够纯净，氢氧根离子足够少，就有可能做出1公里只衰减20分贝（dB）的光纤，这种光纤就有可能用于通信。他的文章告诉世界，光纤拉得好的话，真的能实用。高锟的论文一发表，把科技界都激励起来了，光纤通信变成了热点。工业界投入人力和财力，科学家、工程师全力以赴。4年以后，美国康宁公司就真的拉出来了每公里只衰减20dB的光纤；到了1976年，美国电报电话公司（AT&T）就开始使用光纤通信系统了。光纤通信横空出世，而且后来居上，光纤通信网络现在已经成为全球信息骨干网络的主要模式。

为什么光通信特别引人注意呢？跟此前的微波通信相比，光

波的频率比微波高百万倍，可能携带的信息也就能高百万倍。一根光纤可以同时提供上亿个电话通路。因此，自从太平洋底下铺设光缆，欧亚大陆铺设光缆以后，中国人打电话到美国、欧洲，只要对方交换机有空，就再也不会碰到"线路忙"的情况了。

光纤的发明被称为是信息技术领域的一场革命，1966~1976年，仅仅 10 年间，世界的光通信就从预言变成了现实。中国的科学家虽然错过了开头，但是也不甘心一直落后。一批中国科学家在恢复科研工作以后，就立即转向了对光纤技术的研究。

微波通信出现在 20 世纪 30 年代初期，在 50 年代开始商用；光纤通信技术出现于 70 年代中期，走入寻常百姓家已经是 21 世纪了。我国 1957 年 11 月建成了第一条微波实验线路——京保微波线路，比美国贝尔实验室在纽约和波士顿之间建立的世界上第一条模拟微波通信线路晚了 10 年，考虑到当时我国科技水平、工业能力同世界先进水平的差距，已经属于紧跟世界前沿了。光纤通信技术的应用，我国虽然比世界晚了 10 年起步，但是通过一大批科技人员的发奋努力、急起直追，在尖端技术上基本保持了与世界同步，在普及率方面还后来居上，站到了世界前沿。

从微波到光，有一个人始终站在中国通信技术革命的最前沿，这个人就是黄宏嘉。

婉谢湖南大学　加盟铁道学院

黄宏嘉到达秦皇岛以后，立即买了下一班船票，横渡渤海湾，到达天津，然后换乘火车，抵达新中国的首都——北京。

虽然极有可能，但我们无法确认他是不是中华人民共和国成立以后从海外归来的第一位学者，不过他肯定是最早的一批，以至于赶到北京报到时，国内负责接待海外归来学者的机构还没有开始办公。黄宏嘉只好在清华大学校友会暂时住下来，一直等到10月13日，才在全国自然科学工作者代表会议筹备会那里填写了《回国科学工作人员登记表》，登了一个记，但是接待人员说，还要等一段时间才能安排工作。

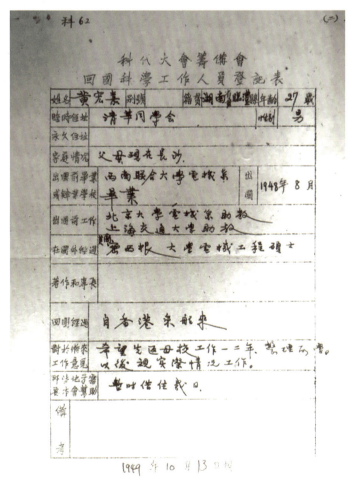

图 4-1　1949 年 10 月，黄宏嘉亲笔填写的《回国科学工作人员登记表》

趁等待分配的这段空闲时间，黄宏嘉回到湖南长沙，看望离别一年多的父母。这时，妹妹黄颂康也从香港回到了湖南，兄妹二人再度重聚。

图 4-2　黄宏嘉兄妹回国后，和父母相聚。这是黄宏嘉拍摄的
一家人在湖南大学校园的照片。后排是父亲黄右昌、母亲李夔旭；
前排是妹妹黄颂康、弟弟黄宏荃

父亲黄右昌在国民党垮台之前就离开了立法院，回到湖南大学任教。他在程潜、陈明仁联署起义通电后次日，联合湖南104位各界知名人士通电响应的义举，得到共产党的充分肯定。湖南和平解放后，他作为知名民主人士受到了很好的照顾。

得知黄宏嘉从海外归来，湖南大学校长易鼎新立刻到黄家登门拜访。易鼎新是电气学家和电工专家，也是留美归来的学者，听说黄宏嘉刚刚回国，还没有找工作，立刻拉着黄宏嘉的手说："那就别走了，就留在湖大。你看你大哥二哥都不在身边，你就留下来照顾你爸。我在电机系给你个副教授的职位怎样？"

黄宏嘉一下子不知所措，客套道："我只是个硕士，副教授有点不敢当。"

易鼎新却满口不在乎："不高不高。湖大不比清华、交大，门槛没那么高，你当副教授合适得很。"

第二天，易鼎新果然就派人把电机工程系副教授的聘书送到了黄宏嘉手里。

这时，清华大学同学会给黄宏嘉来信，通知他说，他的工作单位定了，分配到中国交通大学北京管理学院（不久更名为北方交通大学北京铁道学院，1952 年更名为北京铁道学院）新设的铁道电信管理系做讲师，要他立刻回北京办理工作安排的相关手续。

是去北京，还是留在湖南？黄宏嘉问父亲怎么办。黄右昌说："你自己拿主意吧。周恩来总理已经派人找过我了，我估计很快也会去北京。你如果去北京呢，虽然职位低一点，但是局面肯定大些，当然更好。"

父亲看来是倾向于他去北京的。黄宏嘉决定回北京看看再说。他去湖南大学向易校长道歉兼辞行。易校长还是乐呵呵地说："人往高处走，应该的。我这里给你留着名，随时可以回来。"

湘人重义，易校长果然在湖南大学的教授名单里保留着黄宏嘉的名字。当然，黄宏嘉本人并不知道这些。

北京铁道学院（今北京交通大学）渊源于清政府邮传部创办的北京铁道管理传习所，是中国近代电信教育的发祥地，黄宏嘉在美国学的是微波通信，到北方交通大学正好用其所长，黄宏嘉对这个安排很满意，二话没说就去了。

1949 年 11 月 18 日，一切都安顿妥当之后，黄宏嘉给他的美

国"老爹"沃顿写了一封报平安的信，这也是他们最后的通信：

我亲爱的爸爸和妈咪：

自从我们离别以后，我数不清有多少次想起你……

虽然我们隔海相望，分属不同的体系，我的爱和尊重永

远不会改变。

David

黄宏嘉虽然只是讲师，但是当时国内从事微波研究和教学的人才非常稀缺，在北方交大更是独苗，所以科研、教学的担子都很重，除了日常教学以外，还承担了铁道通信系统中微波部分的设计工作。由于工作出色，1950 年 8 月，黄宏嘉提前晋升为专任副教授。

事业顺风顺水，人生也喜事临门。在父母的张罗下，1951 年元旦，黄宏嘉和京城名媛孙嘉瑞喜结连理。孙嘉瑞出身北京的工商世家，父亲从事银行业，是民国时期北京第一剧场的老板。孙嘉瑞自幼喜欢戏曲，十岁时就有很好的扮相，照片还上过报纸。她毕业于圣约翰女校，思想进步，善作诗文，也是圈子里有名的美女。婚礼在北京中山公园来今雨轩举行，工商、学术名流汇聚，高朋满座；夫妻俩一文一理，郎才女貌，来宾盛赞为天作之合。学校重视知识分子工作，马上给黄宏嘉分配了住房，黄宏嘉也有了自己的小家。

1951 年 7 月 29 日，政务院文史研究馆成立，黄右昌应周恩来总理聘请，来京出任文史研究馆研究员。文史研究馆是毛主席亲自倡议设立的，是一个统战性、荣誉性的机构，用来安排德高望

重的学者宿儒。二姐黄绍湘从山东大学调回北京，到人民出版社任编审，一面审稿，一面修改《美国简明史》初稿；二哥黄宏煦1949年秋季取得密苏里大学硕士学位后已经回国，先在湖南大学任教，现在也调到北京，在国际关系学院任教；四弟黄宏荃刚从湖南大学英语系毕业，分配到北京，在志愿军政治部俘管处当翻译。一家人除大哥黄宏建滞留台湾、三姐黄季彬在天津、四妹黄颂康在荷兰留学外，都齐聚北京，各有一番事业。黄家蔚然已成大家气象。

主编新教材　客串自动化

　　1952年，中国的大学迎来史无前例的院系调整。北方交通大学校部被撤销，北京、唐山两处校区独立设置为北京铁道学院和唐山铁道学院。北京铁道学院被确定为以铁路管理为主的专门院校。经教育部同意，铁道部于1952年7月8日，决定将东北铁道学院改称哈尔滨铁道学院。同年8月下达指示：北京铁道学院电信工程系和信号工程系调入哈尔滨铁道学院。这就意味着，黄宏嘉要被调到冰城哈尔滨工作。

　　院系调整的方案一出来，电信工程系和信号工程系两系教职工议论纷纷，情绪很大。黄宏嘉此时孩子刚满周岁，夫人又是富贵人家的大小姐，同事们都以为黄宏嘉会闹情绪。不料黄宏嘉风平浪静，只是自己埋头整理图书、仪器，没发一句牢骚。在欢送大会上，他被指定作为教授代表发言。黄宏嘉也没有讲什么豪言壮语，只是用寻常语气坦率地说："东北路网发达，是铁道人可以

大有作为的广阔天地。我是回来工作的，在哪里都是工作。祖国需要我到哪里，我就到哪里。"

就这样，黄宏嘉带着娇妻幼子，告别父母，服从组织安排去了哈尔滨铁道学院。夫人孙嘉瑞虽然心里一百个不愿意，还是跟着黄宏嘉去了哈尔滨。

哈尔滨铁道学院名为学院，但前身只是一所1948年才创办的专科学校。校舍非常寒酸，基本上是因陋就简搭建的平房，条件和当年西南联大差不多，食堂也是连凳子都没有，大家站着吃饭。生活、教学条件差倒也罢了，关键是师资也严重不足，教师有的是哈尔滨工业大学支援的兼职教师，有的直接就是铁道局的工人师傅。也没有实验和实习条件，很多科研和教学工作根本无法开展。1953年，经政务院副总理邓小平同意，铁道部决定将哈尔滨铁道学院并入北京铁道学院。同年9月22日，铁道部党组作出关于处理哈尔滨铁道学院工作的决定。10月，黄宏嘉重新回到北京铁道学院，担任新组建的电工基础教研室主任。

教学、著作、科研是黄宏嘉为自己设定的"开门三件事"。光说不练，不是黄宏嘉的风格。

20世纪50年代初期，我国国民经济基本恢复，新的大规模的建设正在到来，国家工业化建设的大幕徐徐拉开，各行各业都以高昂的士气投入新中国的建设当中。1954年4月，鞍钢技术革新能手王崇伦等7名全国工业劳动模范向全国总工会发出了开展技术革新运动的建议书，由此发展成为全国范围的技术革新运动。

1955年3月21日至31日，中国共产党在北京举行了全国代表会议，会议通过《关于中华人民共和国发展国民经济的第一个五年计划草案的决议》。7 月 30 日，全国人大一届二次会议审议通过了国务院提交的关于发展国民经济第一个五年计划。

为落实"一五"计划的实施，通过技术进步来提高劳动生产率，改变中国技术落后的局面，技术革新运动更成为各行各业的中心工作。《人民日报》连续发表文章，为技术革新营造舆论氛围，甚至把技术革新提高到"目前时期我国工业生产中的一个总要求和总方向"的高度加以强调。

黄宏嘉在美国学的是微波通信，不过刚刚回国的时候，国内还没有开展这方面的工作，黄宏嘉的本领像是为恐龙治病，除了给学生上点课，讲一点理论，实践中还没有地方施展。为响应技术革新的号召，黄宏嘉就根据铁道生产的需要，把刚刚兴起的电子类专业——自动控制作为自己的研究方向，把微波用于信号传输，客串了一把信号工程师。

学问扎实、工作勤勉的黄宏嘉，一旦投入工作，立刻就硕果累累。黄宏嘉首先针对当时普遍使用的探照灯式色灯信号机旋转轴容易发生卡阻故障，而且没有故障—安全功能的缺陷，和同事们一起对驱动信号机滤色片的电磁系统进行了技术革新。经过黄宏嘉改造的信号机电磁系统性能优越，而且发生故障后有报警功能，确保了信号系统的正常运行。1956 年 9 月，黄宏嘉为第一作者，与梁普才等人合作的论文《探照灯式色灯信号机磁系统的研究》在《铁道研究通讯》当年第 17 期发表。在此基础上，黄宏嘉对继电器工况进行了理论上的深入分析，11 月，他的论文《翼式感应继电器扇形金属盘上的涡流场》在《物理学报》第 12 卷第 6 期发表。

图 4-3 黄宏嘉在《物理学报》1956 年第 6 期上发表的论文

1956 年 1 月 29 日，因为政治表现优异、工作成绩突出，黄宏嘉光荣入党。

自动控制作为一门新兴学科，当时国内教材非常缺乏。在"一边倒"学习苏联的情况下，很多大学直接采用了苏联教科书，当时高教部组织了一个十分庞大的班子专门负责翻译苏联教材，以应急需。铁道系统对信号和自动控制的需求特别迫切，又有行业的特殊性，当时国内根本没有这方面的教材。由于苏联铁道系统和中国不兼容，苏联教材也用不上，只能自己组织力量编写。受教育部委托，黄宏嘉负责主编全国高等学校铁道运输自动控制远程控制及通信专业的统编教材。黄宏嘉的专业是微波，只不过"客串"一下自动控制，却在铁道系统成了这个学科的带头人，这也出乎黄宏嘉本人的预料。好在当时在西南联大机电系的老师钟士模正在清华大学工作，担任自动控制系主任，黄宏嘉就虚心向钟老师请教，边学习、边研究、边出成果，顺利完成了任务。

1958 年 4 月，黄宏嘉作为主编和第一作者，与吴文泷等人联合编写的高等学校教学用书《自动控制远程控制理论基础教程》由人民铁道出版社出版。全书共分为自动控制远程控制设备的元件、远程控制、电路代数与继电接点和电子开关电路图的设计、自动调整理论等 4 篇 18 章，37 万余字。教材大量采用了我国在铁道建设工程中的实际案例，是首批由中国人自己编写的大学自动化教材。

图 4-4　黄宏嘉担任第一主编的高等学校教学用书
《自动控制远程控制理论基础教程》

在编写教材的同时，黄宏嘉还主动根据铁道科研和生产的实际需要，综合国际最新技术，编写实用技术资料，为科研、生产一线服务。铁道驼峰自动化是当时国内列车编组面临的重大课题。所谓"驼峰"，就是在地面上修筑的犹如骆驼峰背形状的小山丘，设计成适当的坡度，上面铺设铁道，利用车辆的重力和驼峰的坡度的势能，辅以机车推力来解体列车的一种调车设备。在进行驼峰调车作业时，先由调车机将车列推向驼峰，当最前面的车组或车厢接近峰顶时，提开车钩，这时就可以利用车辆自身的重力，顺坡自动溜放到编组场的预定线路上。要实现驼峰自动化需要可靠的钩车制动的自动化，关键是要保证峰下线路的钩车能够恰好在指定位置，既不会因溜车撞车，又不会因溜车车速不够不能联挂。这就需要有可靠的测速雷达和测距雷达为制动系统提供参数。当时国内相关的研究机构都在开展测速雷达的研制，黄宏嘉综合国外测速雷达的发展现状，结合中国铁道系统的实际，编写了《铁道驼峰自动化测速雷达的微波系统》一书，1960年4月由人民铁道出版社出版。这本书不仅在铁道系统成为经典，也为有关单位研制测速雷达、测距雷达提供了很好的思路，出版后广受欢迎。

客串了几年自动化，干得还算顺手，黄宏嘉被任命为北京铁道学院电信系副主任兼无线电教研室主任。不过，黄宏嘉还是心心念念中国何时能够发展自己的微波通信事业，一直关注着国际微波技术的发展动态。

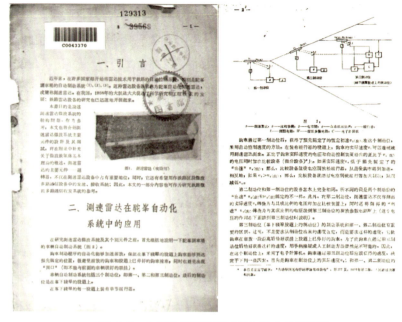

图4-5　人民铁道出版社1960年4月出版的
《铁道驼峰自动化测速雷达的微波系统》

项目初战告捷　理论小试牛刀

终于，中国要搞微波通信了。

1956年1月14日至20日，中共中央在北京召开全国知识分子问题会议。这是中华人民共和国成立后第一次把知识分子问题、发展科学技术问题作为全党必须密切关注的重大工作郑重地提了出来。周恩来代表党中央作大会的主题报告，他在报告中代表党中央第一次郑重宣布，我国知识分子"已经是工人阶级的一部分"，同时向全党、全国人民发出了"向现代科学进军"的号召。根据会议的建议，中央决定成立国家科学规划委员会，在周恩来

第四章　从微波到光

151

的亲自领导下，集中一大批优秀科学家编制了《1956年至1967年全国科学发展的远景规划》即"十二年规划"，以及若干方面的具体计划。发展微波通信被列入了规划和计划当中。

1957年，在聂荣臻元帅的领导下，中国科学院开始筹建电子学研究所，与当时的苏联科学院无线电技术与电子技术研究所开展微波通信方面的合作研究。黄宏嘉学以致用，被借调到中国科学院电子所（筹）兼任副研究员，电子所正式成立后，又兼任所学术委员、微波传输研究室主任。1959年3月，国家科委正式批复由中科院和邮电部联合开展"毫米波波导管远距离多路通信"研究项目，代号"301工程"。"301工程"在国内很多地方都设有研究室，在北京设有中心研究室，黄宏嘉被任命为这个中心研究室的技术副主任。

"毫米波波导管远距离多路通信"项目主攻 H_{01} 型波导管远距离多路通信。所谓"波导"，说简单点，就是把微波约束在一根管道内传送。这有点类似于有线传送，只不过不是用导线，而是用有特殊涂层的导管，这种导管被称为"波导管"。

微波既然可以无线传送，为什么还要用波导管来传输？既然要用导管，何不干脆就用电缆？这是因为，电波的毫米波在大气中传播时，容易被水蒸气、空气和雨水吸收，信号会产生严重的衰减，甚至造成通信中断；而如果在波导管中传输，电磁波不仅损耗很小，而且比较稳定，传输质量可得到保证。这就好像从水库到农田要修水渠来引水是一样的道理。尽管波导通信投资比较大，但毫米波有用频段宽，通信容量可达十万路双向电话或百余个双向电视节目，这个传输效率是通信电缆无法比拟的，在经济上还是有利可图的。

聂帅亲自抓的项目，当然是国防所需的重点项目。黄宏嘉深深感受到党组织对自己的信任。项目是和苏联科学家合作开展的，为了不辜负组织的重托，顺利完成任务，黄宏嘉开始重拾自西南联大毕业以后就束之高阁的俄语，以方便和苏联专家交流、阅读苏联方面的原文文献。黄宏嘉有语言天赋，在原有的基础上通过自学深化，不到半年就可以阅读俄文原著，甚至可以用俄文写作了。

有一次，苏联方面有两位高级别的领导来电子所检查项目进度，黄宏嘉全程陪同。晚宴敬酒的时候，黄宏嘉随口朗诵了一首俄国诗人米哈伊尔·尤列维奇·莱蒙托夫的抒情诗《帆》：

Белеет парус одинокой　　在大海的蒙蒙青雾中

В тумане моря голубом……　一叶孤帆闪着白光……

Что ищет он в стране далекой？　它在远方寻求什么？

Что кинул он в краю родном？　它把什么遗弃在故乡？

苏联客人非常惊奇，问："黄，你在苏联留过学吗？"

黄宏嘉微笑着说："没有。但是我喜欢俄罗斯和苏联的文学。陀思妥耶夫斯基、高尔基的作品我都很喜欢。"

苏联客人高兴极了，对黄宏嘉赞不绝口，纷纷来敬酒。宾主把酒言欢，往来唱和，把晚宴推向了高潮。

这以后，苏联专家和黄宏嘉就成了最要好的朋友，时不时还到铁道学院黄家串个门。每次"大鼻子"来做客，屁股后面都会跟上一长串家属院的小孩子，成为铁道学院一大景观。有些不便公开讲的技术诀窍，苏联专家也会私下里跟黄宏嘉交底、讨论。

时隔半个世纪之后，已经是上海大学名誉校长的黄宏嘉谈起这段往事，还语重心长地对同学们说："学习外语是值得的。因为我念俄文诗，苏联专家很高兴，觉得受到尊重，为以后的合作营造了很好的氛围。所以自己懂外文，对于联络国际友人的感情、促进国际合作还是很有好处的。"

在"一边倒"学习苏联期间，国内的大学基本上都是采用苏联教材，自己编的教材多数也只是把苏联教材的一些例子换成中国人比较熟悉的例子，连常用的英语符号也换成俄语字母，很多术语都和中国学者熟悉的英美体系不吻合。黄宏嘉总是虚心地同苏联专家交流，努力适应他们的表达方式和术语体系。有些同事不理解，认为他是政治投机。黄宏嘉也不生气，总是用当年在中国驻印军当翻译时的经历做例子，笑眯眯地说："当时国民党军队里面的官兵不懂英文，拿着新式武器也发挥不了作用。松山战役的时候，日本鬼子的地堡很坚固，用炸药包根本炸不掉，盟军送来了火焰喷射器，可是说明书是英文的，士兵根本看不懂，直到我们把说明书翻译出来以后才派上了用场。现在我们的器材、元件都是苏联的，如果不懂俄文，怎么和他们好好交流？如果连说明书都看不懂，怎么消化他们的技术？难道要让这些器材和元件也束之高阁吗？"

毫米波频段位于微波与远红外波相交叠的波长范围，因而兼有两种波谱的特点。毫米波的理论和技术分别是微波向高频的延伸和光波向低频的发展。毫米波波导管远距离多路通信是一门新兴的通信技术，具有通信质量高、容量大、可靠性高、便于保密等优点。国际上，20 世纪 50 年代已经有包括美、苏、英、法、日等 10 多个国家在努力开展这个项目的研究。通信技术领域的老牌公司美国贝尔实验室最早研制成 H_{01} 圆波导，并且已经在自己的实验室埋入了好几公里的地下圆波导 H_{01} 波传输线。

黄宏嘉在西南联大就养成了重视基础知识的习惯，上过战场的黄宏嘉又特别重视试验方案的战前推演。黄宏嘉一接手毫米波波导管远距离多路通信的项目，就集中精力查找、阅读这方面的技术文献，在完全消化了这些技术文献之后，才根据自己的研究结论设计试验方案。他常说："多掌握一条前人的经验，就可以少走一段弯路；多知道一条前人的教训，就可以少进一条死胡同。"

在充分阅读文献的基础上，1958 年 2 月，黄宏嘉在《电信科学》第 2 期发表了他的综述论文《毫米波段波导传输的一些问题》，就圆场电波的损耗特性、波形的变换和再变换、多波形圆波导的转弯问题、矩形波导主波到圆波导的转换等几个方面，讨论了国际学术界和工程技术界在这方面的新理论和新进展，最后提出了自己的结论，即远距离波导传输不能采用主波，而只能采用多波形波导传输；在圆波导中滤波器的选择是非常重要的；多波形传输的实际困难是毫米波段行波放大管和特殊脉冲电码调制设备的制作。这篇论文不仅为北京中心研究室制定技术方案提供了技术思路，对兄弟单位开展研究也起到了指导作用。尤为难得的是，在"一边倒"学习苏联的情况下，黄宏嘉的这篇论文，只引用了两篇苏联的参考文献，其他 7 篇参考文献都引自美国的刊物，充分体现了黄宏嘉实事求是的科学精神。当然，他也因为这个吃过很多亏。学苏联的时候，他被指摘崇拜美国；中苏关系破裂以

后，他又被说成和苏联专家打得火热，承受了不少压力，后来还写了不少检讨。

毫米波段波导传输的一些问题

黄 宏 嘉

I. 引 言

微波技术不断地在向更短的波段发展。缩短波长使我们有可能使用更宽的频带和更多的通路。一般的波导传输系统只采用一个波型（通常是主波）的传输；在这种系统中，波导的尺寸和半波长相近，因此，除了主波以外，高阶波型都是消失波。但是，当使用更短的波段（毫米波段）时，通常采用的波导尺寸就比半波长大得多，因此，波导所能传输的波型（非消失波）就不只是一个，而是许多个。非消失波的数目决定于波导尺寸和波长的比例。

在多导波型波导传输系统中，引起人们注意的是圆波导中的圆电场波 TE_{01} 型（TE_{01} 型是圆波导中的一个较高阶的波型；TE_{11}、TM_{01} 和 TE_{21} 型的截止波长都比 TE_{01} 型的更长，TM_{11} 型的截止波长和 TE_{01} 型的相同。同时，当截面直径比波长大很多时，波导还能传输比 TE_{01} 型更高阶的许多波型）。圆电场波的衰耗随频率的增高而降低，因此，采用这种波型就可以传输频带更宽的信号。

当频率高到12000兆赫时，大气中氧气、水蒸气对无线电波的吸收使无线电波的传播受到妨碍。因此，对于更高的频率，人们就想到采用波导远距离传输。在远距离波导传输系统中，为了减低衰耗，可采用圆波导中的圆电场波 TE_{01} 型（见第 II 节）。

和主波波导传输比较，在远距离波导传输系统中，非消失波数的增多给传输带来了一系列的新问题。远距离波导传输是近年来微波研究的主要问题之一。在这方面，已经进行的工作已经很多。本文将结合远距离波导传输这个主要问题综述多波型波导传输的一些新进展。

II. 圆电场波 TE_{01} 型的衰耗特性

根据波导衰耗的理论分析，可以得出以下两个结论：

（一）对于各种形状波导中的各种波型来讲，衰耗总是随着波导截面积的加大而减小。

（二）除了圆波导中的圆电场波（TE_{0n} 型），其它各种波型的衰耗和频率之间的关系都像图（1）中的虚线一样（在截止频率，衰耗系数变为无限大；当频率增高时，衰耗系数很快地降低，经过一最小值以后又随频率的增高而上升）。

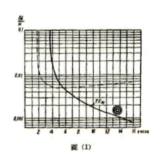

图（1）

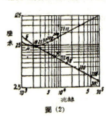

图（2）

圆波导中的 TE_{0n} 型波是唯一例外的情形；这种波型的衰耗系数随频率的增高而不断下降（图1中的实线是 TE_{01} 型的衰耗特性曲线；TE_{0n} 型的和这条曲线相似）。

因为 TE_{0n} 型波的衰耗随频率的增高而下降，所以从理论上讲，只要选择够高的频率，就能使尺寸不太大的波导的衰耗降低到规定的值以下。图（2）表示在衰耗等于每公里1.2分贝的条件下，对于任何给定频率所需要的圆波导直径。图（2）中曲线上所注的数是一定尺寸的波导在一定频率上所能传输的波型数；例如，直径为12厘米的圆波导在9000兆赫频率上能够传输30个波型。

根据图（2）可以比较一下圆波导 TE_{01} 型波传输和 TE_{11} 型主波传输。在给定允许衰耗（每公里1.2分贝）的条件下，当频率等于9000兆赫时，传输 TE_{01} 型波所需的截面直径是12厘米，而传输 TE_{11} 型主波所需的截面直径则是40厘米（当然，实际上不能采用尺寸这样大的波导）。

文献[1][2][3]中报导了最近几年进行的一系列的关于低衰耗波导传输的突验。实验结果指出，在内直径为12厘米的圆波导中，当频率为9400兆赫时，测出的 TE_{01} 型波衰耗比计算值约大50%。

波导内表面粗糙是产生附加衰耗的原因之一。实验证明，制造波导时采用波导内表面的"圆磨"方法可以使

图4-6　黄宏嘉发表在《电信科学》1958年第2期上的论文

方案择善而从　　试验大获成功

为了加快项目进度，携手在同美国的竞争中抢得先机，苏联方面也放下架子，邀请中国方面的专家去苏联科学院电子所考察。1958 年夏季，黄宏嘉作为技术负责人带领考察组来到了莫斯科。

能够到莫斯科学习考察，在当时中国人的心目中是莫大的荣耀。克里姆林宫的红星、庄严的红场和肃穆的列宁墓、燃烧着不熄火炬的无名烈士墓，都是当时中国青年景仰的圣地，《莫斯科郊外的晚上》是当时最流行的抒情歌曲，这些都让莫斯科这座城市充满了令人向往的浪漫色彩。

夏日的莫斯科阳光明媚，用古老的条石铺成的红场上热闹非凡，美丽的圣瓦西里大教堂周边游人如织；莫斯科河畔的小树林里，红男绿女成双结对漫步其间；列宁山上，莫斯科国立大学主楼前，米哈伊尔·瓦西里耶维奇·罗蒙诺索夫的雕像用冷峻的目光傲视群伦。不过黄宏嘉没有时间欣赏莫斯科的风情，直接就来到了苏联科学院电子学研究所进行考察。

黄宏嘉在考察中发现，苏联在试验设施方面比美国要粗糙很多，他们只是粗放地在研究所的长廊上方挂了数十米的圆波导 H_{01} 波传输试验线而已。但是，他们在理论方面的工作比美国做得更扎实、更有系统性。

通过对苏联的实地考察，回国之后，黄宏嘉设计了综合美苏两国长处的试验方案。黄宏嘉采用美国的试验模式，在中国科学院电子学研究所的场地内，埋入了 1 千米圆波导传输试验线，波导管采用的是根据苏联理论模型设计的内部涂覆介质的圆波导管。

制定方案只需要理论上的推导，方案要落地就会遇到许多实际问题。

敷设一条地下波导线是一项很复杂的工程，或者说是一项系统工程，牵涉一系列具体的工程问题和理论问题。一个波导传输系统，除了波导管本身以外，还包含许许多多附加元件和有关设备。但仅仅是波导管本身的敷设，就不是一件简单的工作。为了躲避地面上的建筑物，波导传输线必须要转许多弯；波导管经过的地段地势有高低起伏，因此，波导传输线不仅要在平面上转弯，还要在空间扭拐。同时，由于波导管本身的重量，在支架之间还有一定的垂度。因此，要敷设一条地下波导传输线，必须设计出适应于各种情况的转角及曲率半径各不相同的各种型式的波导（包括介质膜波导、螺旋波导、盘形波导，以及其他可能的特殊波导）。这就给波导传输提出了许多理论问题和实际问题。不仅这样，它还提出了许多土木工程方面的、化学和物理学方面的以及力学方面的问题。例如：地基下沉问题、地下防水防腐蚀问题、地温的影响问题、地震问题、铁道附近地面震动的影响问题等。

黄宏嘉主要负责理论，工程设计、施工的全过程都必须要介入，以便及时提供理论上的支持和指导。很多问题已经超出了他的专业范围，所以他经常是白天忙于参加各种设计会、座谈会，听取意见、收集问题，晚上挑灯夜战，查阅资料、建立模型、计算结果、提出方案，然后再交给其他部门通过实验验证。

等到工程问题基本解决了，黄宏嘉又面临更大的问题：当时的常规微波源是矩形波导的基波，而在整个圆波导试验线中要传输 H_{01} 圆电波。怎样把这个矩形波导的基波变换为圆波导的高阶模式圆电波，是当时最大的技术难点。刚开始的时候，黄宏嘉试图从微波发生器这个源头解决问题，但是重新设计微波发生器工程量太大，而利用电子转换器效果也总是不理想。正在山穷水尽的时候，黄宏嘉脑子里面灵光一闪，想起当年西南联大声学课程里面讲过的机电类比："机械波和电磁波在数学上的表现是一样的，所以它们的研究方法可以互相类比借用。"黄宏嘉豁然开朗，决定采用机械的土办法：先设定工作波长为 8 毫米，然后根据这个波长估计出结构的有关参数，把一根铜柱精雕细琢成所需的波形变换结构，用机械的方式把矩形波导强行调制成圆波导。试验结果表明，效果相当不错。苏联专家觉得这个办法简便到不可思议，问："黄，你是怎么想出这个办法的？"

拦路虎被扫清，以后的试验都很顺利。经过艰苦的努力，黄宏嘉在国内最早研制出 8 毫米微波圆电波 H_{01} 波导管，在北京电子所内建成约 1 千米长的微波毫米波地下管道圆波导管传输线，经实际测量，全线损耗只有几分贝。1959 年 8 月，黄宏嘉在中关村的地下圆波导管中通入 H_{01} 圆电波，传送图像和电视信号获得成功。黄宏嘉主持的试验稍晚于美国贝尔实验室，与苏联科学院电子所挂空波导管试验差不多同时。这是当时国内少有的能够和美苏基本同步的技术成果。

黄宏嘉书生意气，初出茅庐，就大获成功，一举站到了国际学术的第一梯队。11 月，黄宏嘉的论文《H$_{01}$ 型波导管远距离多路通信的发展》在《科学通报》当年第 11 期发表，宣告了中国在微波通信领域已经站到世界前沿。

波导管远距离多路通信的发展

紀念 A. C. 波波夫誕生一百週年

黄 宏 嘉

（北京鉄道学院）

1959 年是卓越的俄国科学家、无綫电的发明者，亚历山大·斯捷潘諾維奇·波波夫誕生的 100 週年。

从 1895 年波波夫发明世界上第一架无綫电收发报机起，这 64 年以来，通訊技术有着巨大的成就和发展，从同軸电纜、微波中継发展到今天的毫米波段 H$_{01}$ 型波导传輸。在紀念波波夫誕生 100 週年的日子里，讓我们介紹一下苏联在 H$_{01}$ 型波导传輸研究工作中的巨大貢献，和 H$_{01}$ 型波导传輸研究中的主要科学問題，用来表达我们对波波夫誕生的国家——伟大的苏联的无限热爱和崇敬。

一、H$_{01}$ 型波导传輸的巨大优越性

近年来，許多科学先进国家都对 H$_{01}$ 型波导传輸給以极大的重視，認为它将是通信系統中的巨人。美国貝尔电話公司的研究机关据設有 300 多研究人員参加了这項工作，已建立了 4 公里长的波导实驗綫。法国、美国、日本也都很重視 H$_{01}$ 型波导传輸的研究。前年十月底在法国巴黎召开了一次国际性微波学术会議，总結了这方面的研究成果。英国也在今年一月专門召开了一次关于 H$_{01}$ 型波导传輸的学术会議。美国于今年四月也召开了毫米波微波学术会議，討論了关于 H$_{01}$ 型波导传輸（多波型波导系統）的問題。

資本主义国家之所以这样重視波导传輸的研究工作，主要是从經济观点来考虑問題的。对于我们社会主义国家来說，这不仅是經济問題，它对满足社会主义国家人民日益增长的文化要求来說，也都具有极大意义（因为这种 H$_{01}$ 型波导传輸系統有极大的通信容量，可以通几十路电話，通几百路电視，进行城市間的文化交流）。因此，对于我们来講，H$_{01}$ 型波导传輸将是共产主义的通訊方式。

H$_{01}$ 型波导传輸和同軸电纜与微波中継相比，有着显著的优点。

和同軸电纜相比，H$_{01}$ 型波导传輸可用的頻寬要大的多。采用中継站的同軸电纜远距离通信系統，用到 25 兆赫时差不多已經到了它的最大容量，而 H$_{01}$ 型波导传輸是在毫米波段工作的，也就是說，一根波导管就有比同軸电纜大几百倍的几万兆赫的頻率可用。

和微波中継相比，波导传輸的显著优点之一是传輸的屏蔽性。微波中継的缺点是沒有保密性，容易受到电的干扰，并且在某些气候状况下工作不良；在微波中継系統里，虽然可以利用方向性高的天綫，但是因为旁勞輻射很难完全除去，因此仍不能完全保証不影响其他传輸系統，或不受到其他传輸系統的影响。微波中継虽然比同軸电纜可以在更高的頻率工作，但是，这也有一定的限制，当頻率高到 12,000 兆赫时，大气中氧、水蒸气对无綫电波的吸收将使无綫电波的传播受到妨碍。

因此，要建立一个既有屏蔽性而同时又有很寬頻带的通訊系統，最理想的方式是采用 H$_{01}$ 型波导传輸。正因为 H$_{01}$ 型波导传輸工作在毫米波段，有几万兆赫的頻率可用，所以一条波导綫可以通几十万路电話，通几百路电視；同时，还可以采用一些新的抗干扰性强的調制方法（例如脉碼調制），并且利用信号再生使信号不失眞。因为传輸是在屏蔽的金属管里进行的，所以它不受干扰，具有絕对的保密性。从經济方面看，架設一条波导綫的投資与架設一条同样长的同軸电纜的投資的投資約略相等，而通路則多至百倍。H$_{01}$ 型波导传輸的这些优点，使这种传輸系統可以极有利地用于自动拨号长途电話网，連接大城市間的自动电話，传輸城市間工业系統和其他方面的电視信号。H$_{01}$ 型波导传輸的絕对保密性将使这种传輸系統在国防上占有极重要的地位。对于电气化鉄道的自动調度和通信，H$_{01}$ 型波导传輸也将是比同軸电纜、微波中継或其它传輸系統更为优越的方式。

359

图 4-7 黄宏嘉发表在《科学通报》上的《波导管远距离多路通信的发展》

圆波导 H_{01} 波传输项目为我国的微波通信事业向尖端发展起到了探路的作用。H_{01} 波传输是一个多波型的系统，其中有很多前沿问题在试验中被发现并且得到了很好的解决。围绕这个项目，黄宏嘉写了很多论文，来沉淀通过试验所得到的理论成果。1960 年，在《中国科学》英文版第 9 卷第 1 期发表了他产生于 H_{01} 波传输项目的论文 *Generalized Theory of Coupled Local Normal Modes in Multi—wave Guides*（《多波导中的耦合本地简正波的广义理论》）。1962 年，黄宏嘉在《电子学报》第 1 期发表论文《远程波导不规则性的普遍理论》；在《物理学报》第 1 期发表论文《关于耦合波理论中的不连续性问题》；在《中国科学》英文版第 11 卷第 6 期发表了论文 *General Theory of Nonconventional Waveguides for Long-Distance Transmission*（《远程波导不规则性的一般理论》）。

图 4-8　黄宏嘉发表的关于远程波导不规则性的普遍理论方面的中、英文论文

黄宏嘉并不满足于试验的成功和简单的归纳，他想得更远，想要通过这项研究，在理论上也要有所突破，最终建立起中国自己的微波通信理论体系。

融会贯通总结规律　归纳升华草创理论

"毫米波波导管远距离多路通信"项目获得了成功，黄宏嘉也对项目中所取得的理论成果进行了初步的归纳，发表了一系列论文。这些论文虽然都围绕一个主题展开，但是黄宏嘉仍然认为还是比较散乱，没有形成一套系统的理论。学术上的这种意犹未尽，让黄宏嘉寝食难安。试验成功，项目通过验收以后，他就开始集中精力来完善他的"耦合本地简正波的广义理论"。

所谓耦合，物理学上指的是两个或两个以上的体系或两种运动形式间通过相互作用而彼此影响以至联合起来的现象。如放大器级与级之间信号的逐级放大量通过阻容耦合或变压器耦合；两个线圈之间的互感是通过磁场的耦合。耦合波理论则是研究两个或多个电磁波模式间耦合的一般规律的理论，又称耦合模理论。广义地说，它是研究两个或多个波动之间耦合的普遍理论。耦合可以发生在同一波导（或腔体）中不同的电磁波模式之间，也可以发生在不同波导（或腔体）的电磁波模式之间。

耦合波概念是在 20 世纪 40 年代美国工程师 J.R. 皮尔斯在研究微波电子管时首先提出来的，随后的科学家们充实发展了这一概念，并初步建立了波导模式耦合的基本理论。在 50~60 年代，耦合波理论已成功地用于分析参量放大器、多模圆波导传输和各向导性媒质填充波导等问题。

简正波则产生于声学，指的是描述声传播的特征函数。简正波解是波动方程精确的积分解，每一个特征函数都是波动方程的一个解，把简正波叠加起来，以满足边界条件和源条件，就得到简正波解。简正波更具有一般性，求解过程也更简洁。

传统耦合波理论产生于电子学，虽然理论比较完善，但是分析方法比较复杂，用于工程受到很多局限。黄宏嘉最早是从声学接受的波科学，而马大猷教授对"机电类比"深入浅出的讲解让黄宏嘉对波的数学表现有了透彻的认识。进入微波领域后，黄宏嘉一直在探索是否可以把声学中的简正波解的方法和理论同耦合波理论融合起来，构造关于波的统一理论。

开创性的工作是异常艰苦的，尤其需要全身心投入，必先动心忍性，苦其心志，然后可成。在构思耦合本地简正波的广义理论期间，黄宏嘉常常是除了去学校上课，就是闷在家里，从早到晚坐在书桌前，翻书、演算、冥想……，专心研究他的理论。黄宏嘉在"闭关"期间，严禁夫人和他讲话，也不许孩子们弄出一点声音，说是不能让他分神，不能影响他的静思。很多时候，夫人只能坐在书房一角，静静地审视他、研究他，替他续茶、倒烟灰缸。

有时候，黄宏嘉也会被夫人拉出去"透透气"，领着四个孩子到附近的紫竹院逛逛。有一年劳动节，风和日丽，云淡天高，父亲黄右昌召集一大家子人一起去游颐和园。这可喜坏了孩子们，夫人孙嘉瑞给孩子们换上了最漂亮的衣服，孩子们簇拥着父母一起到颐和园，会同黄宏煦、黄宏荃、黄颂康，欢天喜地去游园。大家一路上说说笑笑、打打闹闹，忘乎所以。一会儿，二儿子黄柯没看见爸爸了，就扯着妈妈的衣角说："爸爸不见了！"孙嘉瑞也着急起来，找来找去，终于在一棵大树下面找到了黄宏嘉，他正在聚精会神地看书。孙嘉瑞觉得这很不近情理，轻声地说："你怎么这么不合群呀？"黄宏嘉只是白了孙嘉瑞一眼，也不说话，继续看他的书。游园不欢而散，黄宏嘉对此却毫无知觉。

图 4-9　1955 年，黄宏嘉和夫人孙嘉瑞带着儿子黄桦、
黄柯一家陪同父母在颐和园游览

图 4-10　1966 年 4 月，黄宏嘉和兄弟姐妹一起陪同父母在颐和园游览

1960 年，黄宏嘉在《中国科学》英文版第 9 卷第 1 期发表了他关于耦合波的第一篇论文 *Generalized Theory of Coupled Local Normal Modes in Multi—wave Guides*（《多波导中的耦合本地简正波的广义理论》）。这篇文章发展了一个广义的耦合本地简正波理论，并介绍了一种系统的数学方法来解决具有缓变系数的波导中的多耦合模式问题，这涉及具有缓变系数的线性微分方程系统。为了说明这个方法的适用性，黄宏嘉通过先后考虑两个和三个耦合模式，解决了具有缓慢变化的曲率的弯曲问题。对于两个耦合波的情况，论文的结果与其他科学家的结果一致，而对于三个耦合波问题的求解，黄宏嘉的这篇文章是首创。这篇文章中黄宏嘉首次提出了用缓变系数法来求解耦合简正波，对他今后理论体系的完善具有非常重要的意义。1962 年，黄宏嘉在对文章精简了一些数学证明，充实了一些例证后，将文章的物理部分以《多波型波导耦合本地正规波型的广义理论》为题，在《物理学报》第 18 卷第 7 期发表。

1961 年，黄宏嘉进一步完善了他的缓变系数法，在《数学学报》当年第 9 期上发表了引起中苏之间一段数学公案的论文《缓变系数法》。通过和苏联学者的辩论，黄宏嘉在这方面的思考更加成熟。1962 年 3 月，黄宏嘉在《电子学报》和《中国科学》英文版发表了论文 *General Theory of Nonconventional Waveguides for Long-Distance Transmission*（《远程波导不规则性的一般理论》），在这篇文章中，黄宏嘉再一次展现了他在理论和方法上融会贯通的能力，他引入了机械波的原理，提出了"阻抗微扰"的概念，用来描述任意形式的表面不规则性。同时还引入了电磁学正交函数的方法来讨论超模式耦合与阻抗微扰之间的关系，证明了波型之间的耦合与"阻抗微扰"成正比，而对于远程波导，损耗的统计量可以用随机分布的"阻抗微扰"的统计量来表示。1964年，黄宏嘉又和钱景仁联合在《中国科学》英文版第13卷第7期上发表 *Concept of Impedance Perturbation as Applied to Discrete Coupling*（《应用于离散耦合的阻抗微扰的概念》），对特殊情况下的阻抗微扰进行了细化的分析。

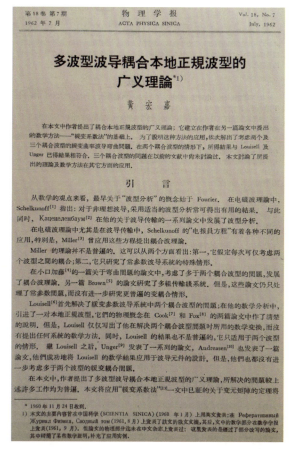

图 4-11　黄宏嘉发表在《物理学报》上的《多波型波导耦合本地正规波型的广义理论》。这篇文章是他发展的耦合波理论的奠基性作品

　　黄宏嘉提出的耦合本地简正波的广义理论，大大简化了分析方法，将极其复杂的具有各种形式不规则性的波导中的电磁场边值问题加以"工程化"，从而得到实用的解，是对传统的耦合波理论的重大发展。20世纪70年代以来，黄宏嘉又把耦合波理论成功地应用于解决光波导问题，对光纤通信和光纤传感具有重要的实际意义。这个理论为从微波到光的转换统一了方法，扫清了理论上的障碍。

学术争鸣对垒苏联　著书立说成就经典

　　黄宏嘉不仅是个硕果累累的高产物理学家，令人叫绝的是，他还兼做数学家，有过一年在《数学学报》上发表两篇论文的纪录。而且黄宏嘉作为一个票友性质的中国数学家，居然到苏联这个数学大国打了一场数学"官司"，并且打赢了。

　　1961年，黄宏嘉在《数学学报》第1期发表论文《电子学中的若干微分方程问题》，讨论了在电子学的研究中如何引入数学方法建立数理模型的问题；在当年第3期又发表了论文《缓变系数法》，这篇论文是黄宏嘉后来创造"超模式"概念和数学方法的萌芽。

　　《缓变系数法》发表后，引起了苏联数学界的注意。在数学界很有地位的《苏联数学评论杂志》在当年第6期上发表署名文章认为，黄宏嘉所处理的微分方程矩阵，必须是对称的或者是反对称的，否则得不到数据所需要的结果。本来，黄宏嘉并不是数学家，纯粹是从应用角度讨论数学问题，但由于苏联杂志对他的文

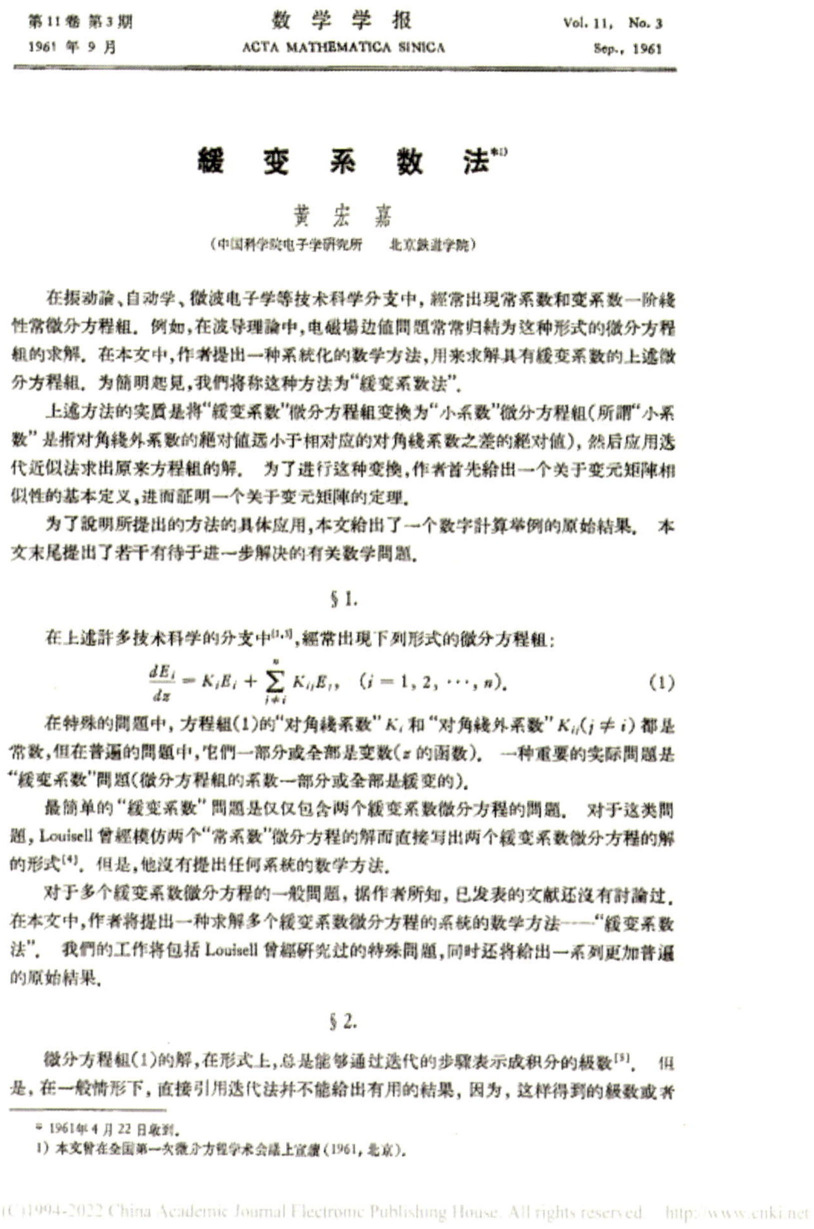

第 11 卷 第 3 期　　　　数 学 学 报　　　　Vol. 11, No. 3
1961 年 9 月　　　　ACTA MATHEMATICA SINICA　　　　Sep., 1961

緩 变 系 数 法[*1)]

黄 宏 嘉

（中国科学院电子学研究所　　北京铁道学院）

在振动論、自动学、微波电子学等技术科学分支中，經常出現常系数和变系数一阶綫性常微分方程組。例如，在波导理論中，电磁場边值問題常常归結为这种形式的微分方程組的求解。在本文中，作者提出一种系統化的数学方法，用来求解具有緩变系数的上述微分方程組。为簡明起見，我們将称这种方法为"緩变系数法"。

上述方法的实质是将"緩变系数"微分方程組变換为"小系数"微分方程組（所謂"小系数"是指对角綫外系数的絕对值小于相对应的对角綫系数之差的絕对值），然后应用迭代近似法求出原来方程組的解。为了进行这种变換，作者首先給出一个关于变元矩陣相似性的基本定义，进而証明一个关于变元矩陣的定理。

为了說明所提出的方法的具体应用，本文給出了一个数字計算举例的原始結果。本文末尾提出了若干有待于进一步解决的有关数学問題。

§ 1.

在上述許多技术科学的分支中[1,3]，經常出現下列形式的微分方程組：

$$\frac{dE_i}{dz} = K_i E_i + \sum_{j \neq i}^{n} K_{ij} E_j, \quad (i = 1, 2, \cdots, n). \tag{1}$$

在特殊的問題中，方程組(1)的"对角綫系数"K_i 和"对角綫外系数"$K_{ij}(j \neq i)$ 都是常数，但在普遍的問題中，它們一部分或全部是变数（z 的函数）。一种重要的实际問題是"緩变系数"問題（微分方程組的系数一部分或全部是緩变的）。

最簡单的"緩变系数"問題是仅仅包含两个緩变系数微分方程的問題。对于这类問題，Louisell 曾經模仿两个"常系数"微分方程的解而直接写出两个緩变系数微分方程的解的形式[4]。但是，他沒有提出任何系統的数学方法。

对于多个緩变系数微分方程的一般問題，据作者所知，已发表的文献还沒有討論过。在本文中，作者将提出一种求解多个緩变系数微分方程的系統的数学方法——"緩变系数法"。我們的工作将包括 Louisell 曾經研究过的特殊問題，同时还将給出一系列更加普遍的原始結果。

§ 2.

微分方程組(1)的解，在形式上，总是能够通过迭代的步驟表示成积分的級数[5]。但是，在一般情形下，直接引用迭代法并不能給出有用的結果，因为，这样得到的級数或者

---

* 1961年4月22日收到。
1) 本文曾在全国第一次微分方程学术会議上宣讀(1961, 北京)。

图 4-12　黄宏嘉发表在《数学学报》1961 年第 3 期上的论文《缓变系数法》，这是他自己最看重的一篇论文，也是他具有创见性的耦合波理论的数学基础

章发表了评论，如果真是自己立论不严谨的话，就上升到国家荣誉了。所以黄宏嘉不得不费力气认真把苏联数学家的评论文章吃透，然后从实函数与复函数两种情况分别进行论证，又用俄文写了一篇再评论的文章，发表在《苏联数学评论杂志》上。最终，苏联数学界接受了黄宏嘉的理论，同年，苏联科学院出版的题为《缓变系数不规则波导理论》（*Теория нерегулярных волнов одов с медленно меняющимися*，Параметрами，B .Z.K a ценеленбаум，1961）专著中用一整节的篇幅引用了黄宏嘉的方法和主要公式。对这段学术公案，黄宏嘉记忆很深，半个世纪以后，有媒体采访他，问哪篇论文自己最满意的时候，他还回忆说："《缓变系数法》这篇文章，原始的文章用中文发表，又经过了俄文文章的评论，又经过我用英文文章再评论，再翻译为俄文，用三种文字完成了这个工作。所以这是我最满意的、最有兴趣的论文。"

人到中年的黄宏嘉，进入了学术的黄金时期。1962 年新年伊始，黄宏嘉就在《物理学报》第 1 期发表《关于耦合波理论中的不连续性问题》，在《电子学报》当年第 1 期发表《远程波导不规则性的普遍理论》两篇重量级论文。

1962 年 4 月 10 日，中国电子学会成立并且召开了第一次全国会员代表大会，黄宏嘉当选为第一届电子学会理事，随后在第二和第三届连任，至 1988 年卸任。黄宏嘉同时还担任中国电子学会微波专业学会主任委员，为在我国推动我国微波科学的健康发展殚精竭虑。

在耦合本地简正波的广义理论基本成熟以后，黄宏嘉开始了他的巨著《微波原理》的写作，尝试以耦合波的统一理论来阐述微波的基本原理。在本书的序中，黄宏嘉开宗明义地谈到了他写这本书的动机：

在这本书中，我尝试从一个统一的观点，即耦合波理论的观点，来论述一系列基本的微波原理。在有关微波的文献中，这样或那样的个别问题都是利用耦合波理论来分析的，而通过许多个别问题的解决，耦合波理论的内容又得到了进一步的丰富和发展。但是，直到现在，还没有见到出版过这样一本著作，它用耦合波的观点将一系列微波问题的分析贯穿起来。看来，我们还需要这样的书，它从耦合波的观点来论述广泛的微波问题，包括不规则波导理论、激发问题、空腔谐振器中的耦合震荡、铁氧体中的耦合波、微波电子管中的耦合波、参量电路中的耦合振荡与耦合波，等等。我写这本书，就将以此为目标。

年方四十的黄宏嘉立志要在微波通信领域树立自己的一家之言，当然要付出艰辛的劳动。从开始写作以来，他就把自己关在书房里，书房就是他的办公室，除了上厕所，黄宏嘉就没出过书房的门。三餐茶饭都是夫人孙嘉瑞给他送到书房里。为集中精力、驱散疲劳，黄宏嘉还"临时"抽起了香烟，书房里面经常烟雾弥漫，一桌子的书、一地的纸。孙嘉瑞虽然很讲究生活品质，看不惯书房乌烟瘴气的样子，但是也无可奈何，只是不准黄宏嘉在室内其他地方抽烟。

　　黄宏嘉开始是用钢笔写作。但是他在西南联大制图课上养成了习惯，对交出去的稿纸整洁度要求很高，不能有涂改，如果一页稿纸上有一个错别字，他也要废弃整张纸重写。这样既浪费纸张更浪费时间。后来他就改用铅笔书写，写错了就用橡皮擦擦掉修改，每天居然要用掉几十根铅笔。这就给家里的小孩创造了"就业"机会，老大老二放学回家，做完作业，就争先恐后地抢着进书房，给爸爸削铅笔。黄宏嘉有他老爸的遗风，大男子主义加父权思想严重，平时特别严肃，不苟言笑，子女几乎看不到他的笑脸，只有这时候他才会笑着对两个孩子的表现进行评比，看谁的铅笔头削得整洁、光亮，并且说："削铅笔是件小事，从小事更能够看出你做事认不认真。认真是个好品质，要发扬下去，把每件事情都做好。"

　　那段时间，正是国民经济暂时困难时期。黄宏嘉当时是高教三级，作为高级知识分子，已经是副教授里面的天花板，每个月的工资有 241.50 元，算是很高的了，而且还有特供。但是家里孩子多，一家人吃一个人的供应，虽不至于饿肚子，生活还是过得比较艰苦，一家人敞开吃一顿掺了野菜的面疙瘩，就已经很奢侈了。

　　一天，孙嘉瑞把二儿子黄柯叫到一边，问："黄柯，你看爸爸是不是瘦了许多？"

　　黄柯说："是的。"

　　孙嘉瑞又问："你知道他为什么瘦了吗？"

　　黄柯说："爸爸整天憋在屋里，不出来晒太阳。"

　　孙嘉瑞抚摸着黄柯的头说："傻孩子，爸爸在写书，很辛苦。

我在郊区农村农户家里订了羊奶，你每天放学后，就去那农户家里取新鲜羊奶，给爸爸补充营养。"

1963 年、1964 年，上下两卷皇皇巨著《微波原理》由科学出版社出版了。这本书很多内容都是黄宏嘉在圆波导 H_{01} 波传输试验中总结和发展的原创性研究成果，其中心内容是黄宏嘉独立发展的耦合波统一理论。书中汲取了近年来文献中有关耦合波理论的许多研究成果，其中也包括了黄宏嘉本人在这方面发表过的若干论文。全书以耦合波理论的统一观点为主干，论述了一系列基本的微波原理。在耦合波理论的观点下，一系列基本的微波理论（如波导的激发、不规则波导理论、空腔谐振器中的耦合振荡、铁氧体中的耦合波、微波电子器件的耦合模理论等）都得到了统一的处理。此外，关于微波技术中的一般原理（如各种波导的传输性能、微波网络和元件的分析与综合等），书中也作了较全面的论述。本书分两卷，卷 1 包括广义传输线理论、简正波、非理想波导理论及空腔谐振器；卷 2 包括微波网络、元件和微波电子器件等。全书共分 6 篇 14 章，近百万字。

《微波原理》是国内在这个领域的第一本专著，创立了我国自己的微波通信理论体系，在国际上也引起了强烈反响，国内外许多学者认为这是继柯林的《导波场论》之后又一部微波巨著，是一本"为中国人争气的书"。尤其是黄宏嘉根据 H_{01} 圆波导的研究成果，对耦合波理论进行了重大发展，创立了自成体系的"耦合本地简正波的广义理论"。黄宏嘉的耦合波理论在 1978 年荣获全国科学大会重大科研成果奖"突出贡献奖（个人奖）"。后来，黄宏嘉在此基础上创立了光纤传输的"超模式"理论。

图 4-13　黄宏嘉《微波原理》1、2 卷

《微波原理》出版后，黄宏嘉拿到了一笔稿费。他破例给每个孩子都买了新衣服、新书包和一些课外读物，算是对他们帮忙削铅笔的奖励。为了庆祝《微波原理》出版，夫人孙嘉瑞那天张罗着包饺子庆祝，一家人欢天喜地。

家里最大的一笔支出，是买了一台"牡丹牌"电视机。电视机在当时算是稀罕物，整个铁道学院只有他家这一台。黄宏嘉在安装电视机的时候，嘴里高兴地哼着歌儿："社会主义好，社会主义好，社会主义国家人民地位高。反动派被打倒，帝国主义夹着尾巴逃跑了……"高兴得像个孩子。晚上，屋子里挤满了来看稀奇的邻家小孩。黄宏嘉打开电视机，荧幕上却尽是雪花，喇叭里也只有嗡嗡的电流声。看来是信号不好。黄宏嘉爬上屋顶，把天线转来摇去，弄得满头大汗，终于摇来了信号，孩子们在电视机前一片欢呼。夫人一撇嘴说："你不是在写《微波原理》吗？微波能够作用在这电视机上吗？"

黄宏嘉听了一惊，又陷入了若有所思的状态。

顾此失彼 劳燕分飞

《微波原理》的出版，无论对黄宏嘉个人还是对中国的微波通信事业都具有里程碑式的意义。这本书在《1956年至1967年全国科学发展的远景规划》"以项目带学科"战略思想的指引下，通过"毫米波波导管远距离多路通信"项目的实施，建立了中国自己的微波通信学科体系，同时也奠定了黄宏嘉在国内微波通信领域学科带头人的地位。《微波理论》也向世人揭开了微波通信神秘的面纱，促进了微波通信事业的普及应用。因为行业的特殊性，20世纪60年代初期，科学出版社极少公开出版无线电领域个人署名的学术著作，黄宏嘉这也算是借了1962年广州知识分子会议的东风，这次会议再次强调了知识分子已经是工人阶级的一部分这个重要论断，鼓励广大科技人员积极投身社会主义建设，成名成家，出版部门相应推出了一系列个人专著，作为落实会议精神的实际行动。

《微波原理》出版以后，受到学术界高度重视，一些高等院校把这本书列为高年级学生读书班的讨论用书和研究生的教学用书，科研、生产部门也把本书作为必备参考书，可以说这本书基本上成为中国微波通信领域的技术指南。对于年方四十的黄宏嘉而言，这已经是莫大的荣誉。

不过，黄宏嘉本人对这本书却不是很满意。不满意的主要原因有两点：一是觉得这本书过于贪大求全，内容太庞杂；二是他觉得没有把全书的灵魂，也就是他自己归纳的耦合波理论说透。他不止一次对人说起："我不认为它是很有分量的一个科学贡献，这里面我自己独创的东西不多；而且当时因为贪大求全，我篇幅也写得比较大，有两卷一百万字。"

为了深化耦合波理论，黄宏嘉继续在这个领域不断探索、思考、论证，完全沉浸在抽象的世界里。

虽然黄宏嘉事业上一帆风顺，学术上硕果累累，家庭生活却日益灰暗，而他对此全然无知。

黄宏嘉的夫人孙嘉瑞虽然出身工商家庭，当年却是个文艺女青年，性格热情爽朗，富有浪漫气息。黄宏嘉虽然出身诗书门第，本人也爱写诗，性格上偏偏是个不折不扣的理工男，说话简洁得像数学公式，一点冗余信息都没有。看问题就是计算机的二进制，只有"是"或"否"，没有回旋余地。国民经济暂时困难时期，黄宏嘉有特供，其他教授家庭一般都家人共享，还特别照顾老人小孩，黄宏嘉却不，他认为这是组织上给他的，家里人也吃，是违反纪律的。这在旁人看来不近人情，黄宏嘉却认为理应如此。

黄宏嘉成天忙于研究、写论文，根本不容任何人打扰，虽然也是"针线闲拈伴伊坐""红袖添香夜读书"，但是两人之间没有任何情感的交流。黄宏嘉在他纯粹理性的世界里当然自得其乐，孙嘉瑞却越来越苦闷。她在晚年撰写的回忆录里这样描写黄宏嘉和自己的内心世界：

……看到他那皱紧眉头的愁容渐渐展开后的那副"神经质"的兴奋神态时，我本能地知道，他的思想正在奔驰得老远老远，不仅离我很远，也离我所能了解的事物很远。每当此时，我的心头就会生出一份恻恻之情，随即又会陷入深深的落寂和失意之中。起初，我并不认为这是一种错误的生活方式，总认为是相互不能沟通，是自己还不能适应另一种新的生活，所以，每当我看着他那已入神境般的"专心世外"时，我便会感到，他让事业雄心所包围的那股力量，是我可望而不可得地对他产生了怜悯和崇敬。同时，也为他把自己事业前途看得那么重，而又摆在了似乎跟我没关系的角度上，现出了对我是满不在乎的轻蔑！故而，我的生活是静止、孤单、局促不安，而又毫无生活乐趣地活得那么苦涩！……

……我设法努力更深地认识他，顺着他的所想，加深相互感情的融洽。经过一段努力，我终于认识到他的精神世界和我全然没有共同点。我生性憨直，喜怒哀乐从来都是表露于外的，信仰人性，追求真善美的浪漫；他却慢条斯理、沉默寡言，讲逻辑、公式化，对人对事理智得到了冷漠的程度……

在孙嘉瑞看来，黄宏嘉的大男子主义和不顾家的作风越来越难以容忍，但是她还算通情达理，一直隐忍不发，希望随着年龄增长、孩子长大，这种情况会有所好转。但是黄宏嘉好像专注于微波的耦合，完全忘记了人的耦合，根本没有察觉家庭生活中存在任何问题。

在 1963 年中秋，夫妻俩终于爆发了一场激烈的争吵，把两人感情上的分歧明朗化了。

图 4-14　黄宏嘉和孙嘉瑞（1962 年）

那一天，孙嘉瑞上街买好了月饼和肉蛋菜，也给黄宏嘉买了一件过节的新衣服。回到家里，就叫黄宏嘉出来试一试衣服是不是合身。

孙嘉瑞在书房外边敲门，第一声很轻："宏嘉，宏嘉，宏嘉……"

黄宏嘉在里面一点儿声音都没有。孙嘉瑞的声音越来越大，"宏嘉，我给你买了件衣服，你出来试试，看合不合身？"

黄宏嘉还是一点反应都没有。于是孙嘉瑞生气了，就使劲捶起门来。

黄宏嘉猛地把门打开，对着孙嘉瑞吼道："干什么呀！不是早就跟你说过吗？我在写东西，不要打断我的思路。"说完，砰的一声又把门关上了。

孙嘉瑞一惊，对着紧闭的房门发了一会儿愣，扔下衣服，回到房间哭了一会儿，然后抹抹泪出门去了。

到了晚上，铁道学院家属院里家家户户都热热闹闹过中秋，黄宏嘉家里却冷冷清清，连晚饭都没有。

夜幕已经完全落下，中秋之夜如水的月光铺满小院，树影婆娑，在地上投下的碎影仿佛湖面的波光。黄宏嘉可能是饿了，打开书房门出来，看见兄妹四人坐在饭桌边上发呆，于是问老大黄桦："你妈呢？知道你妈妈去哪儿了吗？"

黄桦说："不知道。她说给你留了字条在你们房间里。"

黄宏嘉也慌了神，去房间找到字条，只见上面留的是一首诗：

云母屏风烛影深，长河渐落晓星沉。嫦娥应悔偷灵药，碧海青天夜夜心。

黄宏嘉满脸沮丧地出来对黄桦说："你妈妈刚才又喝了酒，桌上留的纸条也是稀奇古怪，人也不知道跑到哪里去了。"

这可急坏了全家，一起到处去找人。左邻右舍，该找的地方都找了，就是没有孙嘉瑞的踪影。老三老四还小，都吓得哭了起来。

黄宏嘉抬头望着月亮发呆。突然想起来什么，急忙转身，推

出他的飞鸽牌自行车，叫老二坐在前面杠子上，老大坐在后面书包架上，骑上自行车就上了大马路。

北京郊外的中秋之夜非常安静，夜空中一轮圆月皎洁明媚，高高挂在天上，给大地洒下一片银色。黄宏嘉使劲踩着自行车，耳旁只有呼呼的风声和自行车坐垫不堪重负的吱呀声。

"爸爸，我们去哪儿找妈妈呀？"

"紫竹院。"

紫竹院是黄宏嘉和孙嘉瑞第一次见面的地方。那里有一条小河，直通颐和园，小河流水淙淙，清冽可鉴。黄宏嘉领着两个儿子沿河岸寻找，真的在河边找到了孙嘉瑞。只见孙嘉瑞坐在一块石头上，正望着河面的粼粼波光发呆。

黄宏嘉架好自行车，示意两个儿子去劝妈妈回家，自己在一旁当旁观者。黄桦黄柯两个大男孩一人拉着妈妈一只手，也不说话，就一味地使劲地摇啊、摇啊，又把孙嘉瑞摇哭了，眼泪哗哗直流，最后抽出手来，抚摸着两个孩子的头，把两个孩子搂在怀里哭了一会儿，然后也不理黄宏嘉，牵着两个孩子回家了。黄宏嘉自己则推着自行车默默地跟在后面。

奉调光机所　开辟新领域

从这以后，孙嘉瑞真的开始喝酒了，有时还会喝多。而黄宏嘉此时正忙于他的巨著《微波原理》的写作，完全没有注意到身边的人有什么变化。

1964 年 3 月，一纸调令把黄宏嘉从北京铁道学院调到了中国科学院。

1964 年上半年，中国科学院为了在激光发射新兴领域迅速赶上国际水平，经院务常务会议审查通过，并经国家科委批准，决定将长春光机所和北京电子所从事激光及微波研究的研究力量集中起来，在上海成立中国科学院光学精密机械研究所上海分所，准备开展激光应用方面的研究。

黄宏嘉现在的学术地位，已经是国内微波领域的学术带头人，所以被点名调到科学院，负责参与筹建上海光机所。

黄宏嘉拿到调令，二话没说，就开始收拾办公室的东西，办理工作交接。

回到家里吃午饭的时候，黄宏嘉简明扼要地对孙嘉瑞说："你这两天把东西收拾一下，房子打扫干净，该修的地方修一下，准备交出去。"

孙嘉瑞问："怎么，要搬家？"

黄宏嘉头也不抬地说："嗯。"

"分新房了？在哪儿？"

黄宏嘉还是头也不抬地说："上海。我要到上海去工作了。"

"什么？！"孙嘉瑞一听就火了；"你要去上海？怎么没听你说起过，你跟我商量过吗？去上海，我弟弟妹妹怎么办？"

孙嘉瑞的母亲在临终时，特别嘱咐孙嘉瑞一定要照顾好弟弟妹妹。所以孙嘉瑞其他可以忍，但离开北京万万不行。

黄宏嘉照旧面无表情地说："有什么好商量的？组织上调动，

只管服从就是了。"

孙嘉瑞被气坏了，连哭的情绪都没有了，赌气说了句："要去你带着孩子去，我反正不去。"把筷子一摔就走了。

黄宏嘉不懂得哄人，也不觉得自己有什么不妥当，没理会孙嘉瑞，自顾自吃饭。吃完饭，放下碗筷就收拾自己的东西去了。

夫妻就这样僵持住了，谁也不肯让步。到了8月，黄宏嘉去了上海，孙嘉瑞执意留在北京，夫妻开始两地分居。

黄宏嘉和孙嘉瑞的婚姻终于走到了尽头，一段郎才女貌的美妙姻缘，竟无疾而终。第二年，他们办理了离婚手续。因为当初黄宏嘉让孙嘉瑞留在家里照顾家庭，孙嘉瑞辞掉了铁道学院图书馆的工作，经济上没有抚养能力，四个孩子全归黄宏嘉抚养。

黄宏嘉拖着四个孩子在上海，日常生活一筹莫展，简直没法工作了。好在这时四妹黄颂康已经回国工作，他们兄妹感情一直很好，黄颂康看黄宏嘉狼狈不堪的样子，出面协调了一下，让老大黄桦在上海住读，把老二黄柯送到天津三姐黄季彬家寄养，老四黄杉寄养到北京顺义的一个朋友家，老三黄莹就跟着黄颂康。这样一来，黄宏嘉倒是解脱了，兄妹四人，就完全打散了。

黄宏嘉的工作热情并没有受到家庭变故的影响。他被委以重任，担任了所党委会成员、学术委员会副主任、理论室主任、研究员，同时兼任《激光》杂志主编。忙得不亦乐乎。

20世纪60年代初期，在"向科学进军"口号的鼓动和"广州会议"精神的感召下，中国科技人员意气风发、努力工作，在尖端科技领域，尤其是在《1956—1967年科学技术发展远景规划》

中列为重点工程的领域如半导体、无线电电子学、自动化等方面基本上能够紧跟国际前沿，很多方面能够基本同步或者保持不超过5年的差距。在激光领域也是这样。虽然早在1917年爱因斯坦就提出了关于光的发射与吸收可经由受激吸收、受激辐射与自发辐射三种基本过程的假设，但直到1954年前后，美苏两国科学家才分别独立地研制成功第一批微波激射器装置；1960年，美国才首次研制成功第一台红宝石激光器。中国在这个时候开展激光科学研究，基本上是与国际先进水平同步的。

图4-15　时任中国科学院上海光学精密机械研究所党委委员、学术委员会副主任的黄宏嘉在上海华亭路的家中工作

　　黄宏嘉依旧负责光机所的理论工作。理论室是一个支持部门，别人要做什么你要先探路，别人遇到问题你要去解决，别人做成了你要去总结。黄宏嘉把自己的位置摆得很正，总是随叫随到，

成天忙得不亦乐乎。没有了家庭的羁绊，他更加沉迷于工作。正如孙嘉瑞所言，他似乎就是为科研而生的。

黄宏嘉最先承担的是激光阵列的理论研究课题。激光阵列所采用的红光的波长与毫米波波长接近，所以很多性质都比较相似。激光阵列在当时主要用于测速雷达、测距雷达，这和黄宏嘉当年的铁道驼峰自动化测速雷达性质是差不多的。有了这个基础，黄宏嘉工作起来也算得心应手。结合在毫米波波导管远距离多路通信项目期间所做的工作，黄宏嘉敏锐地意识到，如果能解决光导的问题，激光也同样可以用于通信领域！

灵感只是一瞬间，要把灵感系统化为理论，则是一项艰苦、细致的工作。这时候，科学院按照上级"通过社教运动教育和改造知识分子"的统一要求，大批下放科研人员到农村参加"四清"。黄宏嘉曾经是国民党少校军官，有留美经历，和苏联专家往来密切，苏联专家还送过他一台三波段收音机，和"帝、修、反"的瓜葛一样不缺，需要"说清楚"的事项很多。黄宏嘉倒是很坦然，叫写什么材料就写什么材料，写材料时照样是一笔一画一丝不苟，写完说明材料，还是继续做他的研究。

在所内科研工作基本停滞的状态下，黄宏嘉仍然独立完成了他的科普读物《从微波到光》的写作。这本小册子从微波和光学互相渗透、互相结合的角度提出了微波光学的一些基本概念，预言微波和光学巧妙地合在一起，有可能解决微波或者光学单方面难以解决或难以很好解决的问题。1965 年 5 月，《从微波到光》列入"无线电电子学知识丛书"由人民邮电出版社出版，这是国内关于光纤可能用于通信的最早文献。也是在这一年，他作为第一作者与范滇元合作的论文《变截面铁氧体柱中电磁波传播的耦合波理论》在《物理学报》当年第 9 期上发表；11 月，他作为第一责任人与陈道明等合译的译文集《低损耗圆波导》由上海科学技术出版社出版，本书共选译（辑）了中、美、苏三国期刊上发表的论文共 22 篇，可供微波领域的科学工作者、工程技术人员和师生参考。这一年，他还应邀参加在柏林召开的"国际微波物理和微波技术"会议，在会上做了题为 Contributions to the Theory of Coupled Modes and Nonideal Waveguides（《对耦合波与非理想波导的若干理论贡献》）的报告，系统总结了他在这一领域的研究工作。

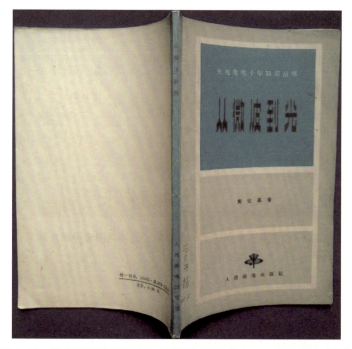

图 4-16　黄宏嘉编著的无线电电子学知识丛书之一的《从微波到光》，虽只是一本小册子，但却是国内最早预见光通信未来的著作

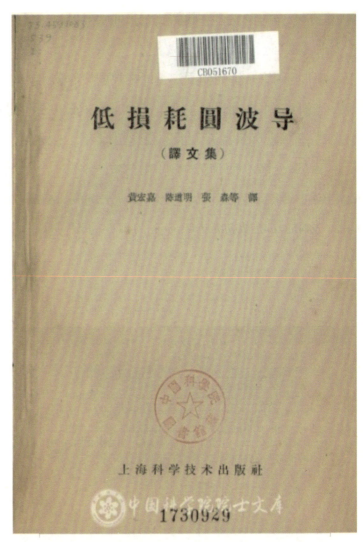

图 4-17 黄宏嘉担任第一译者的《低损耗圆波导译文集》

1965 年，黄宏嘉 43 岁，年富力强，正值学术生涯的黄金时期。他踌躇满志，准备在光导通信领域开展深入研究，再开辟一片新天地。然而时势不由人，"社教"还没有结束，"文革"就开

始了。黄宏嘉的事业被按下了暂停键。虽然他一直没有放弃自己的事业，一直以各种方式持续自己的研究，但他的成果已经没有地方发表。他把《从微波到光》这本小册子的内容进行了学术上的深化，写成了论文，但是一直到 1979 年 9 月，才得以在《电子学报上》发表。

第五章

单模光纤之父

　　用光来传递消息，这个想法人类自古就有。"烽火戏诸侯"是很多中国人都熟知的典故。烽火本是古代敌寇侵犯时的紧急军事报警信号，从国都到边镇要塞，沿途设立可以相互瞭望的烽火台。西周为了防备犬戎的侵扰，在镐京附近的骊山（在今陕西临潼东南）一带修筑了20多座烽火台，每隔几里地就有一座。一旦犬戎进袭，首先发现的哨兵立刻在台上点燃烽火，邻近的烽火台也相继点火，向附近的诸侯报警。诸侯见了烽火，就知道京城告急，天子有难，必须起兵勤王，赶来救驾。这就是最古老的光通信。

　　《红灯记》的故事里，主人公李玉和手里提的红灯，也是用光来发送信号的装备。铁路上广泛使用的信号机，直到现在都是不可或缺的信号系统组成部分。

　　从烽火台到信号机，都只是通过发光以肉眼可以看清楚的信号来传递诸如安危、行止、来去之类的简单信息内容，而且都是单向的，只能说是"信号"，称为"通信"还很勉强。摩尔斯电码发明以后，就有了基于莫尔斯电码的"灯语"，用于海上航行的船舶相互之间进行联络、沟通。

　　当然，"灯语"也是靠人的视觉来识别光信号的。用"灯语"

通信，要靠人工编码和发送，再靠人工获得和解码，如果缺少专业人员，将会对航行船只造成巨大的影响。由于人的视觉有"暂留"的现象，因此闪光和熄灭的单位长度必须要超过人的视觉暂留时间（0.1~0.4 秒），使灯光通信的速度受到了很大限制。

1876 年，贝尔发明了电话。过了三四年，贝尔又研制出了一种光电话。光电话的工作方式是：使太阳光经过反射镜和透镜照射到话筒的薄膜上再反射出来，当人说话时，声波使薄膜震动，于是反射光束的强弱也随之发生变化，这样反射光束的强弱随着声音的强弱而相应地变化，完成光的调制。在光电话的接收端，有一面抛物面镜，它将发送端传过来的装载了声音信号的光线反射到光电池上，使调制过的光转化成音频电流，再经过听筒还原，就可以听到对方的声音。

贝尔的设计很高明。不过由于光在大气中传播损耗很大，又容易发散，信号非常容易衰减。实验中，这种光电话传播的最远距离只有 213 米，还不如直接喊一嗓子传得远，没什么实用意义。这个发明最后胎死腹中。

实践证明，靠在大气中传播光束来实现通信是行不通的，必须像用可以导电的材料做成电线来传送电一样，找到一种可以传输光的材料，同时，还必须要有不容易衰减的光源。只有这两个条件都具备了，光通信才能变成现实。受当时科学技术发展水平的限制，这两大难题一直没有解决，所以在以后很长的一段时间里，光通信一直没有大的发展。

时间进入 20 世纪 60 年代，以上两个难题都被科学家突破了。1960 年 1 月 18 日，美国加利福尼亚休斯实验室的西奥多·梅曼

研制出了世界上第一台红宝石激光器，为现代各种激光器的研制奠定了基础，从此，激光科学和技术得到了异常迅速的发展。由于半导体激光器的出现，从而产生了可用于通信的理想光源——激光。

我们都知道光是沿直线传播的，现实生活中不可能满足长距离直线传输的条件。那么如何才能够让直线传播的光"拐弯"呢？1870 年，英国物理学家丁达尔发现，由于全反射的作用，光线可以沿着弯曲的水柱传送。这就意味着，只要设计好入射角，光就可以沿着光导材料走"弯路"。

理论上的问题解决了，剩下的问题就是找到一种可以传送光的材料——光导材料。

1960 年，科学家研制出第一根光导玻璃纤维，并且应用于光通信试验。但是当时的光导纤维质量较差，仅仅 1000 米的距离，光能损耗就达 99%。

1966 年，英籍华人科学家高锟成功进行了一项划时代的实验，证明用石英基玻璃纤维可长距离传递信息，解决了玻璃纤维只能短距离传信的理论难题。他在当年的《电气工程师学会学报》第 7 期上发表了论文《光频率介质纤维表面波导》，指出：用石英基玻璃纤维进行长距离信息传递，将带来一场通信事业的革命，并提出当玻璃纤维衰减率下降到每公里 20 分贝时，光纤通信即可成功。他的研究为人类进入光导时代打开了大门，并因此获得 2009 年诺贝尔物理学奖。

1970 年，美国康宁公司在高锟的指导下研制成功每公里传输损耗只有 20 分贝的石英玻璃光纤，达到了高锟所预言的光纤用于长距离通信的门槛条件。

1976 年，位于亚特兰大的美国贝尔实验室地下管道开通了世界上第一条光纤通信系统的试验线路。

1977 年，世界上第一条商用光纤通信系统在美国芝加哥市投入商用，信息传输速率为每秒 45Mb（兆字节）。

日历翻到了 1978 年。

这一年，中国科学界迎来了一个盛大的节日：中共中央、国务院在北京人民大会堂隆重召开中华人民共和国成立以来第一次全国科学大会。邓小平在大会开幕会上发表重要讲话，明确指出"四个现代化"的关键是科学技术现代化。继 1956 年中央知识分子会议、1962 年全国科学技术会议之后，邓小平代表党中央第三次宣布知识分子已经是工人阶级的一部分；重申"科学技术是生产力"这一马克思主义基本论断。大会通过了《1978—1985 年全国科学技术发展规划纲要》，为中国未来几年科学技术的发展划出了重点。

黄宏嘉作为中国科学院的代表参加了大会，并且在大会上受到了表彰。黄宏嘉迎来了他科学事业的第二个春天，他摩拳擦掌，要在光通信这个高科技领导大干一场，追回失去的时间，迎头赶上国际先进水平。

登高望太平　迎来第二春

1978 年 3 月 18 日下午 3 点，首都北京。人民大会堂灯火辉煌，全国科学大会在这里隆重开幕。主席台上悬挂着的领袖像用

慈祥和蔼的目光注视全场，两侧十面红旗鲜艳夺目。两条红色巨幅标语横贯大会会场，一幅是："高举毛主席的伟大旗帜，为在本世纪内把我国建设成为社会主义的现代化强国而奋斗！"另一幅是："树雄心，立壮志，向科学技术现代化进军！"

这次全国科学大会，是我国科学史上的空前盛会，参加大会的有全国各省、市、自治区、直辖市，中央直属机关和国家机关，中国人民解放军和国防工业部门的近 6000 名代表。黄宏嘉作为中国科学院代表团的成员，此时正坐在庄严的会场里，全神贯注聆听邓小平带着浓厚四川口音的讲话。他的老师马大猷、学弟朱光亚端坐在主席台上，黄宏嘉看得见他们，可是马大猷、朱光亚看不见他。是的，黄宏嘉是个出色的科学家，但是在这个会场，也会淹没在人群里。

开幕大会气氛热烈异常。出席会议的科学家们被领袖的风采所感染，情绪激昂。邓小平的讲话不时被热烈的掌声打断。尤其是在他说到"从政治立场这个基本方面来看，绝大多数科学技术人员应该说是站在工人阶级立场上的。这样的革命知识分子在会上，是我们党的一支依靠的力量"时，场上雷鸣般的掌声经久不息。一向不带情绪色彩的黄宏嘉，也把手掌拍得通红。

邓小平讲话之后，国务院副总理、国家科委主任方毅作了报告。方毅副总理在报告中对《1978—1985 年全国科学技术发展规划纲要（草案）》做了说明。在这个八年规划中，把激光列入了和空间科学、高能物理、遗传工程同等的 8 个影响全局的综合性科学技术领域之一，放在突出的地位，要求集中力量，做出显著成绩，以推动整个科学技术和整个国民经济高速发展。

黄宏嘉感到重任在肩，更感到时光催人。

屈指一算，黄宏嘉的科研生涯已经被耽误了十多年。

图 5-1　20 世纪 70 年代中期，黄宏嘉在北京和 90 岁高龄的
母亲李夔旭合影留念

从 1965 年 9 月发表最后一篇论文之后，黄宏嘉在学术界消失了 9 年。直到 1974 年 5 月，他才在《中国科学》当年第 3 期上发表论文《激光双 Q 调制巨脉冲理论》，重出江湖。这篇论文其实是他 9 年前承担激光脉冲阵列项目的研究成果，文中提出了一种在主动与被动 Q 开关同时作用下的激光巨脉冲理论，是激光武器化的早期理论研究成果。这也是当年最为神秘的话题，中国第一部科幻电影《珊瑚岛上的死光》讲的也是激光武器的故事。1975 年 6 月，黄宏嘉在《物理》杂志第 4 卷第 6 期发表了《激光加速及其他》，这其实已经是一篇综述性的中级科普文章，涉及到激光核聚变的一些基本原理，没有很高的学术价值。1976 年 1 月，黄宏嘉

在《中国科技大学学报》C1 期发表了《关于耦合波导理论的边界条件》，该文也只是对先前学术成果的一次讨论。这段时期，黄宏嘉觉得自己的学术之路似乎已经走到了终点，开始寄情山水，玩摄影、养金鱼、种花草去了。

1974 年 5 月 　　　　中 国 科 学 　　　　第 3 期

激光双 Q 调制巨脉冲理论

黄 宏 嘉

摘　要

本文提出了一种在主动与被动 Q 开关同时作用下的激光巨脉冲理论；它的建立是在变率方程中不仅引入了可饱和吸收媒质的项，同时还引入了时变开关函数。文中对双调制巨脉冲作了较全面的理论探讨，尝试解决若干具有实际意义的问题。

在所研究的问题中，我们确定了巨脉冲激光器的三个工作区域：1. 单脉冲区；2. 多脉冲区；3. 截止区 (在此区域内不出现任何脉冲)。并用解析法导出了有关公式，针对典型的激光器参量绘出曲线，示出了对于三种不同区域马达转速和染料浓度的变化界限。

巨脉冲激光器的运转可以描述为三种工作状态："高效"工作状态，在输出镜透过率取任意值时给出最大功率；"最佳"工作状态，在透过率取最佳值条件下，给出更高的功率；"普通"工作状态是指单脉冲工作，但不是最大功率输出。文中导出基本关系式，估计了为实现高效或最佳工作状态对系统参量所要求的量级。

本文建立的普通理论，包括了单纯主动开关 (马达转镜) 和单纯被动开关 (染料调 Q) 这两种特殊情形。设染料浓度或马达转速为零，则文中导出的全部公式分别适用于马达调 Q 激光器或染料调 Q 激光器。

本文的理论是建立在解析方法上，而不是依赖于计算机。附录中给出的计算机结果是为了检验解析理论的准确程度。

关于单纯主动 Q 开关或单纯被动 Q 开关巨脉冲激光器，无论在理论方面或在实验方面，都有丰富的研究成果[1-6]。至于双 Q 开关巨脉冲激光器，实验方面也已有文献报道[7]。然而，这种激光器的理论研究，据作者所知，尚未见诸文献。本文目的就是探讨这一理论。

一、起 始 值 问 题

我们从变率方程出发。这种方程描述了光的粒子性，因而它不能预示 (举例来说) 激光振荡的多模以及它们之间的耦合问题。不过，对于我们所研究的复杂系统来讲，采取变率方程的途径显然要比其它方法更为有效。在推导变率方程时，实际上已经暗含了单一振荡模式的假定。此外，变率方程包含了取平均的概念；因而，对于尺寸较小的器件，它的适用性估计要好一些 (这时光子的单程渡越时间远远短于脉冲发生时间)。

仿照 Einstein 的做法，我们可以定义出光子产生和消失的速率，从而建立起变率方程；对

本文 1973 年 6 月 1 日收到。

图 5-2　黄宏嘉发表在《中国科学》的大功率激光理论研究的开创性论文。这是他 20 世纪 60 年代中期的研究成果

1976 年 10 月，无所事事的黄宏嘉独自一人去黄山采风。在立马亭，黄宏嘉举首眺望对面青鸾峰，只见陡峭的大石壁凌空而下，两厢直削，下临无底，上面刻着"立马空东海，登高望太平"十个大字，落款"民廿八年 西蜀唐式遵"。他枯坐栏杆，凝望当年石工们冒着生命危险刻下的这些大字，陷入了沉思。民国二十八年，也就是公元 1939 年，他正在合川国立二中念书，立志要学

1976 年 11 月，
登黄山，
坐悬崖峭壁，
恍如置身世外。

上山时是文革，
下山时忽闻
四人邦被打倒。

正是：
山中方几日
人间万象殊

图 5-3 黄宏嘉 1976 年游览黄山时留影。旁边的文字是他生前整理照片时亲自录入电脑并打印的

习理工，工业救国，而沦陷区的军民正在敌后和侵略者拼死搏斗。他又想起当年在岳麓山，父亲给他讲曾祖父所撰的"西南云气来衡岳，日夜江声下洞庭"所蕴含的湘楚气象。黄宏嘉琢磨着，这"立马空东海"透出的就是要灭了日本侵略者，可谓豪气干云；那么这"登高望太平"的"望"是"眺望"的望，还是"盼望"的望？"太平"是指太平县城，还是"天下太平"？

正在冥思苦想间，忽然听见有人惊喜地叫他："黄教授！"

黄宏嘉一惊，抬头一看，是一个三十来岁的男青年。黄宏嘉记不起这人是谁，有些迟疑。男青年自我介绍道："我叫吴荔棠，是中科大无线电电子学系 60 级的学生。我的毕业论文还是您指导的。您忘了？"

"哦。"男青年这么一说，黄宏嘉努力回忆，又有了点印象。在中科院电子所做兼职研究员的时候，黄宏嘉确实给中科大的本科生讲过课。当时中科大无线电电子学系是五年制，同学们前三年上完基础课后，四五年级就搬到中科院电子所继续上专业课和做毕业论文，专业课全部由各研究室的老师们讲授，黄宏嘉也给学生们讲授过微波原理，并且指导学生的毕业设计，吴荔棠大约就是他指导过的学生之一。

师生意外重逢，当然格外高兴。二人结伴同行，一路有说有笑，黄宏嘉的心情也开朗了许多。从交谈中得知，吴荔棠毕业后分配到位于南京的华东电真空研究所，后来又合并到中科院电子所，现在也在从事激光研究。

"我看到您的《激光双 Q 调制巨脉冲理论》了。"吴荔棠说，"您真了不起，从微波转到激光，马上又出那么多成果。"

黄宏嘉突然愣住了。原以为这个世界上早就没人关心他的学术成果，吴荔棠的一席话让他体会到学术之树常青，总有人愿意为科学献身的道理。他和善地笑了笑，说："这都是十年前的东西了，没什么新意。我正打算把一些想法深化一下。"

　　"那太好了！"吴荔棠说，"期待您的新成果。"

　　师徒俩一路边走边聊，不知不觉就爬完了天都峰1500多级"天梯"，来到了"鲫鱼背"。这里长10余米，宽仅1米，两侧是千仞悬崖，深邃莫测。黄宏嘉对吴荔棠说："这里好，有会当凌绝顶的感觉。来，我给你拍张照片，留个纪念。"

图 5-4　黄宏嘉 1976 年游览黄山时留影

吴荔棠拍好照片之后，黄宏嘉站上鲫鱼背，吴荔棠也给他拍下了一张照片。照片上，黄宏嘉傲然独立，极目远眺，目光中对未来充满了期待。

　　登天都峰，过鲫鱼背桥。拔海一千八百公尺有余。眺望玉屏莲花诸峰，虚无缥缈，时隐时现，岚气移峰，乱云飞渡，浑如国画，疑为仙境。如此奇景，岂可无诗！缘赋短句，工拙弗计。

　　奇峰千仞入云端，鱼背桥横铁索寒。斯景只应天上有，人间能得几回观。

这是黄宏嘉记录当时心情的一首小诗，黄宏嘉在山下把它誊清，送给了吴荔棠作为留念。吴荔棠也和诗一首并序：

　　游黄山幸遇黄教授。天都峰上，极为壮观。教授吟诗七绝赐余留念，余大喜过望，依韵和之以助兴。格律不工，祈请教正。

　　四围山色出云端，俯览悬崖栗未寒。喜遇良师诲不倦，胜似天都睹奇观。

阴霾总会散去。黄宏嘉从黄山回到上海，国内形势已经发生了翻天覆地的变化。到1977年上半年，上海光机所开始催黄宏嘉汇总近年来的科研成果，要求上报下一步的科研计划。下半年，电子学会也恢复了活动。1977年9月，中科院率先宣布恢复技术职称，黄宏嘉重新成为上海光机所研究员，并且开始招收研究生。

图5-5 "1977年，黄宏嘉和他的学生钱景仁。"钱景仁是黄宏嘉的学生，
在耦合波导理论方面和黄宏嘉意见不一致，
但是二人还是经常在一起研讨

全国科学大会开幕前，黄宏嘉专程去声学所看望了马大猷教授。师生各自饱经沧桑，如今久别重逢，竟无语凝噎。马大猷1972年就恢复了科研工作，是1977年邓小平主持的"科教座谈会"的参加者之一，恢复高考、召开全国科学大会的决策都是在这个座谈会上形成的。后来马大猷又参加了全国科学大会的筹备工作，对中国科学的当前形势和未来走向洞若观火。他询问了黄宏嘉近年来的科研情况和未来的打算，对黄宏嘉在艰苦的条件下却没有放弃理论研究表示欣慰。

黄宏嘉把他独立发展的"耦合波统一理论"向马大猷做了详细的汇报。马大猷听了频频点头，说："你这个理论在机电类比基

础上已经有了飞跃。电磁波已经进入了微观世界，在很多复杂情况下的表现已经和机械波有了本质的区别。你在这方面还可以继续深化。"

全国科学大会不仅规模空前，会期也空前，总共开了13天。1978年3月31日下午，全国科学大会在举行了向科技战线先进人物和先进集体授奖的隆重仪式之后，宣告胜利闭幕。

闭幕会上，中国科学院院长郭沫若宣读了书面讲话。郭沫若在书面讲话中说，"从我一生的经历，我悟出了一条千真万确的真理：只有社会主义才能解放科学，也只有在科学的基础上才能建设社会主义。科学需要社会主义，社会主义更需要科学。"郭沫若兴高采烈地欢呼："我们民族历史上最灿烂的科学的春天到来了！"

黄宏嘉的"微波耦合波理论的研究"作为优秀科技成果受到大会表彰，相关论文及专著列入全国科技大会成果展览会展品项目，展品说明词为：黄宏嘉结合毫米波波导传输的研究，发展了耦合波理论，提出了概括性的广义的微波理论，受到国内外好评。

黄宏嘉打开紫红色的缎面"全国科学大会奖状"，只见内文上写着：

> 为表扬在我国科学技术事业中作出显著贡献者，特颁发此奖状，以资鼓励。
> 受奖者：中国科学院电子学研究所 黄宏嘉
> 完成的成果：微波耦合波理论的研究

图 5-6　黄宏嘉荣获的全国科学大会奖状

　　黄宏嘉看到奖状上的受奖者是他个人时，内心激动万分。因为，仅仅三个月前，在 1977 年 12 月的上海科学大会上，他这项成果的受奖者还是"中国科学院上海光学精密机械研究所"。这次奖励他本人，意味着科学家也可以像劳动模范一样享有荣誉，体现的是脑力劳动和体力劳动同样光荣，体现的是党中央、国务院对科学家个人价值和劳动成果的肯定。这是"知识分子已经是工人阶级的一部分"的具体体现。

首访代尔夫特　移师上海科大

　　1979 年 5 月中旬的一天，初夏的荷兰旅游胜地代尔夫特难得阳光普照，在代尔夫特理工大学的中央草坪，大学生们聚集在奥

拉大楼正面的中央草坪，三三两两聚成一堆，在那里晒太阳。正对着草坪的奥拉大楼的大报告厅人头攒动，热闹非凡。奥拉大楼外部形象如飞碟状，是当时粗犷主义混凝土建筑风格的代表，其独特的形状使它获得了"UFO"的外号，是代尔夫特理工大学的标志性建筑和举行重大学术活动的地方。

竖在奥拉大楼正门的广告牌显示，今天，将要在大报告厅作学术报告的，是来自中国的微波科学家黄宏嘉。他要讲的题目是"耦合波导理论"。

黄宏嘉穿上了久违的藏青色的粗毛呢西装，配了一条同色领带，夹着一个棕色的牛皮公文包走上讲坛。他已经很久没有在大庭广众之下发表演讲，尤其是很久没有用英语进行演讲了，所以先用了一系列的预备动作来控制节奏和情绪。他打开公文包，拿出讲稿，分章摆放整齐，然后扫视了一下全场，才开口发表他直奔主题的演讲：

Good afternoon everyone.

Thank you, Professor Hoop. Thank you, my friends. Thank you for coming here on this beautiful afternoon.

My presentation is about a Theory of coupled Waveguide.

The purpose of the present speech is two-fold: on the theoretical side, it brings, under the same point of view, two groups of boundary value problems which have heretofore been attacked by different mathematical methods, while on the practical side, it provides a method to calculate the parameters of a long-slot directional coupled, which is essential in waveguide component design.

各位下午好。

谢谢，霍普教授。谢谢，我的朋友们。感谢你们在这个美丽的下午来到这里。

我要讲的题目是耦合波导理论。

我的演讲有两个方面的内容：在理论方面，它将两组边界值问题放在同一个观点下，而这两组边界值问题迄今为止是由不同的数学方法来处理的；而在实践方面，它提供了一种计算长槽定向耦合的参数的方法，这在波导元件设计中是至关重要的……

图5-7　1979年5月，黄宏嘉访问荷兰代尔夫特理工大学，在下榻的酒店房间留影

　　乘着全国科学大会强劲的东风，全国科技领域先于全国其他各行各业拉开了改革开放的序幕。全国科学大会刚刚闭幕，经中共中央批准，中科院数学研究所的杨乐、张广厚两位年轻数学家，于 1978 年 4 月 4 日启程赴瑞士参加国际学术会议，并且顺道访问英国，拉开了我国科学家以个人身份赴西方参加学术活动的序幕。1979 年 5 月，黄宏嘉也应荷兰代尔夫特理工大学 A.T. 德·霍普教授的邀请，到代尔夫特理工大学进行学术访问。

　　代尔夫特是荷兰南荷兰省的一个城市，地处海牙和鹿特丹之间。当年黄宏嘉和妹妹黄颂康借道荷兰回国时，曾经从这里路过。代尔夫特也被称为知识之城，代尔夫特理工大学前身为荷兰皇家工程学院，始建于 1842 年，是荷兰历史最悠久、规模最大、综合实力最强的理工大学，是欧洲最著名的理工大学之一，其高质量的教学及高超的科研水平在世界上具有领先地位和卓越声誉。A.T. 德·霍普教授是世界知名的声学家，对波方程很有研究。他对黄宏嘉的统一的耦合波理论很感兴趣，特地邀请黄宏嘉赴荷兰进行学术交流，开办讲座。

　　这是黄宏嘉从 1949 年归国以后第一次出国，还是故地重游。代尔夫特是荷兰知名的旅游胜地，但是黄宏嘉还是把日程排得很满，没有为参观游览留出空当。在代尔夫特理工大学访问期间，他除了和东道主座谈，就是参观他们的相关实验室，尤其注意观察他们的研究领域、设备清单、管理模式。东道主对刚刚走出国门的中国学者也非常友好，对黄宏嘉的要求总是有求必应。黄宏嘉在代尔夫特理工大学举办了一场"广义微波理论"的专题讲座，与东道主的师生们坦率交流学术心得。

访问虽然短暂，黄宏嘉却收获颇丰。他通过详细的考察，对下一步的实验室建设和管理，有了更成熟的想法。

1979 年 6 月，黄宏嘉接到要他到上海科学技术大学工作的调令。

黄宏嘉重新回到了大学，不过他没有重执教鞭，而是将主要精力投入科研。

上海科学技术大学筹建于 1958 年，1959 年正式建校，由中国科学院上海分院负责筹建，是一所以理工为主的多科性大学。学校原隶属上海市科学技术委员会并由中国科学院上海分院主办；1968 年 9 月，学校从科技系统划出，改为隶属文教系统，与中国科学院上海分院脱钩；1978 年 7 月，重新与科技系统恢复联系，由上海市科委主任兼任校长，中科院上海分院派出了一位副院长兼任副校长。根据全国科学大会提出的科教系统要有专家领导的要求，把当时还没有分配工作的黄宏嘉从科学院系统调到了上海科学技术大学担任副校长、校党委委员，兼任校学术委员会主任。

上海科学技术大学刚刚过了 20 周年校庆，又恰逢科学的春天，黄宏嘉出任分管科研的副校长，深感责任重大。如何让上海科学技术大学尽快抢占学术前沿？黄宏嘉还是把目光投向了光纤通信领域。

黄宏嘉很早就开始关注光纤通信。1964 年，当他刚刚调入上海光机所时，就结合毫米波导的研究，设计了用光纤传递信息的课题，还招收了研究生，把光纤的转弯等问题作为主要的研究方向。但是到了 1965 年，有人提出，我国连微波中继通信的线路都用不完，光纤的衰减很大，前途还很渺茫，于是要求光纤研究下马。现在，光纤通信已经成为各国科技竞争的重要领域，黄宏嘉决定重启这个已经耽误了十几年的项目。他在上海科学技术大学副校长位置上走马上任之后，立即在大学内创建了波科学研究所，并且与上海石英玻璃厂合作，开展试制单模光纤的研究。

当时，国内有四位科学家转向光通信研究。除了黄宏嘉，还有北京邮电学院的叶培大、上海交通大学的张煦和成都电讯工程学院的林为干。他们四个人，过去是微波专家，都有美国留学的经历，此时，他们成为勇立潮头，推动中国光通信事业的学术带头人。

黄宏嘉基于他的耦合波理论，认定了单模光纤将会是未来的方向，所以把研究的主攻方向确定在单模光纤。

都是光纤，为什么会有单模多模的区别？在光纤数据传输领域，"模式"指的是光信号在光纤玻璃纤芯内的传播方式，也就是说，模式是光的传播路径。因此，单模光纤中，光沿着一条路径传播；而在多模光纤中，光在多条路径中传播。多模光纤比较粗，不同波长和相位的光束沿光纤壁不停地反射着向前传输，容易造成色散，限制了两个中继器之间的传输距离和带宽，但是配套设备价格比较便宜；单模光纤更细，光在其中直线传播，很少反射，所以色散减小，传输距离也得到延长，但是光纤制造工艺更加复杂，与之配套的设备价格较高。

20 世纪 70 年代末，对于光纤未来应用的主流究竟是多模还是单模，国际学术界也还不清楚。国内在这个问题上更是认识不一。

1977 年 9 月，中科院在北京召开全国自然科学规划会，制定出数学、物理学、化学、天文学、地理学和生物学全国 6 大基础学科及有关新兴学科的发展规划，提出了《全国基础科学规划纲要》。黄宏嘉担任电子学科的起草组组长，就提出开展单模光纤研究的建议，但是没有被会议采纳。很多人都反对跳过多模直接上单模，理由是现在多模光纤技术尚且不成熟，何况多模的容量就已经很富足，所以没有必要上单模。

尽管学术界认识不统一，但是黄宏嘉通过认真的比较，在分析了多模、单模各自的优势和发展前景后认为，单模光纤才是今后长距离、大容量通信的未来，所以把突破口选在了单模光纤通信技术的研发。黄宏嘉在向上海市科委陈述开展单模光纤研究课题的理由时，还是沿用"以项目带学科"的模式，强调指出：

> 单模光纤研究的意义，一方面在于它是实现未来第二代光纤通信的技术基础，另一方面在于它有利于推动物理学中一些有关课题的基本研究工作（如拉曼散射、布里渊散射、非线性光学等）。

而单模光纤通信是一个很广阔的研究领域，涉及一系列理论、技术、工艺和工程问题。黄宏嘉很清楚，单靠上海科大一家的力量，不能够完成这样一个浩大的工程，必须要争取上海市科委的支持，集中上海相关科技力量协同攻关。上海科技大学主攻基础研究，包括单模传输的理论研究和实验研究；而单

模光纤的制造，要在市科委的统一规划和领导下，与有关单位进行协作。黄宏嘉制定了详细的包含单模光纤基本特性的研究、长波长单模光纤的研究及其应用、单模光纤传输系统试验线、集成功能元件的探索研究四个领域的科技攻关五年规划，报送到上海市科委。

胼手胝足宵衣旰食　单模光纤呱呱坠地

光纤的制作过程主要分为预制棒制备、光纤拉丝和测试三个过程，是光机电结合的系统工程。作为项目负责人，黄宏嘉本人要跨越两大门槛：一是要从微波领域转到激光领域；二是不但要从事理论设计，还要从事工艺设计。

从微波转向激光相对来说是比较容易的。黄宏嘉长期从事理论研究，一直紧跟国际学术动态，对微波基础理论以及发展动态了如指掌，还形成自己的独立的一套理论体系。他把自己创立的微波本地简正波模式推广到激光研究领域，1979 年 6 月在《自然》杂志第 2 卷第 6 期发表了《关于光纤的本地简正模式理论》的论文，纠正了外国学者把弱耦合近似下的特例当作普遍规律的错误观点，强调了从本地模式的观点表述傅里叶变换，似乎具有更为普遍的意义。9 月，黄宏嘉又把他在 20 世纪 65 年代出版的小册子《从微波到光》注入新的学术成果，在当年《电子学报》第 3 期发表。《从微波到光》虽然是一篇综述性的论文，但是统一了从微波到光的数学模型，实际上构成了黄宏嘉激光研究的理论框架。

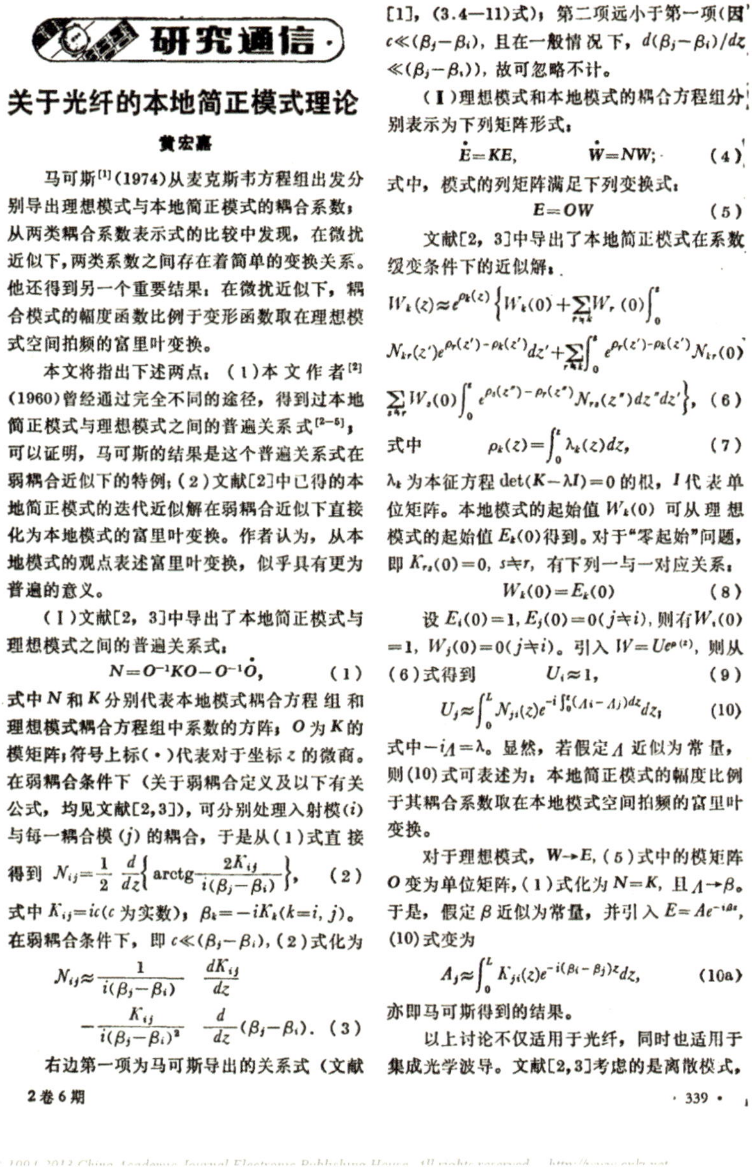

研究通信

关于光纤的本地简正模式理论

黄宏嘉

马可斯[1](1974)从麦克斯韦方程组出发分别导出理想模式与本地简正模式的耦合系数；从两类耦合系数表示式的比较中发现，在微扰近似下，两类系数之间存在着简单的变换关系。他还得到另一个重要结果：在微扰近似下，耦合模式的幅度函数比例于变形函数取在理想模式空间拍频的富里叶变换。

本文将指出下述两点：(1)本文作者[2](1960)曾经通过完全不同的途径，得到过本地简正模式与理想模式之间的普遍关系式[2-5]；可以证明，马可斯的结果是这个普遍关系式在弱耦合近似下的特例；(2)文献[2]中已得的本地简正模式的迭代近似解在弱耦合近似下直接化为本地模式的富里叶变换。作者认为，从本地模式的观点表述富里叶变换，似乎具有更为普遍的意义。

(Ⅰ)文献[2，3]中导出了本地简正模式与理想模式之间的普遍关系式：

$$N=O^{-1}KO-O^{-1}\dot{O}, \qquad (1)$$

式中N和K分别代表本地模式耦合方程组和理想模式耦合方程组中系数的方阵；O为K的模矩阵；符号上标(·)代表对于坐标z的微商。在弱耦合条件下（关于弱耦合定义及以下有关公式，均见文献[2,3]），可分别处理入射模(i)与每一耦合模(j)的耦合，于是从(1)式直接得到

$$N_{ij}=\frac{1}{2}\ \frac{d}{dz}\left\{\operatorname{arctg}\frac{2K_{ij}}{i(\beta_j-\beta_i)}\right\}, \qquad (2)$$

式中$K_{ij}=ic$(c为实数)，$\beta_k=-iK_k(k=i,\ j)$。在弱耦合条件下，即$c\ll(\beta_j-\beta_i)$，(2)式化为

$$N_{ij}\approx\frac{1}{i(\beta_j-\beta_i)}\ \frac{dK_{ij}}{dz}-\frac{K_{ij}}{i(\beta_j-\beta_i)^2}\ \frac{d}{dz}(\beta_j-\beta_i). \qquad (3)$$

右边第一项为马可斯导出的关系式（文献[1]，(3.4—11)式）；第二项远小于第一项（因$c\ll(\beta_j-\beta_i)$，且在一般情况下，$d(\beta_j-\beta_i)/dz\ll(\beta_j-\beta_i)$），故可忽略不计。

(Ⅱ)理想模式和本地模式的耦合方程组分别表示为下列矩阵形式：

$$\dot{E}=KE, \qquad \dot{W}=NW; \qquad (4)$$

式中，模式的列矩阵满足下列变换式：

$$E=OW \qquad (5)$$

文献[2，3]中导出了本地简正模式在系数缓变条件下的近似解：

$$W_k(z)\approx e^{\rho_k(z)}\Big\{W_k(0)+\sum_{r\neq k}W_r(0)\int_0^z N_{kr}(z')e^{\rho_r(z')-\rho_k(z')}dz'+\sum_{r\neq k}\int_0^z e^{\rho_r(z')-\rho_k(z')}N_{kr}(0)\sum_{s\neq r}W_s(0)\int_0^z e^{\rho_s(z'')-\rho_r(z'')}N_{rs}(z'')dz''dz'\Big\}, \qquad (6)$$

式中

$$\rho_k(z)=\int_0^z\lambda_k(z)dz, \qquad (7)$$

λ_k为本征方程$\det(K-\lambda I)=0$的根，I代表单位矩阵。本地模式的起始值$W_k(0)$可从理想模式的起始值$E_k(0)$得到。对于"零起始"问题，即$K_{rs}(0)=0$，$s\neq r$，有下列一与一对应关系：

$$W_k(0)=E_k(0) \qquad (8)$$

设$E_i(0)=1$，$E_j(0)=0(j\neq i)$，则有$W_i(0)=1$，$W_j(0)=0(j\neq i)$。引入$W=Ue^{\rho(z)}$，则从(6)式得到

$$U_i\approx1, \qquad (9)$$

$$U_j\approx\int_0^L N_{ji}(z)e^{-i\int_0^z(\Lambda_i-\Lambda_j)dz}dz, \qquad (10)$$

式中$-i\Lambda=\lambda$。显然，若假定Λ近似为常量，则(10)式可表述为：本地简正模式的幅度比例于其耦合系数取在本地模式空间拍频的富里叶变换。

对于理想模式，$W\to E$，(5)式中的模矩阵O变为单位矩阵，(1)式化为$N=K$，且$\Lambda\to\beta$。于是，假定β近似为常量，并引入$E=Ae^{-i\beta z}$，(10)式变为

$$A_j\approx\int_0^L K_{ji}(z)e^{-i(\beta_i-\beta_j)z}dz, \qquad (10a)$$

亦即马可斯得到的结果。

以上讨论不仅适用于光纤，同时也适用于集成光学波导。文献[2,3]考虑的是离散模式，

图5-8 1979年，黄宏嘉在《自然杂志》上发表《关于光纤本地简正模式理论》，纠正了当时外国学术界流行的错误观点，奠定了自己的光纤设计理论框架

第 3 期　　　　　　　电 子 学 报　　　　　　　№ 3
1979年9月　　　　ACTA ELECTRONICA SINICA　　　Sept. 1979

从 微 波 到 光*

黄 宏 嘉

〔摘要〕 本文包含有两重含义：一方面是指从微波到光这段广阔电磁频谱的开拓和占领，特别是在覆盖微波红外间隙上所付出的努力；另一方面则是意味着微波和光的相互结合，由于这种结合而发展了电子学的一门边缘学科，即"微波光学"。本文包含下述部分：

　　一、微波和光的早期结合及其发展；

　　（1）微波光学的原始思想；（2）微波光学的发展。

　　二、微波和光的沟通；

　　（1）微波——红外"间隙"；（2）回旋管的突破和高能电子学的发展。

　　三、微波光学和现代光纤理论；

　　（1）模式与射线理论；（2）单模与多模；（3）模式耦合；（4）可观测量；（5）量子理论与形式量子理论。

　　在综述"从微波到光"这一广泛领域时，作者将着重从物理思想的发展来讨论有关问题；此外，作者也将提出一些文献中还没有明显提出或没有加以强调的观点。

一、微波和光的早期结合及其发展

1. 微波光学的原始思想

　　微波已经不是一门年青的学科，但它的历史远远不能和悠久的光学历史相比。大致说来，光学的历史已经超过两千年；而微波，作为电子学的一个分支，它的历史还只不过几十年。微波和光本来不过是电磁频谱的不同部分，它们从来都同时存在于自然界。为什么光学的研究要比微波早两千年？原因是人天赋有眼睛，它是频带很窄的电磁频谱"检测器"，能检测大约从 4000～7000 Å，即可见光的电磁频谱。因此，远在光的电磁性质还未被认识以前，人们就早已开始了光学的研究。而微波，虽然它也和光一样从来就存在于自然界，但人没有能够检测微波这段电磁频谱的器官，因此微波这门学科只是在近代经典电磁理论和技术发展到一定阶段才开始。Sommerfeld 在他所著的"光学"[1]中开头一句就写道："眼睛是我们最高贵的感官"。正是由于人天赋有这种感官，才使光学的研究比微波提前了两千年。由于光和微波的统一只是在光的电磁理论建立之后才为人们所认识，因此，在讨论"从微波到光"这个题目时，我们很自然地越过两千几百年的古典光学的历史，而从 Faraday-Maxwell-Hertz 的时期开始叙述。

　　自然科学的实践发展到一定阶段，就必然出现飞跃和变革。就经典电磁理论来说，这个飞跃发生在十九世纪，而以 Faraday-Maxwell-Hertz 的卓越成就为代表。微波和光的

* 在中国电子学会第二届年会上的报告。

图 5-9　黄宏嘉在《电子学报》上发表综述性论文《从微波到光》，统一了从微波到光的数学模型，构成了自己的激光研究理论框架

从理论设计到工艺设计这个跨越就有点大了。

最初的光纤是由纯度极高的光学玻璃制成的。众所周知，玻璃是透明的，比如你透过窗玻璃可以看见外面的世界。但是玻璃越厚透明就越差，窗玻璃多叠上几层，看外面就模模糊糊了，这是因为玻璃中有杂质。光纤用的玻璃要有多纯才够呢？纯到即使有几公里厚，你也能透过这个玻璃看清物体，这样光线才能在里面传送。所以如何制备高纯度的原料，是第一道难关。

有了高纯度的原料，要拉制出只有头发丝十分之一粗细的玻璃纤维，而且要有足够的强度和结构，不仅设备要足够精细，对拉制工艺更是有极高的要求。

而这个时候的上海科大，实验室条件还非常简陋。波科学研究实验室刚刚建立，既没有人力，也没有财力，更没有前期的经验可以借鉴，都是一边做、一边想、一边查资料，不断地推翻了重来。设备条件也很差，比如说要知道单模光纤的折射率、剖面，都需要比较复杂的计算，但实验室没有计算机，只有计算器，黄宏嘉就组织教研组的青年教师用计算器手工计算。

黄宏嘉住在上海市区的华亭路，上海科技大学在嘉定区，两地相隔30多公里。黄宏嘉为了节省上下班通勤的时间，就打算搬到学校，住在实验室，用自己的办公室兼作卧室。堂堂副校长、教授住在实验楼里不太合适，不光有碍观瞻，也不符合实验室管理制度，于是学校就在学生宿舍给黄宏嘉安排了一间房用作临时住处。黄宏嘉到二手市场淘了一些桌椅板凳，运回来自己动手修一下，凑合使用。宿舍楼外墙是红色的，黄宏嘉就把它叫作"红

楼"，听起来很高大上的样子。在试制单模光纤的会战阶段，黄宏嘉一直在这样简陋的房间里生活、工作。

图 5-10　1978 年，单模光纤研制初期，黄宏嘉借住在学生宿舍，自己动手修理家具

相隔三十年　国庆再观礼

　　中国科学院学部成立于 1955 年，是国家在科学技术方面的最高咨询机构。负责对国家科学技术发展规划、计划和重大科学技术决策提供咨询，对国家经济建设和社会发展中的重大科学技术问题提出研究报告，对学科发展战略和中长期目标提出建议，对重要研究领域和研究机构的学术问题进行评议和指导。在中国科学院实行院士制度之前，学部委员从全国最优秀的科学家中选出，

学部委员的称号，是中国科学家的至高荣誉。

1979 年 1 月，经中共中央同意，中国科学院学部恢复活动。由于已经有 20 年没有增选学部委员，原有的科学技术方面的学部委员已从 1960 年的 172 人减为 117 人，平均年龄达 73 岁，因此，增补学部委员，以充实和健全学部机构成为当务之急。1979 年 5 月，国务院批准了中国科学院关于增补学部委员的报告；7 月 10 日，国务院批转了中科院的增补工作报告和增补办法，增选学部委员的工作随即展开。

黄宏嘉所在的上海科学技术大学推荐黄宏嘉作为本校的学部委员候选人。推荐理由是：

> 黄宏嘉同志长期以来从事微波理论研究工作，在耦合波理论方面有独创性贡献，学术上造诣较深。著有《微波原理》等重要著作，发表学术论文二十八篇（包括评述性文章，共约四十多篇）。近年来又把耦合波理论推广到光纤传输方向，对发展微波光学的边缘学科作了一定贡献，在结合微波理论方面还提出了缓变系数的数学方法，他的这些理论和方法已被国内外学者所引用，黄宏嘉同志在学术上的成就得到国内外学者的高度评价。
>
> 黄宏嘉同志在政治上积极要求进步，热爱党、热爱社会主义，积极为我国的科学技术作出了贡献。

恰逢此时，兼任清华大学和中国科技大学名誉教授的美籍华人科学家、国际微波光谱学权威、原西南联大电机系教授任之恭回国访问。任之恭在西南联大时主要给物理系讲课，虽然对黄宏嘉没有很深刻的印象，但是对他以后的研究成果非常熟悉。当上海科大邀请他为黄宏嘉的学术成就进行评价时，任之恭欣然允诺，并亲笔写了推荐意见：

我素知黄宏嘉教授对微波学造诣极深，颇为本人所不及，其工作本不应由我评论。但既承不弃，只得勉为其难。

依据黄同志论文对粘合波与非理想状态波导理论的若干贡献，及他从前的若干著作，我认为他的学识宏博，我诚挚地支持推荐黄宏嘉教授为中国科学院学部委员候选人。

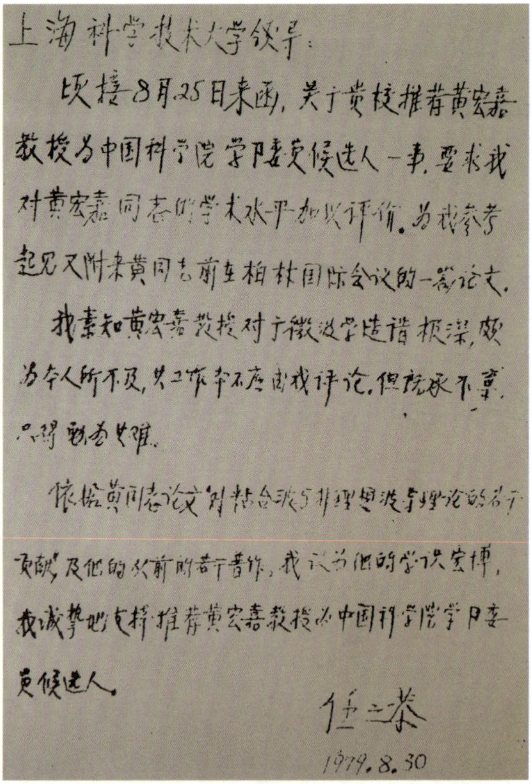

上海科学技术大学领导：

顷接8月25日来函，关于贵校推荐黄宏嘉教授为中国科学院学部委员候选人一事，要求我对黄宏嘉同志的学术水平加以评价。为我参考起见又附来黄同志前在柏林国际会议的一篇论文。

我素知黄宏嘉教授对于微波学造诣极深，颇为本人所不及，其工作本不应由我评论，但既承不弃，只得勉为其难。

依据黄同志论文对粘合波与非理想波导理论的若干贡献及他的从前的若干著作，我认为他的学识宏博，我诚挚地支持推荐黄宏嘉教授为中国科学院学部委员候选人。

任之恭
1979.8.30

图 5-11 任之恭推荐黄宏嘉为学部委员的亲笔信

黄宏嘉在西南联大时的老师马大猷也以中科院学部委员的身份，以个人名义提交了推荐黄宏嘉为学部委员候选人的推荐书。在马大猷亲笔填写的推荐书上，他写道：

> 黄宏嘉同志在微波理论方面的研究工作有显著贡献，在激光方面也有不少研究工作。作为《激光》的主编，对这方面的推动也很大。黄宏嘉同志在研究工作和学术组织工作中成绩都很大。推荐他为学部委员。

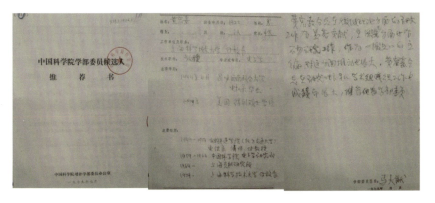

图 5-12　马大猷亲笔填写的推荐黄宏嘉为学部委员的推荐书

1980 年 10 月 1 日晚，首都各界群众 15000 余人在人民大会堂举行联欢晚会，热烈庆祝中华人民共和国成立 31 周年。

时隔 30 年，黄宏嘉再一次应邀参加在首都举行的国庆联欢活动，只不过这次他不是作为归侨代表，而是作为上海市的三位先进知识分子代表之一应邀前来参加盛会。

联欢晚会是由文化部、北京市人民政府联合举办的。中央和北京市的一些领导同志，不拘形式地同群众坐在一起，观看节目，共度佳节。晚会的形式十分活跃，在礼堂和一些大厅里，首都和

全国的文艺、体育工作者为群众表演了歌舞、音乐、戏曲等文艺节目。

东大厅举办的是电影晚会，放映新出品的中国第一部国产彩色科幻影片《珊瑚岛上的死光》。同行的理论物理学家、复旦大学教授谢希德听说是有关激光的电影，非要拉着黄宏嘉一起去看。当看到电影里陈天虹配合生命垂危的马太博士用新试制成功的激光器击沉了敌人军舰的时候，谢希德问黄宏嘉："听说你搞过激光武器，真有这么厉害?"

黄宏嘉笑笑说："科幻嘛，就是要大胆想。激光作为杀伤性武器，理论上是可行的。不过，储能技术首先要过关。而且即使是激光器的功率达到了要求，还要受天气、空气条件的影响，要实用估计还要一段时间。"

谢希德听了哈哈一笑，说："难怪你改行做激光通信了，原来是知难而退。"

黄宏嘉沉默了一会儿，解释说："这倒不是我知难而退，是后来不让我搞这个了。"

谢希德听了，也沉默了一会儿，于是又换了一个话题："中科院增选学部委员的事情，我听说下个月就要投票了，你听说了吗?"

黄宏嘉和谢希德都是这一轮中科院增补学部委员的候选人，不过黄宏嘉不是很关注这个事情，经谢希德这样一提醒，他才想起应该安排时间去拜望一下马大猷老师。但是现在回程票都已经买好，挤不出时间了。等到晚会结束，时间已经很晚，不方便打电话，只好作罢。

马大猷一直没有把自己推荐学部委员候选人的事情告诉黄宏嘉，黄宏嘉也一直不知道马大猷推荐过他。马大猷填写的推荐书，一直尘封在中国科学院的档案馆，直到为核实黄宏嘉的出生日期，才从档案袋里翻出来。根据上面填写的黄宏嘉的年龄，推算黄宏嘉的出生年份应是1922年，这是黄宏嘉西南联大时的注册资料。可见马大猷对黄宏嘉印象之深、关爱之切。

虽然参选学部委员是人生的一件大事，但是黄宏嘉本人基本不闻不问。不了解黄宏嘉的人，会觉得他古怪、不近人情，似乎是一个沉迷于科研的机器人，只有真正熟悉他的人，才知道黄宏嘉内心对于科学火一样的热情。长期担任黄宏嘉助手，后来担任上海大学副校长的徐得名教授回忆说：

> 一般人觉得他这个性格比较特殊，就是超乎常人的、我们普通人难以想象的。我觉得这里面贯穿着他对科学的热爱，他真正从心底里面热爱科学，他愿意奉献一生给科学，他认为这是他最大的追求，也是他最大的乐趣。我想可能最大的动力就是在这个地方，所以因此一般的应酬啊，一般的什么荣誉这方面对他来说，他觉得这个都是无所谓的。

1980年11月，中科院通过各学部进行差额、无记名投票，选举产生了283名新的学部委员人选。这也是中科院第一次通过民主选举的方式补充学部委员。在技术科学部举行的学部委员会议上，58岁的黄宏嘉顺利当选为学部委员。黄宏嘉在国立二中时期的高中同班同学吴良镛也同时当选，在西南联大时期的学弟朱光

亚则当选为数学物理学部的学部委员。1981年3月30日，新华社公布了经国务院批准后的《中国科学院学部委员名单》，当天的《人民日报》在第四版刊登了这份包含新老学部委员共计400人的名单。

1981年3月23日，中国科学院给黄宏嘉寄来《当选中国科学院学部委员的通知书》：

根据1979年7月国务院批准的《中国科学院学部委员增补办法》，你于1980年11月被选为中国科学院学部委员，已经中国科学院报请国务院批准。

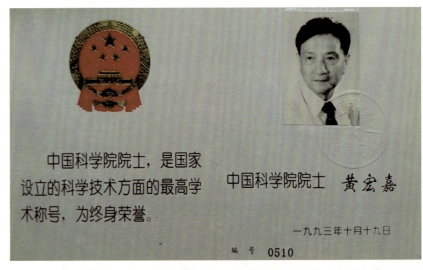

图5-13 黄宏嘉1980年11月当选为中国科学院学部委员。这是学部委员改成"院士"后，中国科学院换发给黄宏嘉的中国科学院院士证书

作为项目负责人，光是自己埋头苦干远远不够，黄宏嘉还要对项目的每一个环节仔细把关。拉丝塔是整个试制流程中最为关键的设备，黄宏嘉对生产单位进行了详细的考察。黄宏嘉

在西南联大一年级念的是机械工程，对机械原理和机械制图并不陌生。他不光仔细审核了设备详细的图纸，还把合作方拉丝塔的设计人员找来，对设备的参数和来历进行了逐一盘问，直到完全没有疑点才放心。

在单模光纤研制的两年多时间里，黄宏嘉一直保持着忘我的工作状态，把自己所有的精力都扑在项目上，连春节都是在实验室里面度过的。

1979年夏天，黄宏嘉在黑龙江当知青的次子黄柯按政策返城。黄柯接到回上海的通知书，告别了白山黑水，兴高采烈地踏上归途，满以为回到上海后可以阖家团聚，乐享天伦。谁知道，黄柯去找了黄宏嘉好几次，父子都没能见上面。黄柯只好给黄宏嘉打电话，接电话的是黄宏嘉的助手，他告诉黄柯："你爸爸现在科研正在关键时期，忙得很。他让我转告你，尽量不要打扰他，你在上海的临时住处学校已经安排好了，先住在学校招待所吧。每个月你爸爸会给你30元生活费。"

第二天，黄宏嘉的助手把黄柯安顿在学校招待所，等候父亲"接见"。几天以后，助手给黄柯送来一张黄宏嘉写的便条，大意是："科研任务很忙，希望理解，能够尽早自食其力。"看到便条，黄柯一下子傻了。招待所不能长住，黄柯只好暂时借住在朋友家。好在黄柯当过知青，能够吃苦，于是到街道文化馆干起了临时工，帮乐队搬乐器、客串临时配音，后来又和朋友合伙开小饭店，摆地摊卖服装……，再后来，干脆就离开了上海，到广东打工去了。

在黄宏嘉的带领下，经过课题组全体成员的共同努力和上海石英玻璃厂的通力协作，我国第一根单模光纤终于诞生了！

1980 年 5 月 8 日，黄宏嘉在上海—北京举行的由中国光学学会主办的首届国际激光会议上宣读了学术论文《我国首次制造并测试的单模光纤的初步报告》，正式向世界宣布我国成功研制出了单模光纤，填补了国内空白。这次国际会议组织了专题讨论会"光纤通信展望"，黄宏嘉与美国贝尔实验室光电子部主任柯格尼克（Kolgelnik）博士二人共同担任主席，会上，贝尔实验室的科学家坦承，我国制成的单模光纤居于当时国际同等水平。

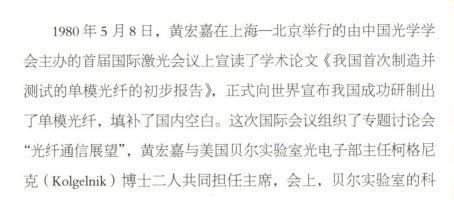

图 5-14　黄宏嘉生前亲自整理的国际激光会议"光通信展望"小组会档案材料。黄宏嘉正在会议上宣读论文，宣布中国第一根单模光纤研制成功

当选学部委员　依然普通一兵

1981 年 5 月 11 日，中国科学院第四次学部委员大会在北京隆重开幕。这是中国科学院成立以来举行的规模最大的学部委员大会，盛况空前。大会主席台背景正中央悬挂着鲜艳的国旗，两旁衬托着十面红旗；主席台正对面悬挂着"团结起来，发展科学，振兴中华"的大幅标语。除去 68 人请假，共有 332 名学部委员出席大会，他们分布在 24 个省、自治区、直辖市，27 个部门，44 所高等学校和 114 个研究单位，其中有不少是中青年科学家。中央组织部、中央宣传部、国家计委、国家科委、国防科委、教育部等有关部门的负责人应邀出席了开幕大会。在《欢迎进行曲》欢快的乐曲声中，邓小平、赵紫阳、彭真、邓颖超等党和国家领导人依次走上主席台就座，并且向参加会议的学部委员挥手致意。盛大的会场群贤毕至、少长咸集，学部委员们怀着极其兴奋喜悦的心情，前来参加这个已中断 20 年的大会。

中央政治局委员、国务院副总理、中国科学院院长方毅在开幕会上作了中国科学院工作报告。报告指出，现在的学部委员大会是中国科学院最高决策机构，这是一个重大的改革，是党和政府依靠科学家的具体体现与组织保证。学部工作和要促使科学技术在我国经济、社会的发展中发挥更大的作用。第一，使我们的科学研究工作能为国家的经济建设提供更多的成果，作出更大的贡献。第二，党中央和国务院要求中国科学院对党和国家在科学技术方面起到参谋作用。第三，希望学部委员在科学技术同社会

经济的结合上，向广大干部和群众宣传科学技术的重要作用。

图 5-15　1981 年 5 月 11 日 ~20 日，中国科学院第四次学部委员大会在北京召开。黄宏嘉作为新当选的学部委员出席了本次大会

党中央对这次学部委员大会给予了空前的礼遇。会议期间，中共中央书记处特地邀请全体与会学部委员走进中南海，在怀仁堂举行座谈会。在京书记处书记胡耀邦，万里、方毅、谷牧、宋任穷、姚依林、彭冲全数出席了座谈会。中共中央总书记胡耀邦在座谈会上亲自向学部委员介绍全国形势，谈了党中央对科学家的两点期望：第一，深入生产实际找任务；第二，以主人翁的姿态干工作。书记处书记、国务院副总理姚依林在发言中表示，经济计划部门要和科学界密切合作，使今后的经济工作建立在更加科学的基础上。中国科学院主席团执行主席严济慈也在会上讲了话。

怀仁堂是 1949 年中国人民政治协商会议第一届全体会议的主会场，是共和国诞生的地方，也是 1955 年中国人民解放军第一次授勋、授衔的地方，是共和国举行最隆重礼仪活动的场所。能够到这里来开会，和党中央的领导人共聚一堂，黄宏嘉心潮澎湃。当他决计放弃在美国继续攻读博士学位，毅然回国的时候，他只是想回到祖国，阖家团聚，在参加中华人民共和国建设的同时，也能施展自己的个人抱负。是时代的潮流把他推到了科学研究的前沿，给他提供了广阔的舞台和难得的机遇，是党组织对他委以重任，他才能够有所成就。当初黄宏嘉选择了祖国，现在国家用祖国科学界的最高荣誉嘉奖了他。

当年合川国立二中的校歌，此时又在黄宏嘉耳畔回响——

忍着吧过去的创伤，燃烧起热血，挺着胸膛，讲科学，勤生产，练刀枪，把握时代的尖端，发挥潜在的力量……

从国立二中、西南联大，到北京铁道学院，再到"301 工程"；从战火纷飞的滇缅战场、到密歇根大学的异域生活，再到 1949 年 10 月 1 日悄悄穿过台湾海峡的小火轮，跌宕起伏的人生、持之以恒的坚守，铸就了今日的辉煌。回首如烟往事，黄宏嘉无怨无悔。

当了副校长，又当了学部委员，别人对他多了一份尊重，可黄宏嘉还是那个黄宏嘉。他还是住在自己租的老房子里面，一直到 1999 年，才在吴中路买了一套不到 80 平方米的普通商品房，也没怎么装修，简简单单买了些家具就住进去了。尽管学校按照

规定给他配了专车，但是黄宏嘉还是骑着一辆老旧的自行车到隔着一条马路的上海科大校园的光纤研究所去上班，自行车就停在研究所的走廊里。

学部委员是国宝，要保证他们的安全，上海科大党委感到责任重大，校党委领导非常正式地找黄宏嘉谈话，要求他不要再在大马路上骑自行车。他说我身体好啊，会注意安全，没问题。后来双方达成一个约定：下雨天很不安全，就不要骑了。这以后，黄宏嘉才开始遵守约定，下雨天由驾驶员开车接送，平时还是骑自行车上下班。

每天早上他总是八点一刻准时来到办公室，略做准备，然后就一头扎进实验室。这已经是他几十年来养成的习惯。这种高强度的工作，连他带的研究生都有些吃不消，黄宏嘉就对他们说："我和你们不一样，我前半生耽误了很多，现在只能努力补回来。等你们到了我这个年纪，也会知道岁月不饶人，必须要只争朝夕。"

后来，黄宏嘉在面对电视台记者的镜头，谈到自己工作动力的时候，用非常朴素的语言说道："因为我觉得是很有兴趣的事情，因为做出一些新的东西，观察到这个所预期的一些现象吧，有的是失败的，有的是成功的，这个很有兴趣的事情。而且呢如果我能够得到成功的话，它是很有用的东西，也是给国家一点贡献。不觉得疲劳吧，不觉得很苦吧。"

黄宏嘉以一个科学家实事求是的态度，向世人解释，他特别能吃苦，不是他特别能忍耐，而是"不觉得苦"。这种"乐在其中"的乐观主义精神，恰好说明了他内心的光明磊落。正如他和儿子黄柯在闲聊时所说的：

> 其实搞科研是兴趣和爱好，不是为了名利。只要自己内心平静，用充满光明的心态看外面的一切，那么阴暗的东西就会少了。

黄宏嘉当选学部委员，当然不是他一个人的光荣，家乡人民也为之自豪。家乡的媒体、文史资料编发了很多关于黄宏嘉的生平事迹，其中难免有所拔高。黄宏嘉很不习惯这种"宣传腔"，感到很不安。他特地让儿子黄柯回到家乡去沟通，希望不要拔高对他个人的宣传。他指着一份报纸上"从那时候起，黄宏嘉就立下'科技报国'的雄心大志"说："这句话要改，其实我就是一个普普通通的科学工作者，不要把我写得很高大。那个时候我还只是个留学生，也没有接受党的教育，哪有那么高的觉悟。我只是觉得国家刚刚建立，各方面都很落后，就想着怎么把学的东西尽快地用到有用的地方去，实现自己的抱负。说实在的，主要还是因为对微波啊、通信啊感兴趣。"

黄宏嘉就是这样的一个科学家，一个与众不同的科学家。成就斐然但时刻保持低调，爱国报国的情怀和年轻时比起来一点都没有减退，不管人生做出怎样的选择，黄宏嘉的心里有一点是永远都不会改变的，那就是对祖国的挚爱、对故乡的深情。还有，那就是做人要像梅花一样有傲霜风节，敢于迎风怒放却只留清香几缕。

再接再厉　大功告成

虽然实验室拉出了第一根单模光纤，但还不能说单模光纤已经试制成功。因为还有中间试验、生产性试验等诸多环节，以及光纤测量、组网等应用研究。

成果要从实验室走向车间、变成产品，就需要产、学、研打破体制壁垒、通力合作。单模光纤试制成功以后，黄宏嘉就立即牵头编制了《单模光纤研究计划任务书》，向上海市科委申报重大科学技术研究和新产品试制项目。上海市科委很快批准将"单模光纤研究"立项，下达了项目计划，项目承担单位为上海科学技术大学，协作单位为电子工业部第 23 研究所和上海石英玻璃厂，项目周期为 1980~1982 年。

试制工作由于在实验室阶段的扎实工作，一些工艺问题和测试问题已经得到解决，所以项目进展非常顺利。1982 年 5 月，黄宏嘉领导的小组完成了上海市重点科研项目"单模光纤研究"。

1982 年 5 月 31 日至 6 月 2 日，在上海市科委主持下，由北京邮电学院叶培大等 3 名中科院学部委员和国内主要光纤专家组成的鉴定委员会对"单模光纤研究"项目成果进行了鉴定。参加鉴定会的代表对黄宏嘉率领的课题组所取得的研究成果予以高度评价，认为这项研究无论在理论设计、工艺制造和测试方法等方面所取得的成果都是高水平的、富有创造性的；课题组能够用较短时间在单模光纤这一领域取得如此重大的突破是难能可贵的。在理论方面，课题组创立的计算单模光纤模内色散的解析法，为合理设计低色散单模光纤创立了简洁、实用的方法，对于指导工程设计具有重要的意义；在工艺方面，对于正确选择和严格控制掺杂，严格控制内外包层相对折射率差和预制棒中心下陷宽度的研究方面比较成功；在测试方面，对于单模光纤的传输特性和各种参数测量（包括谱损、截止波长和归一化频率、单模光纤参数、非破坏性折射率分布、色散）进行了比较全面的研究。

图 5-16　1982 年 5 月，上海市科委组织专家对"单模光纤研究"项目成果进行了鉴定。参加鉴定会的代表对黄宏嘉率领的课题组所取得的研究成果予以高度评价

项目鉴定过程中，来自上海交通大学等全国 9 个单位的 24 名代表组成复测小组，对课题组提交的数据进行了复测，一致同意鉴定会研究报告所提出的各项指标，认为其中截止波长和归一化频率、单模光纤参数、单模光纤的模斑等测量方法是国内首先取

得成果。鉴定委员会认为课题组在单模光纤的研究方面迈出了可喜的一大步，不仅填补了我国在这个重要研究领域的空白，而且以较快的速度赶上了国际水平。

国家科委对黄宏嘉取得的成果很重视，把单模光纤研究列入了国家"六五"攻关的重点项目。由黄宏嘉为项目负责人，承担单位为上海科学技术大学，协作单位为电子部第23研究所和上海石英玻璃厂，合作单位为北京邮电学院、上海交通大学。

项目下达了，要顺利实施项目，黄宏嘉还面临巨大的挑战。

工厂试制不比实验室试制，关键是要有工艺的稳定性。这牵涉从原料制备到生产设备、配套设备的全流程控制。

按照项目分工，上海科学技术大学主要负责理论设计，光纤的制造工艺由电子部第23研究所和上海石英玻璃厂负责，两家单位相距将近50公里。为了保证试验数据结果的准确性，黄宏嘉常年奔波于上海石英玻璃厂与电子部第23研究所的两个实验室之间做实验，从来没有偷懒让助手代劳。不管刮风下雨，从不间断，一直到实验成功。

黄宏嘉后来在接受媒体采访时回忆说：

在担负"单模光纤"这项国家任务的几年里，不仅我一个人没有好好休息上一个星期日，实际上，我们科研团队的多数人也是这样。不单是星期日，就是春节的几天，为了赶紧完成分工任务，也顾不上过节。那么，究竟是什么力量支持着我们这样干呢？我实在也说不清。但有一点是清楚的：我和我们整个团队直到任务完成没有谁拿过一元钱奖金或其他形式的物质奖励。这里补充一个事例，当时正好交卷是春节前几天，于是我就不回家，住在学校，在103大实验室办公，当时还有其他几位同志。快到春节的时候，我们就在嘉定比较好的一个饭店聚餐了一次，可是没有一个人埋怨快到春节了还在这儿。不是我一个人这样，而是整个团队都这样。

按照国家科委下达的项目计划要求，拉出的单模光纤全长至少要达到30公里，也就是说不小于两个光纤通信中继站的距离。电子部第23研究所和上海石英玻璃厂采取了仿佛是"友好竞赛"的方式，只要拉出的单根纤长度达1公里的，就立即运到嘉定，在上海科学技术大学实验室进行检验和测试，达标就留下，不达标就退回。两家最后以总长度30.7公里达标。两家拉出的达标光纤近50节，还需要进行熔接。虽然单模光纤熔接机现在已经很普遍，但在当时还是一种稀罕器件，上海科学技术大学和多数光纤研究单位都没有，掌握单模光纤熔接操作的人员当时也不多，熔接接头的工作全部由上海交大毛仲明老师操作。传输线全长测试需要信号源，恰好北京邮电学院李国瑞教授的科研团队在不久前研制出一台400兆比特的设备，测试工作就由北京邮电学院负责。

当400兆比特的信号通过30.7公里单模光纤传输到终端时，北京邮电学院的科研人员们惊喜地说，项目肯定成功了！因为他们在北京曾经把这个400兆比特信号通入多模光纤，发现终端信号变形得无法辨认，而现在用单模光纤信号简直看不出失真。当时估计，单模光纤的带宽可能远大于400兆比特。不过，

由于国内还没有大于 400 兆比特的信号源，所以不能进行验证而已。

1986 年 2 月 24 日，农历正月十六，是元宵节后的第一天。受国家科委新技术局委托，上海市科委在 24 日至 25 日两天，在上海组织国内有关方面专家对"单模光纤技术"进行了验收鉴定。专家组组长仍然由中科院学部委员、北京邮电学院叶培大教授担任。专家们通过审阅报告、会议讨论、现场观摩、数据比对后一致认为，这项研究在战略方面，促进了我国光纤研究的主攻方向从多模光纤转向单模光纤；在技术方面，课题组根据解析理论模型，结合长期的工艺实践，总结了一套常规单模光纤中最有实用价值的准匹配型和内凹型的工程设计方法，并制作出一套结构参数设计曲线，以指导工艺实践；在工艺方面，攻克了掺氟、通氯两大技术关键，并对原材料、工艺过程进行严格控制，使光纤的成品率远高于原订攻关指标 30% 而达到 70% 以上，最低损耗在 1.3 微米和 1.55 微米处分别为每公里 0.47 分贝和 0.24 分贝，单纤长度达 5.81 公里；在应用方面，建成了我国最早的一条 30.7 公里无中继单模光纤试验线，并与北京邮电学院合作，使用该院的端机在长波长 1.3 皮米进行了每秒 400 兆比特的传输试验，并在 1.55 微米进行了每秒 140 兆比特 25.2 公里的试验，均获得成功；制成我国第一根六芯单模光纤光缆，不用激光管而用发光管作光源，进行了 6.48 公里单模光缆和 10 公里光纤的彩色电视图像和伴音传输，获得成功，图像质量达四级标准，这种 LED/ 单模光纤通信在国际上是最新的，未来会有广泛用途；建立了用于单模光纤及其传输特性的各种测试系统，进行了各种测试方法的长期深入研究，测试系统完备，且基本上立足于国产设备，测试手段先进，自动化程度高。

图 5-17　1986 年 2 月，上海市科委组织国内有关方面专家对"单模光纤技术"进行了验收鉴定，黄宏嘉在鉴定会上作技术报告

　　验收组认为，黄宏嘉主持的这项研究成果，标志着我国光纤研究在实用化方面已取得突破进展，不仅填补了我国在光纤通信领域中的一个主要空白，而且使我国光纤技术进入世界先进行列。

　　消息传出，世界微波、光纤通信领域的权威人士，纷纷发来贺电、贺信。

　　美国贝尔实验室率先发来贺电："黄宏嘉教授、上海科技大学、上海、中国：祝贺第一条中国的单模试验线的建成。高兴地听到你们的成功。"

美国贝尔实验室贺电

原件（复印）：

33001 BTHSH D CN
PROF. HUANG HUNG-CHIA
VICE PRESIDENT
SHANGHAI UNIV OF SCIENCE AND TECHNOLOGY
SHANGHAI CHINA

ATTN: FOREIGN AFFAIRS OFFICE

CONGRATULATIONS ON THE INSTALLATION OF THE FIRST CHINESE SINGLE-MODE
FIBER TRIAL. IT IS A PLEASURE TO LEARN OF YOUR SUCCESS.

BEST REGARDS,

HERWIG KOGELNIK AND IVAN KAMINOW
ATNT BELL LABS HOLMDEL NJ USA
TELEX 219879 BTLH UR

33001 BTHSH D CN
MAR 10 1143 RESPOND TO 219879 BTLH UR

TELEX USA 265130 FOR LATEST NEWS AND FINANCIAL REPORTS
001'37+ 03/11 00:41

译文：
黄宏嘉教授
上海科技大学
上海，中国

请注意：外事办公室

祝贺第一条中国的单模试验线的建成。高兴地听到你们的成功。

最良好的致意，
H. 柯奥尼克(贝尔实验室光电子学研究部主任)
I. 加米诺(贝尔实验室固体物理研究部主任)
AT&T贝尔实验室
候姆德尔，NJ州
美　国
1986年3月11日

图 5-18　由黄宏嘉负责的中国第一条单模光纤通信试验线路建成后，
美国贝尔实验室率先发来贺电

　　英国南安普顿大学、日本电报和电话公司（NTT）物性科学
基础研究所、日本大阪大学、西德卡斯鲁大学、荷兰台尔夫理工
大学等也纷纷发来贺电，对黄宏嘉和他的团队所取得的成绩表示

祝贺。

单模光纤的研制成功，为黄宏嘉赢得了"中国单模光纤之父"的美誉。

因他按期优质地完成了国家重大项目，7月15日，上海市人民政府为黄宏嘉记大功一次。

1987年，黄宏嘉个人独立完成的"耦合模式理论及其在微波与光纤传输中的应用"荣获国家自然科学奖二等奖。他带领的上海科学技术大学光纤研究所被国家科委、国家教委授予"科技攻关先进集体"荣誉称号。他本人荣获国家科委、国家教委"科技先进工作者"称号。

1988年，黄宏嘉主持的"单模光纤技术"获得上海市科技进步一等奖、国家科学技术进步二等奖。

图5-19 黄宏嘉获得的国家自然科学奖奖励证书

图 5-20　黄宏嘉作为项目主持人获得的国家科学技术进步奖奖励证书

调整主攻方向　瞄准特殊光纤

黄宏嘉虽然只是一个单纯的科学家，但人生的历练使他对于产学研三者的结合有自己独到的认识。他把自己的单模光纤技术定位在"人有我有，打破垄断"，而不是对垒国际光纤产业巨头。因为光纤产业的从原料制备到成套设备，是一项浩大的系统工程，不可能靠一项成果一蹴而就，是不是付诸产业化，要交给工厂决定。有一次接受媒体采访时，记者问他："黄教授，您如何看待目前一些科技成果鉴定以后就进了档案室，没有转化成生产力的现象？"黄宏嘉耐心地解释说："我们国家的科研目前还在追赶阶段，很多领域国外已经有成熟技术，已经产业化。是不是要用国产技术去替代国外技术，是一个经济问题，不是技术问题。科研成果要从实验室走向车间，还要付出很多成本，替代国外技术不一定是最合算的。但是如果你没有档案室里面的科研成果做后盾，人家就会漫天要价，甚至卡脖子。这就好像打仗要有预备队，档案室里面的成果就是预备队，不一定要用，但是一定要有。"

黄宏嘉并没有止步单模光纤的成就。荣誉对他而言就如过眼云烟，科学才是他永恒的兴趣和不懈的追求。黄宏嘉在单模光纤技术研究结题之后，就立即把目光转向了特种光纤。

1986 年 10 月，黄宏嘉应邀请去美国奥兰多参加第 10 届国际光纤通信会议（光纤通信 / 局域网十周年纪念大会），作为 5 位特邀嘉宾之一，在开幕式上作了"中国的单模光纤研究"的特邀主题报告。报告回顾了自 1980 年中国试制成功第一根单模光纤以来，中国单模光纤研发过程中的一些历史亮点，以及这一快速发展的技术现状的一些典型事件。结语中提到光纤研究转向特种光纤的趋势。

特种光纤是指在特定的波长上使用，为了实现某特种功能而设计制造的光纤，是除常规通信光纤以外的具有特殊功能的各类光纤的总称。特种光纤是光纤激光器中的关键原材料，同时也是激光传输最便捷的传输介质；特种光纤也可应用于光纤通信器件如光放大器、波长变换等光纤器件的制作；特种光纤还用于医疗光纤器件如内窥镜等，还有一些传感光纤器件可用于航空航天、石油化工等领域，如压力、温度等的传感探测器件及光纤陀螺、水听器等。

特种光纤家族庞大，很多品种往往是根据需要量身定制，刚好是可以让科研常葆青春的领域。世界各国都对特种光纤的研制投入了大量精力，也是中国科学家可以大展身手的舞台。

如果说黄宏嘉当初积极推动单模光纤技术研究是出于使命感，有项目机制推动，那么特种光纤的研究，用他自己的话说，就纯

粹是出于对科学的痴迷了。1986 年以后，黄宏嘉除了著述和出访讲学，几乎全身心投入了特种光纤的研究当中。

1986 年 10 月下旬的一天，黄宏嘉在实验室测试他的应力型保偏光纤的性能数据。不知什么原因，数据一直不稳定。已经到了下班时间，问题还没有得到解决。实验室的其他人陆陆续续下班走了，黄宏嘉的小汽车驾驶员见黄校长还没出来，就到实验室来看看情况。见黄宏嘉正在忙，也不敢打搅，就坐在旁边等。

图 5-21　黄宏嘉在实验室测试他的应力型保偏光纤的性能数据

黄宏嘉抬头看见，才忽然想起时间不早了，于是对驾驶员说："你不要等我了，自己先回家吧。我还要留在实验室看看究竟是怎么回事。"

驾驶员说："要不我叫几个人来帮您？"

黄宏嘉说："算了，他们都拖家带口，要有一点时间照顾家庭。"

　　于是黄宏嘉就一个人坚持在实验室查看数据、寻找原因，通宵达旦。第二天实验室上班时，人们发现黄宏嘉披着一件大衣，趴在堆满仪器的实验室桌子上睡着了。黄宏嘉着了凉，高烧不退，被送进医院。医生要求住院治疗，黄宏嘉不同意，坚持要马上把他送回实验室。学校领导实在拗不过他，只好让医生陪他到学校实验室，一边吊水一边让他做实验，直到问题得到解决。

　　黄宏嘉觉得总是在实验室加班会拖累其他人，干脆就把自己的宿舍也改造成了实验室。他曾经说过："我一生有两个地方对我来说，格外重要，一个地方是我家，另一个则是实验室，但归结起来实质上又只有一块，因为它们都叫工作阵地。"

　　在实验室工作到下班以后继续"在家办公"，对于黄宏嘉是家常便饭。在试制偏振光纤时，黄宏嘉请中国科学院冶金研究所的于诗明师傅为他加工了一台小型的装置，安装在宿舍的厨房。这个装置大小就像竖立起来的抽屉，里面有一个石英管制成的三火头燃烧器，黄宏嘉称它为"微火炬"；燃烧器的燃气直接使用家用煤气；光纤的一端固定，另一端同光纤同轴的微型马达相接。在微火炬沿光纤移动过程中，变化微型同轴马达的转速，对光纤进行处理。黄宏嘉在这套微型设备上，用常规保偏光纤成功制出了变速光纤。这种光纤可以把圆偏光变换为线偏光，把线偏光变换为圆偏光。后来，这个装置和配套的工艺还获得了美国专利。

　　2001 年，黄宏嘉正在试制的一种特种光纤，要做零下 30℃ 的超低温适应性测试。学校的低温检测箱还是 1979 年刚刚成立光纤研究所的时候购置的，过于老旧，十几次试验都失败了。试验没

成功，究竟是理论设计有纰漏，还是设备有问题，众说纷纭。黄宏嘉很自信地说："理论是通得过的，没有问题。"为找出实验失败的原因，黄宏嘉没日没夜地泡在实验室，整整一个星期没有回家。最后，黄宏嘉发现是压缩机的振动影响了箱体的稳定，只要把压缩机与箱体分离，就可以解决问题。结果只用了5万块钱对设备进行了改造，试验就获得了成功。这5万块钱，还是黄宏嘉自己掏的腰包。

最开始研究特种光纤的时候，用的是燃气装置，安装在光纤研究所的三楼，是专用的楼梯。黄宏嘉的办公室在二楼，从办公室到实验室要绕一个很大的圈子。黄宏嘉觉得这样太耽误时间，就自己设计了一个扶梯，从办公室直接通到实验室，节省了很多时间。后来实验室添置了石墨熔炉，安装在一楼，黄宏嘉又把办公室搬到了一楼。虽然一楼条件非常简陋，但是黄宏嘉说，这样省时间，很好。

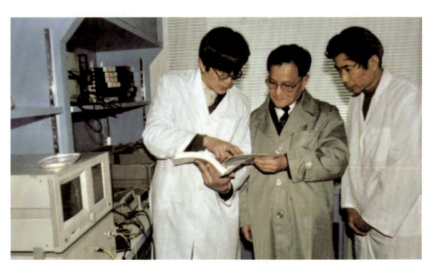

图 5-22　黄宏嘉在指导，分析科研项目进展情况

惜时如金　　勤于发明

　　黄宏嘉对时间的珍惜有时候到了让外人觉得古怪的程度。1994年，上海科学技术大学与上海工业大学、原上海大学以及上海科技高等专科学校合并组建新的上海大学，黄宏嘉被上海市人民政府任命为上海大学名誉校长。上海大学党委书记每年春节都要去黄宏嘉家里给他拜年，这是组织关怀，黄宏嘉当然不好拒绝，但是每次见面的时候，他都要给领导限定时间，在自己家里最多只能待半个小时。见面时，他给书记讲的，也都是这一年的科研成果、新一年的一些科研方面的设想，从来不提任何个人要求。在单模光纤技术研究项目最关键的时候，为了防止有人打扰，黄宏嘉就背对着办公室的大门工作，在办公桌上面的墙壁上贴了一张大字纸条，上面写着"科研任务紧张，来客谈话时间请短"。1986年元旦春节期间，单模光纤的研究进入最后的攻坚阶段，上海科委的领导来学校实验室看望黄宏嘉，给他拜年，顺便了解项目验收的准备情况。先约好了时间，结果领导有事耽搁，迟到了。时间到了，黄宏嘉一看表，就告诉他的助理："时间到了，我忙，就不等了。你们接待吧。"便一头就扎进实验室去了。科委领导来了以后，别人去叫他，他也不出来了。虽然当时气氛略微有点尴尬，但好在大家都知道他的脾气，也并不计较。

　　为了有效利用时间，黄宏嘉的时间都是以分钟为单位来安排的，日程上约好的活动，到时间如果有人没有到，他也绝不等待。遵守时间约定，是他一生的习惯。黄宏嘉的小儿子黄杉移民去了新西兰，每一年都要回来看望爸爸一次，但是都必须提前跟爸爸约好时间。2013年回国那次，事先约好下午3点父子在上海龙华寺见面。黄杉路上堵车，迟到了6分钟，黄宏嘉已经走了，让朋友转告黄杉："这一次黄杉不遵守时间，我就先走了，明年再约吧！"黄杉委屈得欲哭无泪，却也只好默默接受。

黄宏嘉沉浸于特种光纤的魅力中自得其乐，编排光束在光纤中的绚丽舞蹈是他最大的乐趣。功夫不负有心人，很多神乎其神的创意灵感常常不期而至，电光石火般从脑海里冒出来，黄宏嘉就会不失时机，抓住稍纵即逝的灵感，把它变成现实。

黄宏嘉自己讲过这样一个故事：

有一次我从上海到嘉定的路上，打了一个瞌睡，起来以后突然有个思想来了，我说这正是我所想要知道的一个光纤的特殊结构。那么这个后来就得到美国专利。这确实是世界上许多科学家都在争取而且一二十年都没有想出来的问题，确实给我想到了。当时英国的一个院士叫甘柏林（Gambing），他看了我的专利发明书很感兴趣，他说这样简单的结构，怎么我们都没有想出来，看起来好像我是突然想起来的。可实际上这个问题在我的脑子里不知道多少年了。

黄宏嘉提到的获得美国专利的光纤，就是"Practical Circular—Polarization Maintaining Optical Fiber（圆偏振态保持光纤）"，这种光纤的保偏机制不同于已知的将光纤在"冷"状态下硬性旋扭以产生光弹效应的机制，而是在拉成的光纤内部形成一条环绕纤轴旋转的螺旋形应力作用体，用以产生圆双折射。这种特种光纤很容易用成熟的光纤工艺设备和工艺方法制成，即所用预制棒含一根偏离中心轴线的应力柱体，在"热"拉丝中旋转此预制棒而拉成上述的高圆双折射光纤结构。甘柏林对这种光纤的书面评语是："发明者思想的优美之处在于，它非常简单而又富有想象力，闪烁特殊的智慧光辉。"并且感叹道："Of course，so simple，why I didn't think of that（的确，如此简单，为什么我就没有想到）."

黄宏嘉的特种光纤研究独辟蹊径、性能卓越，引起了国际学术界强烈的兴趣，众多的国外大学、研究机构、企业纷至沓来，寻求国际合作。

图 5-23　1997 年，黄宏嘉在澳大利亚新南威尔士大学讲学期间，在澳大利亚国家公园游览，亲近自然

1997 年，黄宏嘉与澳大利亚新南威尔斯大学合作研究特种光纤。双方（上海大学与新南威尔斯大学）订立了合作研究备忘录。

1999 年 11 月 14 日至 12 月 6 日，黄宏嘉去澳大利亚和新南威尔斯大学光通信研究室共同讨论并拟订了长远开展几种拥有专利发明的特种光纤的合作研究协议书（草案）。

2007 年 4 月 17 日，黄宏嘉获得美国发明专利授权"Broad—band Fiber—Optical Wave Plates（宽带光纤波片）"。这种宽带光纤波片，包括一段旋钮的线双折射光纤，光纤的一端为不旋钮端，另一端为快旋钮端，光纤沿其长度方向从不旋钮逐渐缓变为快旋钮。这种光纤波片的功能类似于块状四分之一波片，通过它可以实现各种偏振变换，但其所具备的宽带特性和可在线应用等特点则远优于传统的块状波片，尤其适合于通信和传感等应用领域。采用不同的旋钮结构，还可以分别制成光纤二分之一波片、光纤全波片和光纤分数波片。他的宽带光纤波片，经美国国家标准技术研究所（National Institute of Standards and Technology）复测，确认实验结果与发明人的理论预言相符合，把黄宏嘉的这项发明列为光纤偏振标准。美国贝尔实验室以发明人之姓氏命名此种宽带波片为"Huang wave plate"（黄氏波片）。

勤于发明的黄宏嘉，自 1988 年以来，仅由他个人单独申请的发明专利就有 10 项。一些外国公司，包括像美国康宁公司这样的行业巨头，都提出过购买黄宏嘉特种光纤发明专利的要求，但是都被黄宏嘉谢绝了。他说："我的发明，要先让中国公司使用。"专利的转让费只是象征性收取，而且当即就捐赠了出去，有些捐给了家乡的文教事业，有些捐给了科研院所，还有些直接就用到了自己的研究当中。

图 5-24　黄宏嘉获得的美国专利证书

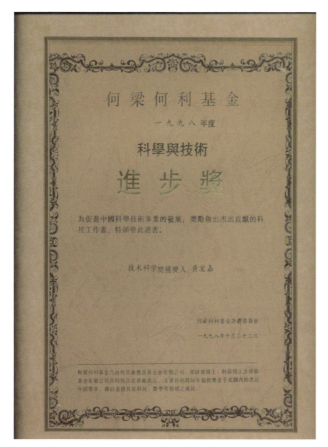

图 5-25　黄宏嘉获得的一九九八年度何梁何利技术科学奖证书

1990 年以来，黄宏嘉工作的重点，除了在特种光纤方面发表论文和出版专著外，主要是放在产业开发方面，把已获得专利授权的若干项原创发明转化应用于生产。在黄宏嘉的主持下，从2000 年开始，上海大学课题组开始研制具有完全自主知识产权的全光纤电流互感器装置，接入上海大学嘉定校区变电站进行电流测量数据的定期观察和记录。在证实了技术方案的可行性以后，2005 年，上海市电力公司经过实地考察和讨论，与上海大学订立了合作研究的协议，委托上海大学开展有关技术推广价值的软课题研究。软课题完成后，上海市电力公司和上海大学于 2006 年 12月签订了双方合作研究全光纤电流互感器协议书，并邀请南瑞科技股份有限公司和思源电气股份有限公司共同参与，进行全光纤大电流互感器的样机研制。2011 年 6 月，利用具有自主知识产权的光纤波片和保圆光纤研制的高压光纤大电流互感器样机试制成功，与上海电力公司合作，在上海南汇挂网试运行。

2013 年 3 月，上海大学与上海电力公司的合作完成的全光纤电流互感器项目通过了上海电力公司的验收。高压光纤大电流互感器样机经过一年多的挂网试运行，采集的数据说明样机运行效果良好。项目经国家一级科技查新咨询单位上海科学情报技术研究所水平查新后的结论为：项目整体达到国际先进水平，在稳定性方面达到国际领先水平。

第六章

面向世界

You remember we talked in Peking about why modern science had not originated in China. Though people had been better there at finding out about nature and applying this knowledge for human benefit for 14 previous centuries.

That was the "$64 question".

你还记得我们在北京谈论过为什么现代科学没有起源于中国。尽管在过去的 14 个世纪里，中国人在发现自然和应用这些知识造福人类方面做得更好。

这是一个终极问题。

这是英国汉学家、《中国科学技术史》作者李约瑟在 1982 年 1 月 26 日于剑桥大学写给黄宏嘉的明信片。这其实也就是著名的"李约瑟难题"的内容。

1940 年，李约瑟作为中英科学合作馆考察团的专家，在昆明的国立西南联合大学观看过黄宏嘉的试验示范，对这个青年学生印象很深。中华人民共和国成立以后，李约瑟多次访华，只要有可能，都会邀请黄宏嘉等一批抗战时期的西南联大师生见面。1981

年 9 月，李约瑟第六次访华，约黄宏嘉到北京见面。闲谈中，黄宏嘉向李约瑟博士请教，应该如何看待古代中国科学和近代中国科学的传承问题。李约瑟只是强调近代科学没有产生于中国的事实，对于中国的近代科学与古代科学是否有传承关系，并没有明确答复。后来，黄宏嘉再次致信李约瑟，和他讨论这个问题，李约瑟就回了这张明信片，仍然没有正面回答黄宏嘉的问题。

图 6-1　李约瑟和黄宏嘉讨论"李约瑟难题"时往来的明信片

在李约瑟的原文中，"$64 question（64 美元问题）"源于美国 20 世纪 40~50 年代的广播综艺节目《拿走或离开》，就是主持人出一个问题，听众作答，每次答对之后可以选择继续答题还是拿了奖品离开，继续答题的话奖金翻倍，但是如果答错，奖金就全部清零，最高奖金是 64 美元。所以"$64 question"就被用来形容复杂问题、终极问题。

黄宏嘉对李约瑟的这个答复显然也是不满意的，但是也没有继续追问。1988年4月至8月，黄宏嘉应邀去美国的母校密歇根大学讲学，同时访问麻省理工学院、到美国康宁公司开展讲学和交流活动。在此期间，他接到当时联邦德国的卡尔斯鲁厄大学（Karlsruhe University）邀请，希望他在纪念赫兹发现无线电波100周年的纪念会上发表一个演讲。黄宏嘉决定借此机会把中国对于场与波的贡献向世界做一个宣传，于是重新思考中国古代科技与近代科技的传承关系。

黄宏嘉在演讲稿中，通过对中国古代和现代在光学、磁学、电磁波领域的成就进行梳理，以一个科学家的诚实，在充分挖掘中国古代科技成就的同时，坦率地承认中国现代的科技不是源于中国古代的发现，而是引进的西方学术体系。他说：

> 概括说，在科学文化总的方面，特别是对磁、电和光的知识来说，直到公元10世纪，或之前，西方人有很多东西跟不上中国，正像从公元20世纪以来中国人跟不上西方的情况一样。
>
> ……
>
> 中国古代或早期对磁、电和光的研究相对说来，很少为西方人所了解或充分承认，原因是多方面的，一个原因是，有关的科学发现和发明大多只能在中国的古代作品中找到，而这些古文即使是对现代的中国人来说也很难懂，更糟糕的是，中国古代或早期的科学和技术的原始著作不少是用玄学的、有时是不准确和不严格的语言来描述的，从而更使人难

懂，如在一部中国古典著作中曾对磁力的发现描写为"磁石引铁如母之召子"。

和西方的情况不一样，在中国，对电磁和光的早期研究后来并没有充分发展到足以形成科学分支的程度，而到18世纪，西方对这些科学领域的知识则已发展到相当成熟的地步，从而演化成为典型的文艺复兴后的科学，对中国的科学和文化的历史，中国人自己，除了极少数中国科学的当代史学家外，并没有严肃认真地做过研究，这一点使我们感到惭愧。

黄宏嘉通过自己的研究和思考承认，"显然，中国现代在场和波方面的研究成果是法拉第—麦克斯韦—赫兹时期电磁学建立以来世界科学潮流的产物，而不是来源于古代中国人自己的贡献"。但是他同时强调，现在我们已经解决了制约中国产生近代科学的制度因素，中国科学家必将在未来站到世界科技的前沿，再现历史的辉煌。他在演讲稿的末尾，用掷地有声的语气说道：

一位很有声望的英国历史学家曾经预言，下一世纪将是中国人的世纪，中国人将对世界科学技术的发展作出非常的贡献，说实在的，在现代科学的进展中，我们中国人在近数十年从西方得到不少好处，我们盼望着不远将来在中国会发生科学和技术的复兴，那时中国将会向世界回馈她从西方得到的好处。

卡尔斯鲁厄大学创建于1825年，是德国历史最悠久的理工大学。1888年，海因里希·鲁道夫·赫兹在这里证明了电磁波的存在。纪念会就在赫兹当年发表演讲的大厅里举行，非常具有纪念意义。遗憾的是，由于开会前几天黄宏嘉突发胆囊炎，被送到医院开刀，由他的德国朋友格劳教授代表他在会上宣读了他的演讲稿。来自中国科学界充满自信的声音响彻会场，给了与会者强烈的冲击，激起热烈的反响。黄宏嘉的演讲稿也被收入纪念大会文集，很快在联邦德国出版。

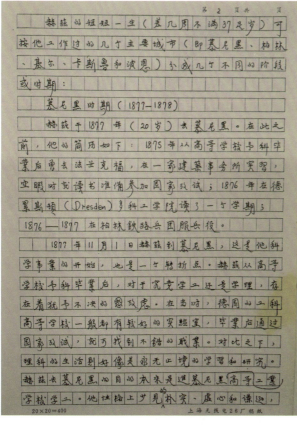

**图 6-2 黄宏嘉在卡尔斯鲁厄大学赫兹发现无线电波
100 周年的纪念会上演讲的手稿**

这篇演讲稿于 1987 年 6 月在麻省理工学院开始动笔，到 1988 年 3 月完稿，写成中英文两个版本，黄宏嘉为之付出的心血不亚于一篇学术论文，但由于突发疾病没能亲自在大会上宣读，黄宏嘉一直觉得非常遗憾。

黄宏嘉以高度的文化自信平视西方学术界，毫不犹豫地进军国际微波通信和光纤通信学术殿堂，宣传自己的理论，用他卓越的学术水平和领先的研究成果赢得了国际学术界的尊重和承认，也为祖国争得了荣誉。

图 6-3　卡尔斯鲁厄大学为纪念赫兹发现无线电波 100 周年
颁发给黄宏嘉的"20 世纪成就奖"奖章

创立一家之言　登上世界舞台

"以项目带学科"是国家 20 世纪 60 年代追赶世界科技先进水平的时候确立的方针，提倡在面向应用研究的同时，追赶国际科技基础科学先进水平。实践证明，这种方法是在落后情况下急起直追的有效手段。60 年代，我国的激光研究和世界先进水平基本保持同步，但是到了 70 年代末，就已经显著落后于国际先进水平了。为了迅速补齐差距，黄宏嘉还是沿用了"以项目带学科"的老办法，一是高起点开创研究领域，二是在研究的过程中不断深化理论，尽快形成系统的理论，以指导项目的深入。

光纤研制第一步就是理论设计。黄宏嘉把他的耦合波统一理论扩展到了光纤领域。他在自己《关于光纤的本地简正模式理论》论文的基础上，对光纤波导的本地模式、理想模式和本地简正模式（超本地模式）间的相互关系进行了深化，写成了《光纤与薄膜光波导的本地简正模式》（*On local normal modes in optical fiber and film waveguides*），以英、中文版分别在《中国科学（英文版）》1979 年第 12 卷第 10 期和《电子学报》1980 年第 1 期发表。在这篇重要的论文中，黄宏嘉指出，关于波导的早期理论成果，在光波导同样适用。黄宏嘉在文中利用他《缓变系数法》中所创立的理论，阐明了理想模式的耦合系数、本地模式的耦合系数以及超本地模式的耦合系数三者之间通过在特定意义下的相似矩阵而发生联系。联系理想模式、本地模式和超本地模式的公式，以及联系离散耦合系数和连续耦合系数的公式，为光纤和薄膜光波导提供了一个统一的理论模型，即在一定的近似下，从单一的一组耦合系数可以导出其他各组耦合系数。文章还提供了对于连续弱耦合问题计算杂模幅度的公式和方法，以及对于离散弱耦合问题计算杂模幅度的公式和方法。

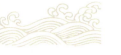

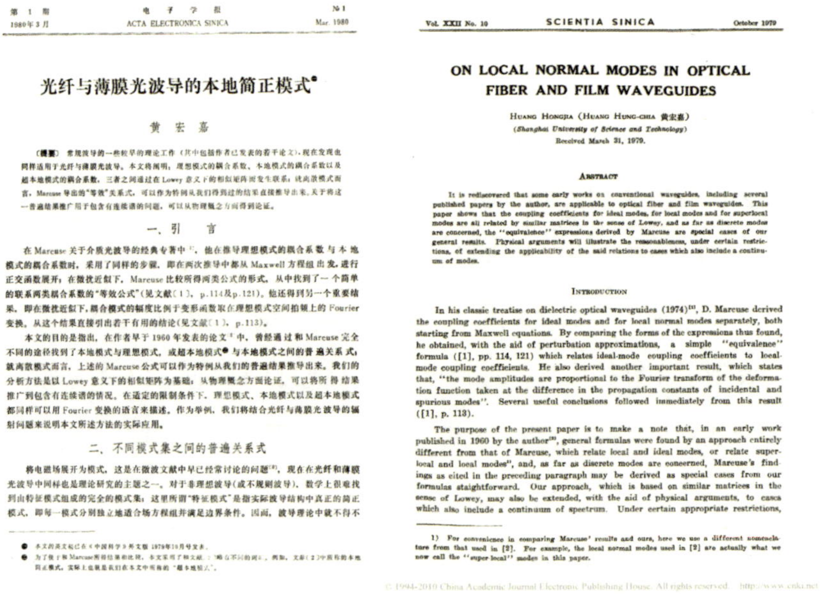
第 1 期 电 子 学 报 №1
1980年3月 ACTA ELECTRONICA SINICA Mar. 1980

光纤与薄膜光波导的本地简正模式●

黄 宏 嘉

〔提要〕 常规波导的一些较早的理论工作（其中包括作者已发表的若干论文），现在发现也同样适用于光纤与薄膜光波导。本文将阐明，理想模式的耦合系数、本地模式的耦合系数以及超本地模式的耦合系数，三者之间通过在 Lowey 意义下的相似矩阵而发生联系；就离散模式而言，Marcuse 导出的“等效”关系式，可以作为特例从我们得到过的结果直接推导出来。关于将这一普遍结果推广用于包含有连续谱的问题，可以从物理概念方面得到论证。

一、引 言

在 Marcuse 关于介质光波导的经典专著中[1]，他在推导理想模式的耦合系数与本地模式的耦合系数时，采用了同样的步骤，即在两次推导中都从 Maxwell 方程组出发，进行正交函数展开；在微扰近似下，Marcuse 比较所得两类公式的形式，从中找到了一个简单的联系两类耦合系数的“等效公式”（见文献〔1〕，p.114及p.121）。他还得到另一个重要结果，即在微扰近似下，耦合模式的幅度比例于变形函数取在理想模式空间拍频上的 Fourier 变换。从这个结果直接引出若干有用的结论（见文献〔1〕，p.113）。

本文的目的是指出，在作者早于 1960 年发表的论文[2]中，曾经通过和 Marcuse 完全不同的途径找到了本地模式与理想模式，或超本地模式● 与本地模式之间的普遍关系式；就离散模式而言，上述的 Marcuse 公式可以作为特例从我们的普遍结果推导出来。我们的分析方法是以 Lowey 意义下的相似矩阵为基础；从物理概念方面论证，可以将所得结果推广到包含有连续谱的情况。在适定的限制条件下，理想模式、本地模式以及超本地模式都同样可以用 Fourier 变换的语言来描述。作为举例，我们将结合光纤与薄膜光波导的辐射问题来说明本文所述方法的实际应用。

二、不同模式集之间的普遍关系式

将电磁场展开为模式，这是在微波文献中早已经常讨论的问题[3]，现在在光纤和薄膜光波导中同样也是理论研究的主题之一。对于非理想波导（或不规则波导），数学上很难找到由特征模式组成的完全的模式集；这里所谓“特征模式”是指实际波导结构中真正的简正模式，即每一模式分别独立地适合场方程组并满足边界条件。因而，波导理论中就不得不

● 本文的英文稿已在《中国科学》外文版 1979年10月号发表。
● 为了便于和Marcuse所得结果相比较，本文采用了和文献〔2〕略有不同的词汇，例如，文献〔2〕中所称的本地简正模式，实际上也就是我们在本文中所称的“超本地模式”。

Vol. XXII No. 10 SCIENTIA SINICA October 1979

ON LOCAL NORMAL MODES IN OPTICAL FIBER AND FILM WAVEGUIDES

HUANG HONGJIA (HUANG HUNG-CHIA 黄宏嘉)
(Shanghai University of Science and Technology)
Received March 31, 1979.

ABSTRACT

It is rediscovered that some early works on conventional waveguides, including several published papers by the author, are applicable to optical fiber and film waveguides. This paper shows that the coupling coefficients for ideal modes, for local modes and for superlocal modes are all related by similar matrices in the sense of Lowey, and as far as discrete modes are concerned, the "equivalence" expressions derived by Marcuse are special cases of our general results. Physical arguments will illustrate the reasonableness, under certain restrictions, of extending the applicability of the said relations to cases which also include a continuum of modes.

INTRODUCTION

In his classic treatise on dielectric optical waveguides (1974)[1], D. Marcuse derived the coupling coefficients for ideal modes and for local normal modes separately, both starting from Maxwell equations. By comparing the forms of the expressions thus found, he obtained, with the aid of perturbation approximations, a simple "equivalence" formula ([1], pp. 114, 121) which relates ideal-mode coupling coefficients to local-mode coupling coefficients. He also derived another important result, which states that, "the mode amplitudes are proportional to the Fourier transform of the deformation function taken at the difference in the propagation constants of incidental and spurious modes". Several useful conclusions followed immediately from this result ([1], p. 113).

The purpose of the present paper is to make a note that, in an early work published in 1960 by the author[2], general formulas were found by an approach entirely different from that of Marcuse, which relate local and ideal modes, or relate super-local and local modes1), and, as far as discrete modes are concerned, Marcuse's findings as cited in the preceding paragraph may be derived as special cases from our formulas staightforward. Our approach, which is based on similar matrices in the sense of Lowey, may also be extended, with the aid of physical arguments, to cases which also include a continuum of spectrum. Under certain appropriate restrictions,

1) For convenience in comparing Marcuse' results and ours, here we use a different nomenclature from that used in [2]. For example, the local normal modes used in [2] are actually what we now call the "super-local" modes in this paper.

图 6–4 黄宏嘉以中、英文分别发表在《电子学报》和《中国科学（英文版）》的论文《光纤与薄膜光波导的本地简正模式》，统一了微波波导和光波导的理论模型

“超模式”概念的提出，是黄宏嘉在光纤传输的模式耦合理论方面的重要贡献。他在已有的理论框架的“理想模式”和“本地模式”之外，提出了“超模式”概念，并在数学上利用变元矩阵相似性导出了理想模式、本地模式和超模式三者间的变换公式，使理论研究得到突破，从而将微波与光纤的模式耦合理论建立在三种模式的完整理论体系上，使微波传输与光纤传输问题得到统一而完整的处理，对微波与光纤的实践和发展具有普遍的指导意义。

1980 年 6 月 3 日，黄宏嘉出席在加拿大魁北克举行的国际光纤与导波光学特别会议（北美无线电科学学术年会，URSI），在会上宣读了关于弱耦合理论的论文《光纤与薄膜波导的弱耦合

理论》（*Weak coupling theory of optical fiber and film waveguides*），细致地阐述了超模式概念。1981 年，《无线电科学》（*Radio Science*）第 16 卷第 4 期发表了这篇文章。经过本次以及以后多次国际光纤学术会议的讨论，"超模式理论"概念逐步得到国际上的承认和重视，使黄宏嘉成为在波科学领域开宗立派的旗帜性人物，有了崇高的声望。1981 年初，黄宏嘉应邀担任了荷兰海牙国际性学术刊物《应用科学研究》（*Applied Scientific Research*）的中国编委。

1981 年 4 月 27 日，黄宏嘉代表中国科协出席在美国旧金山举行的第三届"国际集成光学与光纤通信会议"。阔别 30 多年，黄宏嘉再度踏上旧金山的土地，渔人码头还是那么熙熙攘攘，九曲花街还是那样风情万种。春天的加州大学伯克利分校校园里，古树参天，繁花似锦，绿草如茵。黄宏嘉在东道主华人教授的陪同下，登上被称为"钟楼"的萨瑟塔，东眺山峰、西望大海，俯瞰校园的旖旎风光。作为上海科大分管科研的副校长，黄宏嘉自然也和东道主聊到了如何建设世界一流大学的事情。黄宏嘉问陪同游览的徐皆苏教授："加州大学伯克利分校究竟采取了什么手段，一跃成为第一流大学？"

徐教授沉吟了一会儿，说："这个一言难尽。我认为主要还是树立了良好的学风，无论对学生或教授都有很严格的要求，师生们也都很努力。光靠待遇是不行的，其实美国公立大学教授收入比工业界低很多。因为收入不高，能留下来的都是真正热爱学术的。"

图 6-5　黄宏嘉在美国加州大学伯克利分校被称为"钟楼"的萨瑟塔留影

　　黄宏嘉听了，觉得徐教授说得在理，随后又苦笑了一下，说："看来我们还没到这个阶段。"

　　国际集成光学与光纤通信会议是光纤通信领域权威性的学术会议，有数十个国家参加。这次会议共录用了 149 篇论文，反映了光纤研究领域的国际先进水平和最新成果。4 月 28 日，黄宏嘉在这次会议的大会的单模光纤小组会上宣读了他的论文《单模光纤色散特性的解析近似》（*Analytical approach to the prediction of dispersion properties of step—index monomode optical fibers*），提出了一种用解析法来预测单模光纤的色散的新方法，宣读后引起了各国学者的兴趣。对单模光纤的色散特性的计算，有数值法和分析法两种方法。数值法就是用计算机作出大量的曲线，比较后再找零的色散点，虽然精度高，但计算的过程很繁杂；而常用的各种分析法，得出的结果并不令人满意。为解决这一问题，黄宏嘉在分析法推导的后期阶段，引入了鲁道夫—诺伊曼近似，提出了一个新的波导色散的分析表达式。黄宏嘉提出的解析法，把各种参数表达在一个公式里，便于工艺上调整，虽然是近似值，但是精度不错，完全可以满足工艺需要。与各国科学家的近似法比较，黄宏嘉的方法最为简便准确，计算结果比以前的方法要准确得多。论文受到与会者的广泛关注，除了收入大会文集，还在英国《电子快报》（*Electronics Letters*）当年第 17 卷第 5 期上发表。

黄宏嘉十分珍惜难得的学术交流机会。除了在会场上认真听取各国学者的宣讲，和他们展开认真的讨论，会后也找机会广泛接触行业内的同行专家。贝尔实验室的林启龙博士是光纤拉曼散射研究的开拓者之一，他采取两种不同途径实现拉曼散射，即行波式与驻波式。黄宏嘉在国内曾经从杂志上阅读过许多篇林启龙发表的文章，这次通过当面交谈，对两种途径的关键问题增加了不少认识，很受启发。

结盟纽约理工　对话国际同行

纽约理工学院在微波和电磁理论方面享有国际盛名。美国国家工程院院士、纽约理工学院教授 L.B. 费尔逊听说黄宏嘉到了美国，热情地邀请黄宏嘉到纽约理工学院访问。于是黄宏嘉从西海岸的旧金山，飞往东海岸的纽约，于 5 月 4 日和 6 日两次访问了位于布鲁克林的纽约理工学院。回想起当年从洛杉矶到底特律坐

了整整一周的火车，现在几个小时就从西海岸到了东海岸，横穿了北美大陆，黄宏嘉不禁感慨时代的进步、科技的发展。形势催人，倘若稍一迟疑，就可能落后于人。

L.B. 费尔逊也是一个富有诗人气质的科学家，和黄宏嘉性格投缘、观点相似，甫一见面，就大有相见恨晚的感觉。在费尔逊教授的陪同下，黄宏嘉参观了纽约理工大学的毫米波实验室、大功率微波实验室、声表面波器件实验室等，学到了很多新的东西。后来在谈到参观纽约理工学院的收获时，黄宏嘉坦率地说："他们所进行的工作都是带有开拓性的前沿研究，很多地方值得我学习。古人说'听君一席话，胜读十年书'，我说是有时候看一眼别人已经做成的成果，胜过自己冥思苦想一年。"

5月6日，费尔逊请黄宏嘉到布鲁克林百老汇大街的彼得·卢格尔牛排馆（Peter Luger Steak House）共进晚餐。

"我付账。"费尔逊很慷慨地说，"您是我们的贵宾，我申请了招待费。"

彼得·卢格尔牛排馆入选米其林一星餐厅，号称是纽约最好的牛排馆，费尔逊在这里宴请黄宏嘉，体现了对黄宏嘉的敬重。在交流中，费尔逊详细了解了黄宏嘉的研究情况，他对黄宏嘉提出的耦合本地简正波广义理论非常感兴趣，认为是很有独创性的学说，希望黄宏嘉把这方面的论文汇编一下，交给他们出版社出版。

见黄宏嘉有些犹豫，费尔逊进一步劝道："世界上懂中文的科学家太少，你的这些论文中的贡献和西方科学家相比，并不逊色，但相对来说，还没有被西方学术界所熟知。这些创见如果不用英文出版，很可能就被埋没了。就像数学界的华沙学派，如果当初不用英语发表论文，世界就不会知道他们。"

黄宏嘉也觉得这是一个向世界展现一下中国的波科学成果、介绍自己的学说的机会，于是爽快地答应了。同时，黄宏嘉也提出，由上海科技大学波科学实验室和纽约理工学院微波研究所建立学术合作关系，共同促进微波科学的发展。费尔逊也爽快地接受了这个建议。

5月7日，黄宏嘉回到祖国。这次赴美，他感到收获很大。他在出国汇报材料里写道：

> 参加这次国际会议，考察世界一流大学的实验室，第一手了解到这门学科的现状和发展动态，对我触动很大。在会上我也宣读了自己的论文《单模光纤色散特性的解析近似》。既学到外国科学家的最新研究成果，同时也发表了自己的论文，起到了学术交流的作用。

黄宏嘉把和纽约理工学院开展学术合作的想法向校党委、上海市科委作了汇报，校党委和上海市科委都表示大力支持，同意由黄宏嘉出面，邀请费尔逊教授到上海科大回访，并作学术交流。

10月中旬，应黄宏嘉邀请，费尔逊教授到上海科大进行访问和讲学。费尔逊详细考察了黄宏嘉领导的波科学实验室的情况，对黄宏嘉在如此简陋的条件下试制成功中国第一根单模光纤表示了由衷的敬佩。

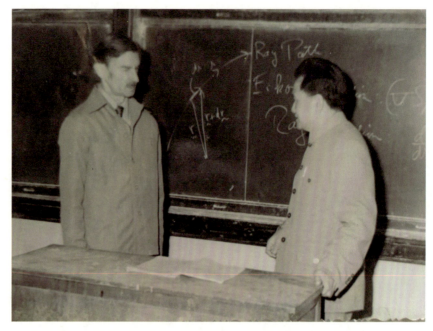

图 6-6　1981 年 10 月，黄宏嘉与来访的美国纽约理工学院教授、
美国电波与准光学专家费尔逊交流学术心得

"太了不起了！"费尔逊说，"上海那么多顶尖大学，条件都比你们好，结果是你们做成了单模光纤，了不起！"

黄宏嘉不方便接话，只好笑笑。

按照双方事前的约定，由黄宏嘉和费尔逊代表双方单位签订了《上海科技大学和纽约理工学院合作研究光纤科学的备忘录》。备忘录约定，黄宏嘉和费尔逊分别为中美两方的首席科学家；双方希望扩大合作并使之正式化；双方为发展波科学的教学和研究进行人员交流，纽约理工学院承诺接受上海科技大学派遣的留学生或访问学者，上海科技大学将邀请纽约理工学院人员前来进行学术访问。

签署备忘录时，还发生了一个有趣的小插曲。黄宏嘉在中英文版的备忘录上签好自己的姓名后，掏出自己的篆刻私章，蘸上印油，在签名旁边盖上了一个鲜红的印。费尔逊没见过篆刻印章，愣住了，以为这是中国的礼仪，于是叫工作人员拿来红墨水，也在自己的签名旁边用红墨水签了一个方方正正的花体签名。出席签字仪式的各位嘉宾，见状也发出和善的哄笑。

应黄宏嘉邀请，澳大利亚国立大学高等研究院教授、应用数学系主任A.W.斯奈德于10月24日至11月12日访问了上海科大，开展考察和讲学。11月11日，上海科大波科学实验室又同澳大利亚国立大学高级研究院签订了《上海科技大学波科学实验室和澳大利亚国立大学高级研究院关于学术合作的协议书》，由黄宏嘉和斯奈德教授分别为中澳两方的首席科学家，双方协议互派留学生和交换学者，澳方还承诺对中方派遣的留学生和交换学者提供资助。

1981年12月，纽约理工学院出版社出版了黄宏嘉的论文集《耦合波与非理想波导》（*Coupled Modes and Nonideal Waveguides*）。该书分7个单元汇编了黄宏嘉从事微波和激光研究以来关于耦合波理论的14篇论文。费尔逊教授专门为该书作序。他在序中说："耦合波的理论作为一种基本的方法，在过去的30年中得到了很大的关注。尽管收进本书的一些论文已经在中国的科学杂志上发表，其中包含了一些早期的原创性学说，与其他国家的类似研究相一致，有时甚至更早，但它们在西方相对不为人知。这些除了它们的历史意义，某些观点在目前仍然还很有价值。"

图 6-7　黄宏嘉陪同来华访问的费尔逊教授到
苏州游览，向他介绍中国传统文化

图 6-8　美国纽约理工学院出版的黄宏嘉论文集《耦合波与非理想波导》
（*Coupled Modes and Nonideal Waveguides*）

费尔逊随书还附上一首《题赠黄宏嘉教授》(*To professor Huang*)的小诗：

Some fashions change and set new trends，世事纷纭岁月更，

But nothing changes good old friends. 岁更不改故人情。

This happy book no value claims，莫言小书无足贵，

Yet it has room for precious names. 记上几多好友名。

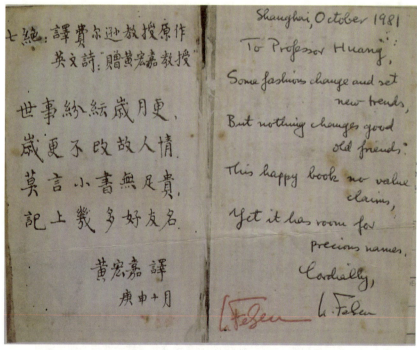

图 6-9　费尔逊教授亲笔写给黄宏嘉的英文信，费尔逊没有印章，
所以用红笔花押代替。黄宏嘉亲笔把费尔逊的诗译成中文

图 6-10　费尔逊教授赠送给黄宏嘉美国黄石公园的黄石。
附言上盖的篆刻章是黄宏嘉亲自雕刻，赠送给费尔逊的

　　黄宏嘉创立的"超模式"理论，不仅奠定了他本人在国际微波光学领域的学术地位，更是极大提升了中国微波事业的国际地位。1982 年 6 月，美国电工与电子工程师协会微波理论与技术学会（IEEE MTT—S）在美国得克萨斯州达拉斯召开"国际微波三十年"年会。应美国微波学会主席斯帕克斯博士邀请，黄宏嘉作为特邀代表参加了这次年会。

Giving an invited keynote report entitled
"30 Years of Microwaves in China"
at the opening session of
The International Microwave Symposium in USA, 1982

1982 在美国达拉斯
国际微波三十年会议
上作题为"中国微波
三十年"的邀请主题
报告

黄宏嘉(左四)在大
会接待会主席台上

At the head-table of the reception banquet of
The International Symposium

图6-11　黄宏嘉代表中国出席"国际微波三十年"年会，并在大会上做
报告。这是黄宏嘉在回国后亲自整理的出国汇报材料的内容

在 6 月 15 日的开幕式上，黄宏嘉以中国电子学会微波专业委员会主任委员的身份作了题为《中国微波三十年》（*Thirty years of microwaves in China*）的主题报告，黄宏嘉是开幕式上仅有的三个报告人之一，另两个报告人分别是：时任美国微波史学会主席的 T.S. 萨德和时任美国华盛顿五角大楼国防部副部长、研究与工程及高级技术办公室主任的 L. 杨。黄宏嘉的报告简要地回顾了中国微波科学在过去三十年的几个阶段发展历程，努力全面介绍中国微波技术的现状。中国微波科学家努力将频率推至短毫米或亚毫米波长范围，以覆盖整个电磁频谱，并探索具有前景的新型微波应用。一项对过去和现在的调查表明，尽管经历了长期的困难时期，中国微波研发还是取得了显著的进步。

图 6-12 在"国际微波三十年"年会上，大会主席、美国微波学会主席斯帕克斯向黄宏嘉颁发"微波三十周年纪念奖"证书

图 6–13　黄宏嘉在"国际微波三十年"年会上所作的主题报告
《中国微波三十年》获得大会纪念奖

　　黄宏嘉以他卓越的研究成果和翔实的报告荣获 IEEE MTT–S
"微波三十周年纪念奖"。黄宏嘉的报告被 IEEE MTT–S 列入国际
微波发展 1982 年的大事之一，由纽约理工学院出版社出版的黄宏
嘉论文选集《耦合波与非理想波导》（*Coupled Modes and Nonideal
Waveguides*）在"微波理论与技术历史发展"的展览会上作为微
波史历史文献展示。会后，黄宏嘉应邀去马萨诸塞州访问了麻省
理工学院和哈佛大学。又应佛罗里达大学邀请去奥兰多，作题为
《微波与光》的学术报告，并访问了奥兰多的肯尼迪航天中心。

图 6-14　黄宏嘉在美国肯尼迪航天中心参观考察

当好东道主　笑迎八方客

新华社上海六月五日电　我国著名科学家黄宏嘉教授和澳大利亚著名科学家斯奈德教授主编的论文集《光波导科学》，最近在荷兰由出版学术论著著称的海牙马蒂耐夫出版局出版，并在海牙和美国、英国的一些地方同时向世界各国发行。

光波导（包括光导纤维、薄膜波导等）科学是一门新兴科学，广泛应用于通信及国民经济、国防建设、科研等方面。它的理论与技术的飞跃发展是现代电子学和应用科学中一件具有变革性意义的大事。《光波导科学》论文集，收有十六个国家、九十六名光导纤维专家的五十三篇论文，其中有中国科学家单独或合作撰写的论文十五篇。

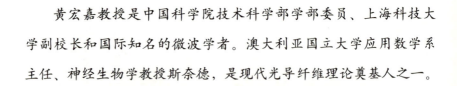

　　黄宏嘉教授是中国科学院技术科学部学部委员、上海科技大学副校长和国际知名的微波学者。澳大利亚国立大学应用数学系主任、神经生物学教授斯奈德，是现代光导纤维理论奠基人之一。

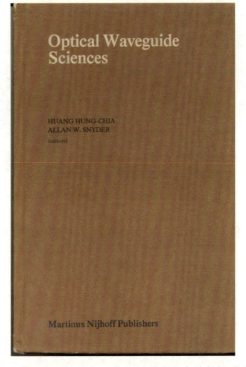

图 6-15　黄宏嘉和澳大利亚著名科学家斯奈德教授联合主编、荷兰海牙马蒂耐夫出版局出版的论文集《光波导科学》

　　新华社南宁六月二十五日电　国际光波导科学讨论会昨天在广西桂林结束

　　来自十五个国家的一百七十多位学者和专家在为期五天的讨论会上共同就光波导的科研、工业生产和教育进行了学术讨论。

　　这次讨论会是在澳大利亚国立大学应用数学系主任施奈德教授和中国电子学会常务理事、上海科技大学副校长黄宏嘉教授的倡议下，由中国电子学会主办。

与会者来自澳大利亚、比利时、英国、加拿大、西德、芬兰、法国、印度、意大利、日本、荷兰、波兰、苏联、美国和中国。

美国国际电话电报公司光电子产品部主任高锟在会上做的题为《光波纤维研究的现状与未来》的论文受到与会专家的重视。他通过理论分析和实验，曾提出光纤的损耗可降低到一公里二十分贝以下，能使光纤通信付诸实施的预言。目前，光纤的损耗已降低到一公里零点二分贝。

施奈德教授在会上宣读的题为《单模单极化光纤》的论文也受到了到会专家的重视。中国科学家在会上也宣读了在这方面的科研成果。目前，多模光纤已开始接近实用阶段，单模光纤也已开始进行研究。中国已研制成功高纯度的石英光纤并制成实用性光缆。

日本、意大利、英国和法国科学家在会上宣读的论文也引起到会科学家的兴趣。

新华社为一次学术会议分阶段发两次通稿，是一种特殊礼遇，说明这个会议很重要，或者很有意义。

1983 年 6 月，由中国电子学会主办的光波导科学国际讨论会，不仅是中国改革开放之后通信领域的一次盛会，也是电子科学领域首次在我国召开的国际学术会议，当然意义非凡。

黄宏嘉试制成功中国第一根单模光纤，标志着中国进入了光纤科学领域的第一梯队，他本人也因此受到了国际学术界的广泛尊重。为了提升中国在光纤通信领域的学术地位和社会影响力，黄宏嘉向有关部门提出了在我国举办光通信方面的学术会

议的建议。黄宏嘉的建议很快得到上级部门的支持，1983 年，经国务院批准，黄宏嘉利用上海科学技术大学和澳大利亚国立大学的合作关系，与光波导理论奠基人、澳大利亚国立大学斯奈德教授共同发起并组织了国际光波导科学讨论会，由中国电子学会作为主办方。

会议的地点，最初商定在桂林举行。但是当电子部向国务院提交请示，进行部际协调的时候，国家旅游局把会议地点改到了天津。到 1983 年元旦假期结束，黄宏嘉才知道会议地点变更的消息。这个时候，已经有 16 个国家的代表回函表示将要出席会议，有的还寄来了论文。如果单方面改变会议地点，不仅失信于人，而且对外方共同发起人也不尊重。情急之下，黄宏嘉只好在 1 月 8 日亲笔向国务院写信，请求将会议地点仍然定在桂林。至于会场与来宾食宿费用问题，黄宏嘉承诺由他协调负责解决。

学部委员的信件，很受国务院重视，黄宏嘉很快就得到了回复：国务院同意光波导科学国际讨论会仍然在桂林举行。

黄宏嘉心里一块石头落地，他迅速和电子部第三十四研究所（今中国电子科技集团公司第三十四研究所）取得联系，请桂林电子工业学院具体办理会务。桂林电子工业学院很快把会议地点落实到了桂林的国宾馆——榕湖饭店。

桂林榕湖饭店坐落在风景如画的榕湖西畔，与桂林市著名景点古南门、千年榕树隔湖相望，庭院内环境优美，树影婆娑，绿草茵茵，湖泊环绕，小桥蜿蜒。1983 年 6 月 20 日，一群世界顶尖的光纤科学家汇聚在这里，参加由黄宏嘉和澳大利亚国立大学斯奈德教授共同召集的国际光波导科学讨论会。

6 月 21 日上午，榕湖饭店国际会议中心英雄汇聚、高朋满座。来自美、英、法、德、意、荷、日、印等 10 多个国家光波导领域第一流的科学家、工程师鱼贯入场，互相握手寒暄、点头致意。他们当中的很多人都是世界或者本国光通信的开创者，个个学富五车、身怀绝技。中国光纤通信领域的"四大金刚"除上海交大的张煦因为健康原因派弟子代表外，叶培大、林为干也出席了会议，并且担任会议的中方委员。来自国内有关高等学校和科研院所、工厂的 150 多名代表也到会聆听专家们的演讲。

图 6-16　桂林会议期间，黄宏嘉同斯奈德教授亲切交流

黄宏嘉和澳大利亚国立大学的斯奈德教授共同担任这次会议的主席，世界"光纤之父"、后来荣获诺贝尔物理学奖的高锟也应邀出席了会议，这是高锟从 1948 年离开中国以后第一次回国参加学术性的活动。这时的高锟，已经是全世界光纤通信领域的权威，

坐在第一排，但是为人非常儒雅、谦和，凡是有人上前打招呼，他一律起身握手；与中国人交谈，一律用普通话。讨论会上，高锟第一个做报告，讲光通信的发展趋势。

图6-17　桂林会议期间，黄宏嘉和林为干（右一）与外国专家亲切交谈

　　会前，荷兰马蒂努斯·尼霍夫（Martinus Nijhoff）出版局出版了由黄宏嘉和斯奈德教授共同主编的会议论文集《光波导科学》（*Optical Waveguide Sciences*），扉页上印明中国电子学会主办国际会议论文集。又应荷兰国际刊物《应用科学研究》的邀请，黄宏嘉和斯奈德教授共同担任该刊物双期专刊的客座主编，在1984出版了桂林国际光波导科学讨论会的会后论文集。

　　大会全体会议宣读了5篇论文，然后分4个小组一共宣读论文76篇，话题集中在单模光纤领域。通过交流和讨论，反映了当前国际光波导科技界所关心的问题。国外的同行在理论、实验研究和工程应用等方面都做了大量工作，取得了引人注目的新进展。W 型单模光纤已经接近实用化阶段，完全能满足现有通信系统中继距离 30 公里，码速内鸟 140~565 兆比特的要求。若中继器获得改进，还将使中继距离和系统容量进一步提高。会上也提出多段型纤芯等结构方案；单模单偏振光纤、单模光纤相干光外差检测传输、光波孤立子现象等都有较多的注意和研究；光纤生产工艺也有限地发展。

6 月 25 日，会议的最后一天，大会转移到桂林至阳朔的游船上举行。上午九点，游船从竹江码头鸣笛启航，黄宏嘉、叶培大、林为干等东道主陪同高锟、斯奈德、甘柏林、密德温特等国际友人，在游船三楼的露天甲板一边饱览漓江美景，一边交流学术心得，谈得最多的，还是单模和多模究竟应该如何取舍；除通信光纤以外，特种光纤是否有经济上和技术上的价值，等等。中外学者借此机会建立起私人友谊，敲定了下一步的合作研究和派遣研究生、交换学者的计划。

桂林光波导科学国际讨论会极大地提高了中国的光通信科学在国际上的影响力，中国学者和国际顶尖学者的同台交流，不仅开阔了中国学者的眼界，使他们更快捷、更直接地接触到世界学术前沿，也提振了中国学者的自信心。

进入 20 世纪 90 年代以后，年届古稀的黄宏嘉，仍然不遗余力地利用自己的国际影响力，引进国际学术会议到中国召开，为拓宽中国同国际的学术交流渠道殚精竭虑。

1994 年 5 月，在上海科技大学，他与美国《光纤与集成光学》杂志主编霍拉达（Hodara）博士、美国光纤情报集团公司总裁波

利舒克（Polishuk）博士共同发起并组织召开了"1994年国际光纤学术会议"。参加会议的专家达120余人，分别来自中国、美国、英国、日本、澳大利亚、加拿大、意大利、俄罗斯、芬兰及中国香港、中国台湾地区。

图 6-18　黄宏嘉发起并联合主持的"1994 年国际光纤学术会议"论文集封面

1995 年，在黄宏嘉的倡导和组织下，上海大学与法国格勒诺布尔—阿尔卑斯大学在上海共同召开以光纤与集成光学为主题的中法双边光纤科学讨论会。黄宏嘉主编了会议论文集。

2008 年 9 月 10 至 12 日，在黄宏嘉的协调下，经过上海大学微波学科组两年的精心策划和准备，由国家自然科学基金委的资助、上海大学主办的中日微波会议在中国上海华亭宾馆成功召开。

黄宏嘉到会做了主题报告，日本东北大学电气通信研究所山口教授、台湾元智大学彭松村教授、南京大学吴培亨院士、日本富士通实验室佐藤公威博士、新加坡南洋理工大学张跃平博士做了精彩的大会主题报告，与会科学家们分析了当前和未来微波、光波和无线通信学科的发展方向，在电磁场理论和计算、微波器件和电路、天线、无线通信、微波技术的应用、光电器件等 12 个不同主题的分会场上，青年学者们热烈讨论了自己的最新研究成果。会议收到来自中国、日本、新加坡、韩国、德国、印度等国家和地区的 237 篇论文，其中录用 201 篇论文。会后选出四篇青年学者的优秀论文。

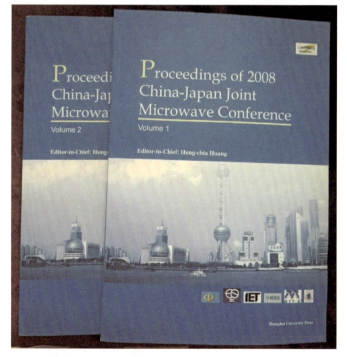

图 6-19　黄宏嘉主编、上海大学出版社出版的
《2008 中日微波会议论文集》（2 卷本英文版）

会前，黄宏嘉主编的《2008 中日微波会议论文集》（2 卷本英文版）由上海大学出版社出版。

开坛讲学　征服欧洲

1984 年，中国电子学会实行会士制度，凡在电子信息科学技术领域中成绩卓著、学术上有较深造诣，在科研、生产、教育和管理方面有重大贡献并具有 3 年以上学会会龄的高级会员，经过选举，由学会授予中国电子学会会士称号。黄宏嘉于当年成为中国电子学会会士。同年，中国电子学会正式加入国际无线电科学联盟（URSI），黄宏嘉经中国电子学会推荐，担任国际无线电科学联盟场与波委员会委员兼中国官方代表。

因为美国的学术界对他已经比较熟悉，所以黄宏嘉把他走向世界的注意力开始转向了欧洲。

1984 年 6 月，黄宏嘉争取到了联邦德国自然科学基金委资助，去卡尔斯鲁厄大学高频技术与量子电子学研究所担任客座教授，为研究生高级班讲授耦合模理论课。

卡尔斯鲁厄大学坐落于德法边境名城卡尔斯鲁厄，是公认的德国最顶尖理工科大学之一，也是在自然科学和工程技术等领域享有盛誉的世界顶尖研究型大学，被誉为德国的麻省理工。其校友和教授中诞生过"电磁波的发现者"海因里希·赫兹，"液晶之父"奥托·雷曼，"合成氨之父"弗里茨·哈伯，"氢弹之父"爱德华·泰勒，"高分子化学之父"赫尔曼·施陶丁格，"汽车之父"卡尔·本茨等世界著名科学家、企业家和社会名人。黄宏嘉能够登上这所德国顶尖高校的讲坛，是对他个人的学术成就和创新性理论的充分肯定。

1984年6月15日，黄宏嘉从上海飞抵德国法兰克福国际机场。卡尔斯鲁厄大学高频技术与量子电子学研究所所长 G.格劳教授亲自驾车来接，并将他安顿在学校专门接待大科学家的公寓"海因里希·赫兹"楼入住。公寓环境清幽，生活条件很好，离研究所也很近，步行即可到达。研究所还为黄宏嘉安排了一间单独的办公室，配齐了办公设备。

虽然黄宏嘉是作为讲座教授来卡尔斯鲁厄大学授课，但是格劳教授特别同意他使用研究所的设备，从事自己感兴趣的研究。

来德国之前，黄宏嘉已经对要讲授的内容做了充分的准备。黄宏嘉有德文的阅读能力，但是口语不过关，讲课还只能用英语。按德国大学的研究生教学方式，讨论课的内容往往很广泛，也很深，黄宏嘉虽然授课驾轻就熟，但是讨论课需要准备的内容还是要占去黄宏嘉很多时间。不过在和德国学生讨论的过程中，黄宏嘉也可以不断获取一些新的灵感，用来完善自己的理论，正应了"教学相长"这句话。

黄宏嘉到德国讲学的消息，引起了德国学术界的注意。担任第9届国际光波导理论研讨会主席的柏林工业大学的彼得曼教授热情地发来邀请函，请黄宏嘉出席即将在雷根斯堡举行的第9届国际光波导理论研讨会。

国际光波导理论研讨会是一个小型的科学讨论会，也是有关光纤方面的最高端的学术会议，每年举行一次。出席会议的都是

各国光纤领域第一流的科学家，黄宏嘉是第一个被邀请的中国科学家。经国内有关单位批准，黄宏嘉应邀请参加了第9届国际光波导理论研讨会，并且在会上和与会科学家讨论了关于超模式的概念的一些问题。

图6-20　黄宏嘉访问英国皇家科学院，在牛顿当年的座位上留影

在卡尔斯鲁厄大学讲学期间，黄宏嘉与高频技术与量子电子学研究所所长格劳教授签订了双方合作研究光纤测量技术的谅解备忘录，约定由德国大众基金分两次提供给上海科技大学共20万马克的无偿资助，用于双方人员往来和合作研究。

在德国的讲学期间，英国皇家学会给黄宏嘉发来邀请函，以英方承担全程费用为条件，邀请黄宏嘉前去英国做学术访问。1984年10月至11月，黄宏嘉应邀访问了英国皇家科学院和南安普敦大学。皇家科学院院士乔恩·米德温特和D.佩恩从南安普敦到伦敦全程陪同，在访问英国皇家科学院时，时任英国皇家科学院院长 D. 沃伦亲自出面接待。

首访欧洲，黄宏嘉不仅向欧洲学术界介绍了中国在微波和光通信领域所取得的成就和自己的学说，还与欧洲学术界建立了广泛的联系，形成了长久的经常性联系机制，圆满实现了预期目标。

1985 年 9 月 25 日，黄宏嘉登上由北京飞往意大利罗马的飞机。他这次是专程去意大利，打包参加两个国际学术会议。

罗马是公认的世界最古老的城市之一。主办方很贴心地把会议安排在罗马近郊小镇甘道夫城堡举行。甘道夫城堡位于罗马拉齐奥大区，高踞在阿尔巴诺山上，俯视阿尔巴诺湖，风景优美，号称罗马的"人间天堂"，是教宗的夏宫所在地，至今已有 400 多年历史。

第 10 届国际光波导理论研讨会共有 12 个国家的 40 余名代表参加。因为在意大利召开，所以意大利代表最多，有 9 名，其次是美国、英国和日本。中国有两名被邀请的代表，除了黄宏嘉外，另外一位是北京邮电学院名誉院长、中国科学院学部委员叶培大教授。

9 月 27 日，会议正式在甘道夫城堡举行。本次会议研讨的主题包括单模光纤设计、平面型波导，器件与敏感器、极化与噪声、非线性及物理效应等。所讨论的内容都是没有发表过的前沿科学思想、设想、理论与实验结果。为便于问题讨论和观点交锋，会议采取矩形桌，面对面、自由发言讨论的形式。

黄宏嘉在这次会议上提出了自己独特的保偏光纤设计理论。

从理论上讲，圆芯的光纤不会产生双折射，光纤的偏振态

在传播过程中是不会改变的。然而，常规光纤在生产过程中，难免因为受到外力作用等原因，使光纤粗细不均匀或弯曲，就会使其产生双折射现象。黄宏嘉根据自己研发的保偏光纤的实验，提出通过在光纤几何尺寸上的设计，产生更强烈的双折射，来消除应力对入射光偏振态的影响。黄宏嘉新奇的想法得到美、日学者的支持，却受到欧洲学者的反对。在经过热烈的辩论后，得到会议的普遍支持，黄宏嘉创立的保偏光纤设计理论，被称为"黄氏理论"。

参加这次会议的都是各个国家在光纤方面有代表性的第一流科学家，如澳大利亚的斯奈德院士、美国的蔡振水教授、日本东京大学的大越孝敬教授、英国的培恩教授、意大利的梅达教授、加拿大的叶加林教授等。会议交流了文献中尚见不到的新思想、新概念、新方法，如线路电子单元单模光纤系统的思想，对黄宏嘉启发很大。回国后在上海科大进行这种实验，获得了成功。

10月1日，在罗马的会议结束后，黄宏嘉接着去威尼斯参加第5届国际集成光学和光纤通信会议。

国际集成光学和光纤通信会议是国际上光纤通信方面最有权威性的大型会议。第5届大会有来自35个国家和地区的1136人参加，会议共录用249篇文章，其中特邀文章24篇，迟到文章16篇，内容涉及光纤系统、激光器、探测器、集成光电子器件、光纤传感器等诸多领域。中国只有不到10名科研人员参加，其中上海有3名，除黄宏嘉外，还有中国科学院学部委员、上海交大的张煦教授以及林宗琦教授。大会设有学术委员会，由10余个国家的代表出任委员。黄宏嘉被邀请担任大会学术委员以及大会的光网络分会主席，上海交大的林宗琦教授在分会上宣读了一篇上海交大关于"光纤极化"的实验论文。

电子、信息学科领域，历来会议论文地位胜过期刊论文。国际集成光学和光纤通信会议论文录用非常严格，尤其是大会宣读的论文，一般都代表了学科发展的最新成果。国际上光纤发展的趋势和主流可直接听到第一手的报告，参加学术会议听取和阅读会议论文，比阅读已发表的杂志文献至少快几个月到半年，甚至早一年以上。而且在会议中间休息期间，也是同行专家口头交流、捕捉学科发展苗头的最好机会。本次会议期间，黄宏嘉和他的老朋友、英国皇家学会院士甘柏林教授一起喝咖啡时，就通过交谈了解到他们正在从事关于卫星通信与光纤通信相结合的新尝试，很受启发。

国际集成光学和光纤通信会议结束后，黄宏嘉应邀去法国尼斯大学进行了为期 3 天的学术访问。

尼斯大学的全称是尼斯—索菲亚·昂蒂波利斯大学，其前身是尼斯法律学院，成立于 17 世纪，是法国南部久负盛名的顶级公立大学，主校区坐落在法国著名旅游城市尼斯。校园很漂亮，树林山坡小池塘，应有尽有，身在校园，让人有一种在森林里的感觉。

尼斯大学拥有一批享誉世界的一流科研机构，其中包括 47 个研究院所及国家科学研究中心（CNRS），拥有前卫的技术研究，是欧洲著名的学术活动所在地，它的物理光学久负盛名，特种光纤研究方面，在欧洲有举足轻重的地位。

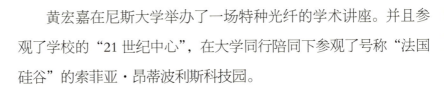

黄宏嘉在尼斯大学举办了一场特种光纤的学术讲座。并且参观了学校的"21世纪中心"，在大学同行陪同下参观了号称"法国硅谷"的索菲亚·昂蒂波利斯科技园。

10月7日，黄宏嘉结束对意大利、法国的学术访问，取道巴黎回到北京。

借参加两次国际学术会议的机会，黄宏嘉积极地向国际友人宣传我国大好形势和科研发展的情况。他发现大多数外国科学家没有来过中国，对中国不了解，甚至存在误解，以为中国技术很落后。黄宏嘉理直气壮地把自己的工作在会议上作了介绍，促进了国际光通信领域的科学家对中国的了解。

1986年9月，黄宏嘉再度前往欧洲，应邀参加在西班牙首都马德里召开的第11届国际光波导理论研讨会，在会上做了《光纤单偏机理》的报告，对上年研讨会的争论画上了一个句号。

随后，黄宏嘉转到西班牙第二大城市，也是加泰罗尼亚自治区首府巴塞罗那，参加第6届国际集成光学和光纤通信会议。黄宏嘉再次应邀担任学术委员会委员和光网络分会主席，并在会上做了题为《准匹配型下凹型单模光纤的设计与制造》的报告。

1990年，由我国国家自然科学基金委员会与联邦德国科学基金会双方在对等条件下给予资助，他和西德卡斯鲁大学G.格劳教授再度合作，签订了合作研究相干光学技术的协定。

1991年8月至11月，应聘去比利时鲁汶大学担任客座教授。鲁汶大学是比利时最高学府，欧洲十大名校之一，也是欧洲久负盛名的研究型综合大学之一，有600多年的历史，以严谨的治学态度和高质量的科研水平享誉全球。能到鲁汶大学讲学，是欧洲学者梦寐以求的莫大荣耀，邀请黄宏嘉前去讲学，是欧洲学术界对黄宏嘉学术成就的高度肯定。

1993年，应邀担任国际出版物《光纤和集成光学》（*Fiber and Integrated Optics*）第12卷1期专刊《中国的光纤技术》（*Fiber Optics in China*）的客座主编。

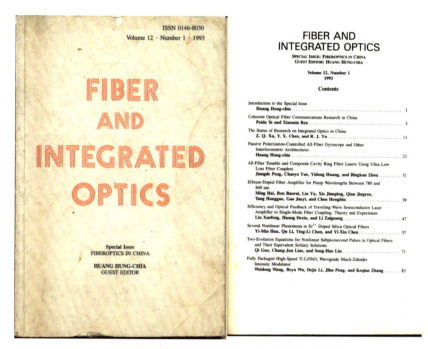

图6-21　国际学术期刊《光纤和集成光学》出版《中国的光纤技术》专刊。黄宏嘉应邀担任本期客座主编

1996年，应邀出席在奥地利因斯布鲁克召开的国际电磁研究进展会议，并在专题会议上宣读论文。后去比利时布鲁塞尔访问三大洲研究中心。

1998年，访问了德国柏林赫兹研究所，并去比利时布鲁塞尔访问。

2004 年 3 月，已近 82 岁高龄的黄宏嘉赴意大利比萨参加由比萨大学组织召开的国际会议，宣读题为《主要基于圆光波传输的新型全光纤光路》（*Novel all-fiber optical circuitry based essentially on circular lightwave transmission*）的论文，并应邀担任该会议中"特种光纤"（Special Fiber Optics）专题会议的组织人。

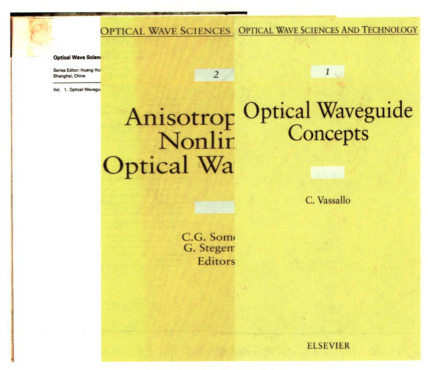

图 6-22　应国际出版商爱思唯尔公司邀请，黄宏嘉担任
该公司"光纤科学丛书"主编

这是黄宏嘉最后一次出国参加国际学术会议。此后，由于医院拒绝出具黄宏嘉适宜搭乘飞机长途旅行的健康证明，黄宏嘉不得不中断了出国访问。

一衣带水　行走日本

1985 年 10 月 29 日，黄宏嘉踏上了出访日本的行程。

和黄宏嘉一同出访的是上海交通大学党委书记邓旭初。邓旭初是"三八式"老干部，1938 年在延安加入中国共产党，同年入陕北公学学习，毕业后一直从事政治工作。1954 年后调入上海交通大学，历任校长办公室主任、副校长、党委副书记，1977 年 6 月任上海交通大学党委书记。

日本在半导体方面领跑全球，在光纤技术领域也颇有建树，一直想邀请黄宏嘉去日本进行学术交流。1983 年，日本方面甚至寄来了 1 万元人民币的路费，强邀黄宏嘉访日，但是黄宏嘉因为要主持桂林的国际会议，所以没有成行，把钱退了回去。

1985 年夏季，日本方面第三次书面邀请黄宏嘉访日，黄宏嘉答应了。因为日本方面也经常邀请上海交大的领导访问，所以顺便也邀请了上海交大的邓旭初和黄宏嘉组团访日。黄宏嘉在这方面素来不讲究，就回复说："只要交大同意，我没有意见。"

邓旭初毕竟是长期从事政治工作的老革命，觉悟很高，同时也觉得组团出访也有便利的地方，当然也答应了。于是就组成了一个只有两个人的迷你访问团。

10 月 29 日，农历九月十六，星期二，黄宏嘉搭乘中国民航班机从上海飞往日本东京。日本和中国一衣带水，从上海飞，不到 3 个小时就到达东京成田机场。日本方面很贴心地把黄宏嘉一行安排到东京的赤坂饭店入住。这个饭店不是东京最好的饭店，但是

位置很好，在皇宫附近，从窗户望出去，可以比较清楚地欣赏东京漂亮的市容。

日本人办事节奏非常快，给黄宏嘉安排的日程非常紧，是以半小时，甚至分钟来计算的。尽管到达当天吃完饭入住酒店已经是晚上11点多，但第二天清晨六点，日方接待人员还是把电话打到房间，说："黄教授，你们起来，我们一块儿出去逛逛。"

图6-23　黄宏嘉访问日本时在富士山下留影

接待人员叫了一部出租车，带着黄宏嘉和邓旭初游览东京市容。黄宏嘉难得见到清晨六点的上海，却见到了清晨六点的东京，也是出国考察的一段趣事。

八点钟，出租车载着黄宏嘉和邓旭初准时到达日本电报电话公司武藏野研究所。日本电报电话公司是日本最大的一个电气公司、通信公司，也是世界第一大电信公司。武藏野研究所主要研究一些基础的东西，所长礼节性地向黄宏嘉介绍了日本电报电话公司和武藏野研究所的基本情况，然后由副所长木村打野全程陪同参观考察。木村打野和黄宏嘉经常在国际会议见面，彼此熟悉，所以考察的气氛也非常轻松、亲切。黄宏嘉在武藏野研究所参观了一整天，对木村打野正在研究的线性的平面波导表现了浓厚的兴趣，木村打野也毫无保留地介绍了他们在平面波导的非线性效应方面的研究进展。对于武藏野研究所正在研究的多量子阱结构、光频的稳定问题、激光器稳定性的问题，木村打野也给黄宏嘉做了详细介绍，并且相互交换了意见。

木村打野向黄宏嘉介绍了他们一个叫作"INS"的长远规划，即"信息网络系统（Information Network System）"，就是把卫星通信、光纤通信与一些过去比较成熟的、常规的通信结合成一整个系统。这个宏伟的计划让黄宏嘉很震撼。

10 月 31 日，黄宏嘉一行访问了东京工业大学。东京工业大学的木村安庆教授和黄宏嘉也是国际会议上经常碰头的老熟人。他一路上介绍，说学校的几个校区已用光纤连接起来，他们开会一般不召集在一起，而是开电视会议。东京工业大学、东京大学以及其他大学都用这个系统，在技术上不难，但非常有用。同行的邓旭初受到启发，说："我回去一定把上海交大的电视会议搞起来，把闵行、徐家汇先连起来。"

见黄宏嘉和邓旭初对电视会议感兴趣，木村安庆就建议他们取消原定的现场参观集成电路研究所的计划，改为通过电视会议系统进行，实际体验一下。他们找了一间教室，和对方连线以后，研究所负责接待的教授就远程给黄宏嘉介绍项目，把图纸、曲线

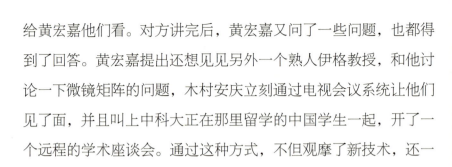

给黄宏嘉他们看。对方讲完后，黄宏嘉又问了一些问题，也都得到了回答。黄宏嘉提出还想见见另外一个熟人伊格教授，和他讨论一下微镜矩阵的问题，木村安庆立刻通过电视会议系统让他们见了面，并且叫上中科大正在那里留学的中国学生一起，开了一个远程的学术座谈会。通过这种方式，不但观摩了新技术，还一下子省出好多时间。黄宏嘉和邓旭初都感到不虚此行。

10 月 31 日，黄宏嘉一行到东京大学参观考察。东京大学的大越孝敬是国际驰名的光纤专家，和黄宏嘉也很熟。黄宏嘉一行重点参观了东京大学研究机器人、机械手的实验室和大越孝敬的特种光纤实验室。大越孝敬本人发明了好几种特种光纤。他的光纤在实验室做出来以后，就转移到工厂去了，具体开发特种光纤的是日本电报电话公司。黄宏嘉和邓旭初都对东京大学科研成果的快速产业化机制感到由衷佩服。

11 月 4 日，黄宏嘉一行到长冈技术科学大学访问。长冈技术科学大学位于日本新潟县长冈市，是一所小型的国立大学，只有 10 年历史，规模也不大，当时只有 600 多学生，但已经办成了一个比较有名的大学，有很多国际留学生，仅中国留学生就有 11 个。黄宏嘉和邓旭初与中国留学生都见了面，还开了个座谈会。长冈技术科学大学现代化的管理方式也让黄宏嘉耳目一新，早在 1985 年，这个学校就实现了校园一卡通，每个学生有一张磁卡，学生注册、借书、考勤、使用电视教学系统，甚至在小卖部买东西、喝咖啡都用这张磁卡。这种现代化的管理方式，让同行的邓旭初羡慕不已。黄宏嘉则从中切实感受到了日本在信息网络系统应用方面的决心和速度。

黄宏嘉还参观了古河电工和千叶研究所两家科技型企业，参观了他们的光纤设备。参观完以后，黄宏嘉和千叶研究所的总工程师神谷保举行了将近两个小时的座谈。黄宏嘉一直搞理论，借此机会对光纤生产工艺的发展趋势虚心向神谷保请教，对有些不太清楚的工艺要求也进行了认真了解，神谷保也讲了很多有用的东西。黄宏嘉认为这次座谈收获很大。邓旭初虽然不懂专业，但是听他们谈这么长时间，觉得对上海交大肯定也有帮助，当即就请黄宏嘉转达，邀请神谷保来上海交大开讲座。

回到酒店以后，黄宏嘉和邓旭初交流对今天访问的心得，黄宏嘉对邓旭初说："我们可以引进软件、硬件，但我们很少注意引进'湿件'。'湿件'就是思想，这引进思想有时比引进硬件、软件还重要，但花钱并不一定很多。"邓旭初很赞同黄宏嘉的说法，说回去以后要努力推动引进外国学者到上海交大讲学、开设各种讲座。

黄宏嘉结合单模光纤的实例对邓旭初说："1980年我第一次做出单模光纤，那时单模光纤还是很新鲜，引起了国际上的注意，认为我们这个工作是国际上的平均水平。但现在我们的单模和国际上单模相比较，差距反而加大，已经不是国际平均水平，落后了，差距变大了，就是发展思路跟不上了。"

日本电气股份有限公司（NEC）是日本的一家跨国信息技术公司，总部位于日本东京港区。黄宏嘉参观了他们大规模集成电路的自动化生产车间，采用的是机械手自动焊接。黄宏嘉知道NEC已经在中国保定建了一条生产线，但是没有采用机械手操作，就问负责人："你们给保定的工厂为什么不包括机械手？"对

方笑了笑，说："这个没包括，中国人手巧啊，劳动力又充足。"黄宏嘉看出了对方是在说谎，但是也没有当面拆穿。下来以后对邓旭初说："我们人手怎么能跟机械手相比呢？他们根本是不想让你引进核心技术。别看他们很客气，关键技术还是有保留的。"邓旭初对此也很有感触。

图 6-24　黄宏嘉在日本访问期间与日本同行交流

黄宏嘉在东京一共停留了 10 天。在即将离开东京的时候，东京留园饭店的老板盛毓度闻讯来请黄宏嘉和邓旭初吃饭。盛毓度是清政府邮传大臣盛宣怀的嫡孙，早年就读于上海交大的前身南洋公学，1933 年留学日本，就读于京都大学经济系，珍珠港事件爆发后回国，20 世纪 50 年代初重赴日本，1960 年，在日本东京创办留园株式会社，经营留园饭店。盛毓度不仅是东京的侨领，在日本社会也很有地位，和时任日本首相的中曾根还合写过文章，发表在日本报纸上。吃饭的时候，盛毓度主动提出可以资助上海交大若干名研究生到日本学习，并且答应在上海交大闵行新校区捐建一座留园宾馆。黄宏嘉因为是陪客，也没有带任务，所以没有开口给上海科大拉赞助，只是邀请盛毓度回国时到上海科大做客。

11 月 8 日，黄宏嘉和邓旭初从东京到京都，继续在日本的访问。

黄宏嘉京都之行主要是访问京都大学。京都大学是日本久负盛名的研究型综合大学，拥有多个一流的科研机构，在全球享有极高的声誉。京都大学的汉学研究久负盛名，其中文图书馆藏有大量中国古籍珍本，尤其是中国的旧地方志、专门志藏书，比中国的很多大学都要齐全，京都大学人文科学研究所的所长是中国古典文学专家，特地带黄宏嘉参观了他们的中文图书馆，给黄宏嘉看了他们珍藏的敦煌画册，黄宏嘉看了以后非常有感触。

告别京都大学时，校方拿出一本宣纸留言簿，请黄宏嘉和邓旭初题词留念。黄宏嘉即席题了一首五言诗：

友好遍天下，何况是近邻。往事留教训，从今世代亲。

诗虽然写得比较含蓄，但是立场非常鲜明。黄宏嘉在抗日战争的烽火中历经苦难，对日本人民遭受原子弹轰炸的惨痛历史也感到同情，但是原谅并不意味着忘记，所以要"往事留教训"，过去的悲剧再不能重演，所以要"从今世代亲"。邓旭初在一旁看了，不由得赞叹："原来你这个科学家还有几分诗才和外交官的修养。"

黄宏嘉对周恩来总理一直非常敬佩，因此特地向接待方提出希望在周末去拜谒周总理纪念碑。在校方的陪同下，黄宏嘉先是从京都搭乘日本铁路的旅游专线到龟冈，然后乘小船沿保靖川去岚山游览。保靖川是一条小河，从龟冈到渡月桥的一段河面被开发为游船航线，河道时而平静如镜，清澈见底，船犹如在画中行走；时而又急又浅急，浪花飞溅，船几乎是在石头缝里挣扎，颇有情调。到了渡月桥下船，就到了岚山山脚。

周恩来总理纪念诗碑坐落在岚山山麓的龟山公园，1979 年落成，邓颖超同志亲去剪彩。诗碑用质地坚硬的京都特产马鞍石建造，略呈椭圆形，碑身矗立在大小石块堆砌的圆台上。碑的正面镌刻着廖承志书写的周恩来所作《雨中岚山》：

雨中二次游岚山，两岸苍松，夹着几株樱。到尽处突见一山高，流出泉水绿如许，绕石照人。潇潇雨，雾蒙浓；一线阳光穿云出，愈见姣妍。人间的万象真理，愈求愈模糊；模糊中偶然见着一点光明，真愈觉姣妍。

这首诗是 1919 年 4 月 5 日，周恩来总理结束日本留学生活回国前夕，雨中游岚山所作。在这首诗里，他借景生情，抒发了振兴中华的伟大抱负。

黄宏嘉和邓旭初献上鲜花，向诗碑三鞠躬，表达他们对周总理的缅怀和崇敬之情。

黄宏嘉访日的最后一站，是大阪大学。大阪大学只有几十年历史，但规模非常大，有几十个系科，在很多学科领域水平非常高。大阪大学对中国很友好，和上海科技大学也有密切的校际关系，还有两位上海科大的顾问教授，上海科大有三个研究生正在那儿学习。大阪大学的校长新上任，过去是研究电磁波的，所以和黄宏嘉很谈得来。

黄宏嘉在大阪大学的日程非常紧张，上午参观了产业研究所，下午原定参观大阪大学的核聚变研究所、焊接研究所和基础工学研究所，黄宏嘉提出要参观一下他们的集成光学实验室，校方也答应了。这个实验室的设备非常强，超精微度已经到了毫微米的水平。黄宏嘉看了更感受到我国实验条件和日本的差距确实太大，需要急起直追。

傍晚六点，大阪大学为黄宏嘉安排了一个产业研究所国际学生部的晚会，请他在晚会上发表讲话。国际学生中很大一部分是中国留学生，黄宏嘉在讲话中鼓励他们要好好学习，把我们国家建设得比日本还要富强。

黄宏嘉对日本为期两周的访问，对他内心深处触动很大。1949年，黄宏嘉从美国归国时曾经在日本上岸游览，那时的日本还是千疮百孔，没有从战争的创伤中完全恢复。三十多年过去，日本已经成为富裕的国家，经济、科技领域很多地方已经超越欧洲，可以挑战美国。黄宏嘉敏锐地感觉到日本想当东方文化的代表者，而中国在这方面显然还没有行之有效的对策，黄宏嘉的心情因此也特别沉重。

图 6-25　黄宏嘉访日归来后在当时的上海科大做访日报告

重访密歇根　感恩老房东

1987 年 4 月 29 日下午 2 点 35 分，中国民航由上海虹桥机场飞往美国旧金山的航班推出跑道，在地面缓缓滑行。到达跑道前端的等待区后，飞机停了下来，等候塔台的进一步指示。

黄宏嘉坐在飞机靠窗的位置，整个身子深深地陷进座椅，把头靠在椅背上闭目养神。他经国家教委批准，将要赴美进行为期两周的学术访问。

出国对于黄宏嘉而言不新鲜，现在改担任上海科技大学名誉校长，这是一个荣誉性质的职务，出访就成为家常便饭。他担任了太多的国际学术职务，需要他去代表中国发声，需要他去为中国学术界代言，为国际光通信的事业发展谋篇布局。但是这次去美国，黄宏嘉的心情却特别激动。

因为，这次他将要去访问他的母校密歇根大学。还要去看望他阔别 38 年的"美国老爹"。

塔台传来起飞许可，机长左手稳住操纵杆，右手前推油门，发动机立刻怒吼起来，飞机速度越来越快，当副驾驶报出达到起飞速度时，机长平稳地向后拉动驾驶杆，在迎面劲风疾吹之中，飞机腾空而起，昂首向天空爬升，大地被抛在身后，轮胎擦地声和机舱内的颤动都消失了，整个机舱突然就安静下来。

黄宏嘉透过舷窗俯视着逐渐远去的城市和前方广阔的海面，回想起 1948 年从黄埔港乘船赴美留学的情景。"三十八年过去，弹指一挥间。"掐指一算，距离上一次去密歇根大学，刚好也是 38 年。不同的是，上次是去深造，这次是去合作研究和讲学。

飞机在东京经停的时候，黄宏嘉去机场免税店逛了逛。日本的小电器很有名，黄宏嘉给他的"美国老爹"和露丝阿姨各买了一样小礼品。自己已经 65 岁，算下来沃汉夫妇现在都是 80 多岁的高龄老人了，不知他们可还安好？

当地时间 4 月 29 日下午 4 点多，飞机在旧金山国际机场平安降落。西海岸灿烂的阳光射得黄宏嘉有些睁不开眼。4 月的上海常常春雨潇潇，阴冷潮湿，跟"温暖如春"似乎不大沾边，突然来

到阳光明媚的美国西海岸，黄宏嘉心情也跟天气一样变得开朗了许多。

加州大学柏克利分校的徐皆苏、王适教授到机场迎接黄宏嘉。老友相见，分外热情，握手寒暄完毕，驱车直接去了徐皆苏教授家，徐教授用私人烧烤聚会的方式欢迎黄宏嘉到伯克利访问，伯克利分校的电子工程与计算机科学系的光纤科学家和华裔教授应者云集，宾主欢聚一堂，畅叙友情，欢声笑语。

图 6-26　黄宏嘉在徐皆苏教授家聚会

黄宏嘉在加州大学伯克利分校逗留了三天，详细考察了电子工程和计算机系的课程设置、实验条件，并且和同行相互交流对光纤技术发展趋势的看法和心得。在徐皆苏教授的协调下，黄宏嘉还参观了设在加州大学伯克利分校的伯克利国家实验室，对实验室里的先进设备，尤其是微制造设备的情况进行了详细考察。

美国大学和实验室的先进设备，让黄宏嘉感触颇深。

5 月 3 日，黄宏嘉坐飞机从旧金山直飞堪萨斯城。出了机场，换乘机场大巴进入市区，然后再叫了出租车，直奔他"美国老爹"的家。

颂康，你好：

4 月 29 日上飞机，因时差，到旧金山仍是 29 日。5 月 3 日去堪萨斯城，找到了露丝太太。可不容易，因她老人家住在郊区。她已 80 岁，又无车，无法来接，我下飞机（堪萨斯机场）后，又乘了长途公交车，在接近她家的站下来，又雇了出租车，花了数十美元，总算找到了。露丝的记忆力极强，她仍记住煦哥、我和你，38 年前在美国的许多细节。可惜她丈夫罗斯于 1985 年 85 岁时去世。她有两层楼的一座小房，但年久失修，草地无人维护，据说请人除草两天，要付数百美元。她一人独居一座小楼，不能说小，但也不很宽，客房只一间，其他零碎房子、过道、凉亭等很多，均不能住人。这位老太太的确是好人，很重情义。她要送我一珍贵小盒，我未要。她可贵的是把你、煦哥和我的信都保存着。我的信最多，可订成一册，的确是无价之宝，我借来想复印一套再把原件还她。她对我说"you can keep it.（你留着吧）"我答"It belongs to you.（它属于你）"在美国，老人无人照顾是大问题。她总算人缘好，有时邻居帮她买点食物。我在她家住两夜（5 月 3 日至 5 日），每顿冷饭、饼干充饥。她记忆虽佳，但体力还是不行，因此连煎蛋和炸牛排都不能做。我实在吃不消，

故于 5 月 4 日提出请她上街到中国饭馆吃一顿（我请客），她也欣然接受。但她在乡下，上一次街非易事，去的时候趁邻居开车出去之便，但吃完饭回来则不易了。出租车很少，需打电话叫，还不一定什么时间。她坚持乘公共汽车，但走路气喘吁吁，我生怕她万一出事，尽快扶她过马路上下车，到家就上楼睡了。幸好睡醒无事。5 月 5 日（下雨）我早上离她家去长途公共车站（然后转飞机场）无出租车，她打电话千请万请总算一位老邻居开车送我准时到长途车站。她和我分手时，背脸走回小楼哭了，的确可怜。看来，你想和她合作写书是不现实的。人的确是好人。

我来美极紧张科研，心情极佳，成果在望，每夜一两点睡，幸无恙。我现在在 Ann arbor（安娜堡），过些日去东部。

宏嘉

5 月 9 日

这是黄宏嘉在拜望"美国老爹"后写给妹妹黄颂康的一封信。信中讲述了他借赴美讲学的机会，专程去密苏里州的堪萨斯城，看望当年冒险帮助他回国的沃汉夫妇的经过。黄宏嘉对露丝夫妇精心保存他们书信往来的举动非常感激，他把原件复印好，装订成册，随身携带回国，作为中美两国人民传统友谊的见证。

黄宏嘉告别露丝太太，回到阔别 38 年的母校密歇根大学。

和中国日新月异的发展相比，小城安娜堡的时间仿佛是凝固的，三十多年过去，密歇根大学基本上还是当年离开时的老样子，研究院大楼外观也依旧是老样子，只是由于电教技术的发展，内部装修相应有些变化。

黄宏嘉此时的研究兴趣，已经集中在特种光纤。特种光纤的后期处理需要有比较精密的装置，密歇根大学的实验条件当然会比较好，通过对母校的访问、讲学，黄宏嘉借助于密歇根大学的实验条件，对他的圆偏振态保持光纤工艺进行了完善，在密歇根大学教授叶楷的帮助下，申请了美国发明专利。

盛情难却　走遍美国

黄宏嘉来到美国进行学术访问的消息，很快在美国光通信领域传开。各科研院所、公司闻风而动，纷纷致函、来电，邀请黄宏嘉访问、讲学，并主动提出承担全部所需费用。黄宏嘉通过上海科学技术大学向有关部门请示，得到批准，可以自行根据需要延长出国访问时间。

6月，应贝尔实验室（AT&T Bell）罗杰·斯托伦博士的邀请，黄宏嘉从密歇根飞赴新泽西，对贝尔实验室进行参观考察。

在新泽西期间，黄宏嘉访问了号称"美国发明家摇篮"的史蒂文斯理工学院。史蒂文斯理工学院成立于1870年，是美国历史最为悠久的理工学院之一，培养了两位诺贝尔奖获得者。这所学院不大为中国人所熟悉，但是却在国防、海洋工程、管理和金融等领域具有特殊优势。校内的城堡点（Castle Point）广播电台，是斯蒂文斯理工学院自1961年以来就存在的广播电台，拥有超过10000张的黑胶唱片，是新泽西州最大的信息汇集中心之一。黄宏嘉看后，对美国老牌名校的校园文化积累有了很深的印象，赞不

绝口。

当然，黄宏嘉新泽西之行的主要目的地，还是世界通信技术重镇贝尔实验室。

贝尔实验室成立于 1925 年，最早叫作"贝尔电话实验室公司"，后来逐步发展为包括基础研究、系统工程和应用开发的通信科技巨头。1984 年，美国政府根据反垄断法拆分美国电话电报公司（AT&T），其所属的贝尔实验室也被拆分为 AT&T Bell、Bell、Bellcore 三家公司，而其中主力则为 AT&T Bell。AT&T Bell 在霍姆德尔、克劳福德和莫瑞山有 3 处研究基地。

因为时间关系，黄宏嘉在 6 月和 7 月分两次参观考察了贝尔实验室的全部 3 处研究基地。

贝尔实验室承担了很多国防方面的研究项目，驻有美国国务院的代表，对外国人参观控制非常严格，手续也非常烦琐，这是他们第一次接待中华人民共和国的科学家来访，尤其小心翼翼，可谓戒备森严。但实验室的科学家们对黄宏嘉的到来则表现了空前的热情，给予了高规格的接待。

邀请黄宏嘉访问贝尔实验室的罗杰·史佛伦博士是在非线性光学和偏振光光纤方面实力最强的科学家。1984 年、1986 年，黄宏嘉曾在西德瑞森堡和西班牙马德里的两次光波导理论讨论会国际会议上，和史佛伦博士讨论过彼此有兴趣的问题。史佛伦最近发现一种新的光纤偏振现象，所以迫切希望和黄宏嘉讨论一下有关问题，在得到黄宏嘉正在美国访问的消息以后，立刻邀请黄宏嘉赴贝尔实验室访问，并主动表示承担全部费用。贝尔实验室的

柯尼格博士是美国科学院院士，在 1980 年曾经和黄宏嘉共同主持过"光通信展望"的国际讨论会，所以彼此熟悉，也非常期待能够作为东道主接待黄宏嘉来访。贝尔实验室霍姆德尔研究基地专门为黄宏嘉举办了隆重的欢迎会，基地重要科学家如阿瑟·阿什金、柯尼格等悉数到场，和黄宏嘉举行了座谈。

在正式访问贝尔实验室之前两天，黄宏嘉先去了已退休的老贝尔实验室理论家哈里森·E.罗教授家，与贝尔实验室的李鼎毅（福克斯—李模式的创造人）等几位科学家会面，李博士还赠送了黄宏嘉一本 AT&T 近期的光纤专刊。

霍姆德尔基地是贝尔实验室最大的研究基地。在这里，黄宏嘉在华人科学家田炳耕的陪同下参观了材料实验室。田教授向黄宏嘉详细介绍了在长波长、单模单频光源方面所取得的进展；阿什金向黄宏嘉介绍了他正在从事的"光学捕获"方面的进展，他发明的"光镊"，利用光的辐射压来移动微粒子，已经可以俘获单个细胞或微粒，将其送入电子显微镜观察（阿什金在 2018 年因为这项发明获得了诺贝尔物理学奖）；柯尼格则重点介绍了他们在超高速光纤通信方面的进展。

在得知黄宏嘉目前的主要兴趣在特种光纤的情况之后，霍姆德尔基地破例为黄宏嘉开放了他们专门从事特种光纤研制的极化光纤实验室和非线性光学实验室，让黄宏嘉参观考察。这两个实验室的科学家向黄宏嘉介绍了他们在多光子混频和极化光纤方面的进展，宾主共同讨论了这种光纤的保偏和单偏的机理问题。

贝尔实验室的克劳福德基地也位于霍姆德尔镇，与霍姆德尔

基地相距不远。黄宏嘉应邀到这里开展了一系列的座谈。黄宏嘉和从事波方程研究的 D. 马尔库塞就黄宏嘉的耦合波和超模式理论进行了座谈。马尔库塞从书架上取下黄宏嘉 1983 年在荷兰科学出版社出版的《耦合模理论》，打开书，就里面做有标记的地方和黄宏嘉逐一讨论。D. 马尔库塞在激光科学方面兴趣广泛，著述颇丰，他对黄宏嘉的超模式理论非常佩服，希望黄宏嘉能够找机会到贝尔实验室开展合作研究。黄宏嘉还和从事特殊光纤研究的科学家 E.A. 马卡蒂利就变截面光纤本征模存在的条件进行了讨论，E.A. 马卡蒂利是矩形截面光纤理论的创立者，他也对黄宏嘉的超模式理论非常有兴趣，希望能用来指导变截面光纤的理论设计。

黄宏嘉参观了贝尔实验室处于开发阶段的相干通信实验室。相干光通信系统具有灵敏度高、中继距离长、选择性好、通信容量大、调制方法丰富等诸多优势，是贝尔实验室作为技术储备而开发的下一代光通信技术。黄宏嘉仔细询问了贝尔实验室相干光通信所采用的方法、目前的研究进度，对这种技术的未来充满信心。他问陪同考察的科学家：“你们估计什么时候能够达到实用？”

“这个很难讲。”对方回答：“目前还处于基础研究阶段，估计 90 年代可以实用化。”

在贝尔实验室总部莫瑞山，黄宏嘉除了和科学家们座谈，还参观了他们的光纤预制棒工艺实验室和拉丝实验室。光纤预制棒是用来拉制光纤的材料，预制棒的大小决定了单根光纤的长度。贝尔实验室的光纤预制棒不仅屡创最粗最长的世界纪录，现在又在开始研究特种光纤预制棒。实验室的拉丝塔高达 7 米，采用二

氧化锆炉加温，炉温可以达到 2000℃多，比高温炼钢炉的温度还要高。他们正在超高强度超长光纤方向努力，当时就已经可以拉出 100 多公里长的超长光纤。在莫瑞山的特种光纤实验室，黄宏嘉和莱昂纳多·科恩就单模光纤的设计进行了深入探讨。科恩在光纤设计理论方面很有贡献，他正在朝多包层光纤方向努力攻关，已经设计出多种复杂的光纤结构，可以在任何工作波长或一段波长范围内获得零色散或低色散。黄宏嘉就各类光纤的理论和工艺问题逐一和贝尔实验室方面的技术负责人进行了交流，对于国际光纤科学的发展趋势有了新的体会。

结束在贝尔实验室的考察以后，黄宏嘉马不停蹄去了马萨诸塞州的波士顿。在波士顿，黄宏嘉在麻省理工学院作了题为《国际上非常规光纤研究与发展的若干重要记录》的学术报告。作为麻省理工主办的《电磁波及应用》杂志编委，和刊物的编辑一起讨论了杂志的编辑方针和近期组稿方向。应邀访问了通用电话电子公司（GTE），并在 GTE 公司举办了一场"特种光纤进展"专题讨论会，解答了公司同行们关于特殊光纤设计理论的一些问题。GTE 公司当时风光无限，有 20 多万名员工，是一家业务广泛的通信业务提供商，其研发部门实力也非常雄厚。他们当时正在开展光频分多路复用系统的研制，这是一种用单根单模光纤传输一系列载有信息的光载波的技术，黄宏嘉对他们在技术上的进展感到吃惊，深感技术进步日新月异，不进则退，国内的技术创新一刻也耽搁不起。

7 月 14 日至 16 日，黄宏嘉应邀去康宁公司访问。康宁公司位于美国纽约州的康宁市，是特殊玻璃和陶瓷材料的全球领导厂商，也是拉出第一根商用通信光纤的厂商，在光纤制造领域有至高无上的地位。康宁公司用最高规格的礼遇欢迎来自中国的单模光纤之父。康宁公司用董事长的专用直升机到纽约黄宏嘉下榻的酒店接送，访问期间，康宁市博物馆广场和康宁公司总部大楼门前广场为黄宏嘉升起了中华人民共和国国旗。黄宏嘉说："这不仅是对我个人访问的尊重，而且是对我们国家的尊重。"国内媒体在对此事进行报道时，还特地配发了评论员文章《有感于为科学家升国旗》，阐述科学无国界、科学家有祖国的道理。

图 6-27　黄宏嘉在美国康宁公司访问时留影。访问期间，康宁公司
广场为黄宏嘉的来访升起了中国国旗

在康宁公司，黄宏嘉做了一场《偏振单模光纤的最新进展》的学术报告，报告讨论了国际上单模偏振光纤的发展现状和今后

的趋势，同时介绍了中国光纤研究的概况，受到与会者的广泛好评。在随后的学术讨论会上，黄宏嘉和康宁公司的科学家们集中讨论了单模光纤的设计问题、光纤的测量以及单偏光纤的偏振特性问题。

原定 14 天的访问，因为美方的盛情挽留，一直进行了 4 个月才结束。这是黄宏嘉除在德国讲学外最长的一次出访。虽然耗时很长，但是既向国际上介绍了中国的光纤科学成果，又获得了国际上光纤研究最新的情报和资料，65 岁的黄宏嘉觉得在学术上又有了新的收获。

由于美国在光纤领域的领头羊地位，黄宏嘉一直把美国作为自己开展国际学术交流的重要阵地。

1991 年 7 月，应美国麻省理工学院邀请，参加了在波士顿召开的由该学院主持的"电磁学研究进展科学讨论会"，并被邀担任"光器件与光波"专题会议主席。会上宣读了题为《光纤偏振态控制》（*Optical Fiber Polarization Control*）的论文。又应邀赴全球电讯公司作了关于宽频带光纤波片的报告。同年被美国夏威夷欧罗理工大学授予名誉科学博士学位。

1993 年，去美国加州帕萨迪纳市参加由加州理工学院组织召开的光子与电磁学研究国际会议，宣读了关于特种光纤进展的论文。

1994 年 5 月，黄宏嘉应全美仪器学会主席伊维斯博士邀请，出席了在美国费城召开的国际自动化学会（International Society of Automation，ISA）学术会议。他在会上宣读了题为《在线光纤类波片器件》的论文，得到与会学者的高度评价。

1998 年，美国约翰·威利父子公司出版了黄宏嘉的最新专著《非常不规则纤维光学中的微波方法》。本书建立了有关特种光纤的一套完整理论，特别是关于圆偏振光传输、变换和控制的理论，解决了一系列前人未解决的非常不规则纤维光学的难题。

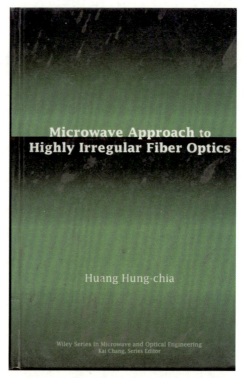

图 6-28　黄宏嘉在美国约翰·威利出版社出版的学术专著
《非常不规则纤维光学中的微波方法》

2000 年 6 月 25 日至 7 月 15 日，黄宏嘉赴美国波士顿参加麻省理工学院召开的电磁研究进展会议，任光通信系统专题会议共同主席，并宣读了有关光纤单一本征态传输理论与实际问题的论文。

2001 年 10 月 17 日，应邀赴美国学术访问，在麻省理工学院电磁研究中心作题为"支持全偏振态光波稳定传输的全光纤网络研发进展"（Progress in R&D of all—fiber networks supporting statble transmission of lightwave of all—SOP）的研讨报告；10 月 18 日，在美国弗吉尼亚理工大学作题为"微波和光纤"（Microwave and fiber optics）的研讨报告。

2002 年，7 月，应美国麻省理工学院在英国剑桥召开的国际电磁进展会议（PIERS）的邀请，任顾问委员并主持题为"全SOP 光 纤；电 路 和 应 用"（All Sop Fiber Optics；Circuitry and Applications）的专题会，并作题为"光纤四分之一波板及其在电流感应中的应用"（Fiber—optic quarter waveplate and its application in electric current sensing）的报告。

2003 年 10 月，已届 81 岁高龄的黄宏嘉，应聘任国际电磁学进展会议（夏威夷）顾问委员并宣读论文《宽带光纤全波片制备的实验进展：测量与应用》（*Experimental Progress in wide—band fiber—optic full wave—plate fabrication：measurement and applications*）。这是黄宏嘉最后一次出席在美国召开的国际学术会议。

第七章

家国情怀

你的身影，你的歌声，永远印在我的心中。昨天虽已消逝，分别难相逢，怎能忘记你的一片深情。

我的情爱，我的美梦。永远留在你的怀中。明天就要来临，却难得和你相逢，只有风儿送去我的一片深情……

1979 年，李谷一一首《乡恋》，用深沉舒缓的旋律，细腻感人的歌词，缠绵悱恻、如泣如诉的演唱，撞开了人们束缚已久的心扉，让在进行曲中长大的人们受到前所未有的感染，产生出从未有过的感情共鸣。

忘不了的是故乡，剪不断的是乡愁。恋乡思归，是中国人的一种普遍情怀。安土重迁的文化传统为中国人铸就了恋乡情感模式。儒家教化又强化了人们眷恋亲故、依恋故土的情感基因。最终构筑了中国文人的恋乡情感心理模式。

黄宏嘉虽然是个科学家，然而黄氏家族书香族风两百年，家学渊源，让黄宏嘉骨子里带有浓厚的诗人气质。对故乡的怀念，对师友的敬重，孝老爱亲、敬长扶幼的传统，都深深地融入黄宏嘉的行为方式。不管平时人们看到的黄宏嘉如何个性鲜明，甚至不近人情，但是他本质上依然是个诗人，内心温暖而又丰富，感情浓烈而又细致。

图7-1　黄宏嘉荣获的"全国归侨侨眷先进个人"荣誉证书

老骥伏枥　心系故土

诗云：

> 澧兰沅芷尽飘香，云气江声忆故乡。
> 最是安福风景好，文昌轶事入华章。

这首诗是黄宏嘉2000年回乡祭祖时所作，题记云："爱我临澧，赋诗抒怀。"

黄宏嘉生在北京，前半生颠沛流离，中华人民共和国成立后毕生致力于微波和光纤事业，生平和湖南临澧没什么关联。但是黄宏嘉基于中国传统文化的"籍贯"概念，一直把临澧当作自己的故乡。

临澧县位于湖南省西北部，属于常德市。临澧县以前叫安福县，雍正七年（1729年）才设县，在中国的县级行政区划里面，历史算是比较短的，但却是一个名人辈出的钟灵毓秀之地，近代以来，涌现出民主革命先驱林修梅、开国元勋林伯渠、文学巨匠丁玲、中科院院士黄宏嘉和沈绪榜等一批风云人物。

1998年，县图书馆为保存地方文化文献、发掘利用地方名人文化资源，决议拟筹建名人文库、林伯渠藏书室、丁玲文献室、雪竹楼文库等一批地方文献专馆。"雪竹楼"是晚清诗人黄道让的斋号，而"安福黄家"是湖南省赫赫有名的书香门第，有"湘西两黄诗千古，书香门第耀神州"的美誉。但是传承黄家文脉的主要传承人黄右昌一支，自从20世纪20年代离开家乡以后，已经少有联络。为征集雪竹楼文库的文献，县图书馆馆长史新林决定冒昧写信向黄宏嘉求助。

史新林是土生土长的临澧人，生于1945年。高中毕业后，史新林回乡务农，后来当上公社（乡）文化站的"半脱产"干部，再当上站长。史新林是个肯干活的勤快人，把乡文化站搞得风生水起，人民日报留名、中央电视台有声，光明日报、中国青年报都有报道。1988年6月，史新林硬是靠政绩得到了组织的重视，坐上了县图书馆馆长的位置。史新林虽然一直只是个股级干部，但是肯操县长的心，对于发展临澧的地方文化事业非常用心。他立足临澧名人资源丰富的优势，始终坚持着重地方文献建设的办馆策略，在临澧籍名人上做文章。在他的努力下，经中宣部批准，县图书馆加挂"林伯渠图书馆"牌子。随后，史新林开始积极筹建"临澧名人文库"。在筹建文库时，史新林发现临澧黄家是延续

200多年的书香门第，名流辈出，于是立项筹建"雪竹楼"文库，后来又更名为"雪竹楼书圃"。

求助信虽然寄出去了，史新林心里还是很不踏实。院士平时接触的都是大人物，自己一个小小的县图书馆馆长，人家会搭理自己吗？黄宏嘉生在北京，一直在外地工作，只是在抗战时期回家祭过一次祖，对临澧这个陌生的祖籍地有感情吗？他们要征集的都是很珍贵的典籍、文物，他舍得无偿提供吗？

后来的情况证明，史新林多虑了。黄宏嘉知道情况后，非常支持家乡的文化建设工作，先后8次寄来自己珍藏的传家典籍，无偿捐助给图书馆的雪竹楼书圃，甚至还把自己的"中国科学院院士证书"原件捐给县图书馆珍藏。

史新林和黄宏嘉联系上以后，图书馆有什么想法、县里文化工程有什么项目，都经常向黄宏嘉通报。黄宏嘉也通过史新林转达自己对家乡建设的关心，偶尔也发表一些意见。黄宏嘉和史新林这两个认真办事的人，就这样成了素未谋面的忘年交。黄宏嘉也把史新林当作自己在家乡的代理人，有什么捐助都通过史新林去运作，新发现什么有用的资料，也及时寄给史新林。

2000年国庆长假期间，78岁高龄的黄宏嘉开启了他的回乡之旅，在阔别半个多世纪以后，再一次踏上了故乡的热土。

2000年9月30日上午，湖南省科协副主席杨敬东到黄花机场迎接从上海飞来的黄宏嘉院士。坐上汽车，没寒暄几句，黄宏嘉就把手伸进了内衣口袋，摸索了好一阵，摸出一个小小塑料包，一边取包，一边说："您要的照片，这回我带来了。"

黄宏嘉带给杨敬东的，是两张珍贵照片的原件。一张是1948

年，青春焕发的黄宏嘉在美国密歇根大学教学楼前的留影；一张是 1949 年，他与妹妹黄颂康从美国回国途中，在日本皇宫前的合影。杨敬东郑重地接过这两张照片，端详一阵，又一层层小心翼翼地包好，也藏进自己西装的内口袋。

这是一件小事，让杨敬东很感动。1999 年，湖南省科协和《湖南日报》联合开办"院士风采——新老照片"专栏，杨敬东是供稿人。但是杨敬东和黄宏嘉素不相识，硬着头皮在 3 月 27 日冒昧给黄宏嘉去了信，希望能提供有关他的新老照片。

4 月 2 日，黄宏嘉院士就给杨敬东写了回信："关于照片的事，前数日我曾根据湖南省临澧县图书馆史新林馆长的要求，将较合适的照片（大小六张）寄给了他。现手头照片不多，是否等临澧县图书馆用完之后，请他们寄给您？我现给史馆长再去一函，说知此事，如何？"

随信还附了电脑打印的几张照片。杨敬东从中挑选了几张，兴冲冲地赶往《湖南日报》社。编辑一看，说照片没法用。杨敬东一时没了主张，再找黄院士吧，他的时间比金子还宝贵；不找他吧，这些非常珍贵的照片，去哪里寻觅？杨敬东带着一种不安的心情再次给黄宏嘉写信求助。没过几天，他于 4 月 29 日又回信，说："关于照片，需要找寻才行。一俟寻到，即奉寄上。因六七月将去美国麻省 MIT，准备宣读论文并交流，极忙。"

杨敬东以为这是大人物的托词，谁知黄宏嘉真的亲自把照片带来了。在湖南宾馆，黄宏嘉给杨敬东讲起了这两张照片不寻常的来历，这张照片是黄宏嘉离开美国时送给沃顿夫妇作为留念的纪念品，1987 年他重回母校时沃顿夫人再回赠给他的；另外一张是妹妹把照片带到欧洲再带回国，第二次出国定居时交给他保管的。杨敬东这才明白，黄宏嘉为什么要亲手把这两张照片交给他而不邮寄；为什么把照片包了又包，裹了又裹。

院士还乡　情满桑梓

院士回乡，对于地方当然是件大事。县委、县政府组织了专门的班子接待黄宏嘉，做了周密的安排。尽管黄宏嘉对于领导的迎来送往不大领情，一般只限于礼节性的会见，但是回到家乡，他对地方的领导却相当尊重，全程服从地方的安排。两天的时间，黄宏嘉在临澧县主要领导的陪同下参观了县图书馆、县博物馆、临澧县一中、太平村特种装备公司，以及青山水轮泵站等。

图 7-2　黄宏嘉在史新林陪同下参观临澧县图书馆

在县图书馆，黄宏嘉见到了神交已久的挚友史新林。史新林第一眼看到黄宏嘉，感觉特别惊讶：这个世界知名的大科学家衣着朴素、态度和蔼，就像是邻家大伯，完全没有大人物的架子。在史新林陪同下，他仔细参观了县图书馆，详细了解了图书馆的历史和新馆落成后的状况。在图书馆二楼新建的"名人文库"，考察了藏书情况和藏书条件。黄宏嘉特地进入林伯渠藏书室，浏览书架上的藏书，他对史新林说："在重庆的时候，林伯渠常来我们家，和父亲聊天、写诗，有时还会留下来吃饭。吃完饭临走时会给帮工的阿姨一点钱表示感谢，非常和蔼。"

黄宏嘉从书架上取下一本中国青年出版社出版的《林伯渠同志诗选》，找到里面《答和黄右昌（二首）》，说："我就知道会有这首诗。"随后朗声吟诵起来：

奎楼聚首各青春，面对文昌若有神。雪竹家风崇雅韵，典章国是赖斯人。说来彼此儿孙好，听到故园鼓角新。物价纵然江水阔，诗篇如锦莫言贫。

垂老相逢总是春，笑他毁像又欺神。文章有价断轮手，风雪漫天打虎人。贳酒在蓉姿韵老，离骚张楚体裁新。论交古道于今少，我与先生不算贫。

黄宏嘉说："林伯渠 1944 年从延安到重庆准备参加国民参政会期间，专门和我父亲见面，我父亲送了他一首诗，林伯渠回赠了两首，注释里面没有写这个背景。父亲的原诗我都还能背诵：

记别巴渝历六年，今朝觌面更精神。娄江道水两居士，鹤发童颜一故人。卯角交游存者少，同盟讨伐眼中新。氍毹好分工造，双手万能不患贫。

"黄老记忆力真好！"史新林情不自禁鼓起掌来。

黄宏嘉呵呵一笑，说："现在不行了，老了，记得住十年前的事，记不住昨天的事。"

在场的人听了这话，大家都一起笑了。

在雪竹楼文库，黄宏嘉听取了史新林对文库建设的情况汇报和今后打算，爽快地答应回去以后清理一下自己家里的祖传，看有没有什么宝贝，能提供的尽量提供。

图 7-3　黄宏嘉与乡亲们在"湘西两黄墓园"纪念亭合影

黄宏嘉谢绝了县里主要领导陪同他回乡下祭祖的盛情，在史新林的陪同下回到金坑村两黄陵园，为曾祖父黄道让、父亲黄右昌扫墓。

回到上海，黄宏嘉果然又翻箱倒柜，找出一批藏书和手稿，寄给了史新林。至2002年，黄宏嘉累计向临澧县图书馆捐赠珍贵文献资料1200余册，照片160余幅，大大地提升了县图书馆的藏书质量。

史新林在整理临澧人物资料时，发现了本地人尚不知情的临澧籍巾帼英雄黄细亚。黄细亚是黄宏嘉的堂侄女，中学时期随叔祖黄右昌在重庆求学，曾拜柳亚子为师学习新诗，是公认的才女。黄细亚由于在学校组织进步学生社团"五月社"，经常发表文章抨击国民党当局的腐败和社会的黑暗，因此上了国民党特务的黑名单。1948年，黄细亚加入了由中共四川党组织领导的"新民主主义青年社"，积极为党工作。1949年加入中国民主同盟，以记者身份掩护从事革命工作。1949年9月13日，黄细亚被国民党特务逮捕，11月29日重庆解放前夕，被国民党特务杀害于歌乐山松林坡，牺牲时年仅21岁。重庆歌乐山烈士陵园还竖有黄细亚烈士的雕像。为了让烈士的事迹激励家乡少年，史新林多方筹款5万多元，建立了"黄细亚少年儿童图书馆"。黄宏嘉闻讯，在2001年2月捐款10万元设立"黄细亚奖学金"，用以奖励临澧优秀学子和积极参加读书活动的优秀读者。黄宏嘉特别嘱咐，捐建以烈士名字命名的奖学金和图书馆，目的是要激发学生学习烈士的牺牲精神，好好学习，长大了做对国家有用的人。

自2000年回乡后，黄宏嘉就再也没有回过临澧，但心里却一直记挂着家乡。黄宏嘉通过史新林了解临澧的最新动态，嫌通过书信往来效率太低，不客气地在信中对史新林说："为了今后您的工作和我们联系的方便，我觉得您需要尽快购置一台计算机，通过网络 E-mail 联系。现在我们之间用平信往来，实在太慢了。"

2013 年，国内一家企业提出有偿使用黄宏嘉一项专利使用权的申请，黄宏嘉一口答应，只象征性地收了 200 万元的专利使用费。黄宏嘉把其中的 100 万元捐给上海大学通信与信息工程学院用于科研，另外 100 万元捐给了临澧，用于发展文教事业。2013年 5 月，黄宏嘉直接把 100 万元现金汇到了史新林的个人账户。

图 7-4 黄宏嘉资助建设的临澧县图书馆雪竹楼书圃

当地文化部门对使用黄宏嘉院士的捐款十分重视，决定把这笔捐款用于修葺两黄诗人墓园、建设雪竹楼文库及其基础辅助设

施、设立黄细亚奖学金，并且成立了专门的班子全程监督使用。

史新林向黄宏嘉报告了县里的打算以及预算的情况。对此黄宏嘉致函史新林说：

您来信中写的问题，只有第三项关于两黄诗人墓园，需要和石门管理陵园的乡亲商量，尊重他们的意见，以利邻县乡谊。其他关于黄细亚助学奖学金和雪竹楼文库，则您的经验、见识、设想、做法，一定能做得很好。这些都不是急事，缓点进行无碍。有关雪竹楼资料，等我收集一些后，即给您寄上参考选用。

墓园方面，我个人的想法是：不必仿效现今追求外观漂亮的趋向。墓园中凡不结实的部分，需加以修整，以免坍塌。整体上如碑亭刻字，清楚即可，不必油漆一新。我个人觉得，保留原有的文物面貌，比大红大绿漆新更有朴素自然之古风（此意见仅供参考，究竟怎么做，我还是尊重您和石门县的主张）。

在随后和史新林交换项目实施意见时，黄宏嘉又强调：

1. 关于捐款收据，不需要。请你们不要麻烦了。以后关于账目细节，更不要跟我细述，因我相信你们比我经验多得多。

2. 关于"雪竹楼文库"扩充事宜，不必急。并请您，扩充部分不要突出我个人的材料，而要照顾扩充的一个层面。

3. 关于诗人墓园，根据您前函讲述的，非常好。

2013 年 8 月，史新林向黄宏嘉报告"两黄诗人墓园"已经修葺完成，并且特别强调施工方严格按照重点文物的修复要求，达到了"修旧如旧"的标准。黄宏嘉很感动，随即题诗一首，题为《赠史新林乡亲馆长》：

相逢已度几多年，一见如故证有缘。最爱先生四个字，胜过文章累累篇。

诗中说"最爱先生四个字"，就是指的"修旧如旧"。

黄宏嘉关注家乡建设，家乡人民也敬重这个为家乡添彩的科学家。2016 年，临澧县在调整村级行政区划时，将黄宏嘉祖籍所在的金坑村同栗岗村、冷水浴村合并组建为"右昌村"。临澧县、新安镇和右昌村的领导、乡亲也经常来上海看望黄宏嘉。黄宏嘉一改不喜欢和客人闲聊的习惯，对于家乡来的客人总是非常亲切、热情。

2018 年 10 月，新安镇和右昌村干部到上海拜望黄宏嘉。听说家乡有客人来，黄宏嘉头天专门剪了头发，剃了胡须，换了一套整洁的衣服会客。已 96 岁高龄的他，神采奕奕地和大家聊了 20 多分钟。2018 年 11 月 12 日，来上海招商活动的临澧县县长在活动间隙专程拜访黄宏嘉，向黄宏嘉报告了家乡近年来发生的巨大变化，黄宏嘉高兴地说："只要家乡的父老乡亲有需要，我会不遗余力地提供帮助，我愿意同大家一起把家乡建设得更美！"同时表示："我所有的专利无偿给家乡使用！"一字一句，透露的都是老院士对家乡的一片赤诚之心。那天，家乡的记者给他拍了一张肖像照，照片中，96 岁的黄宏嘉乐滋滋地咧嘴大笑，像个孩子。

图 7-5 黄宏嘉接待家乡领导来访

图 7-6 黄宏嘉向次子黄柯交办帮助家乡建设的事项

诚意尊师　虚怀敬友

尊师敬友不仅是中国的传统文化，也是中国传统知识分子的基本修养。

"延安五老"之一的林伯渠和黄宏嘉的父亲黄右昌是临澧老乡，自幼就是好朋友。从 20 世纪 30 年代到 50 年代，两家常有走动，黄宏嘉一直视林伯渠为长辈。2006 年，林伯渠诞辰 120 周年，黄宏嘉写了一篇纪念文章，回忆林伯渠在他家的一些交往。他在文章中除了记录林伯渠和黄右昌的诗词唱和，还记录了一些细节，还原了林伯渠高风亮节、平易近人的情操。他在文中写道：

> 当时先父黄右昌居重庆北碚乡下，林伯渠应黄右昌之邀去其乡居做客。山地崎岖，蜀人多乘"滑杆"（四川的一种简易抬轿）以利代步。我当时十几岁，在四川合川读中学，恰回重庆北碚家，只知道从远方不知多远来了一位大伟人，到我家做客。林伯渠于傍晚到达北碚乡居。当时林老正在壮年，我见他身材魁梧奇伟，面色白皙透红，目光炯炯有神，唯独头发胡须则尽已雪白一色。先父赠林诗句中谓林为"鹤发童颜"，实为极为逼真之描写。
>
> 林老与我父母谈话，三人都是一口浓重的湘西腔，所谈内容多属怀念湘西家乡的旧事和"唠家常"之闲话。现在回忆，只记得母亲曾问："你参加革命不害怕吗？"林答曰："参加了，就不怕了。"晚饭后离去前，林老和老乳母李氏说了些

问寒问暖的话，并给了她两枚银元，以示"入乡随俗"之风，亦对她殷勤烧饭回以谢意。抗战初期林老那次在我家乡居做客，给我留下了难忘的深深记忆。社工部诗有"怡然敬父执"之句，正是我当时的心情。

不管自己取得多大的成就，不管自己已经有多高的社会地位，黄宏嘉对他从中学到大学曾经的老师，总是以尊崇的态度对待。

朱静秋是黄宏嘉初中时期中央大学实验学校的级任老师，只教过他一年。朱静秋卸任黄宏嘉的班主任以后，人生的轨迹基本上就再没有交叉。尽管如此，黄宏嘉仍然以《怀念朱静秋老师》为题，为母校100周年校庆写了一篇纪念文章。文中说：

> 抗日战争的前几年我在中大实校，即现在的南京师大附中，念初中。半个世纪多转眼过去了，但童年时在附中念书的情景经常回到我的脑海，仿佛就在昨天。
>
> 我在实校时，先是在静秋级，后是在振宇级。朱静秋老师那时也很年轻，是个多情的老师。他的带有扬州口音的说话使人听了特别有亲切感。他讲语文课极为生动，像磁石一样吸引全班的每一个学生。他的散文诗词写得很感人，因为是白话文，所以我们刚进初一就能听懂。

在国立二中时，数学老师汪桂荣教学得法，帮助黄宏嘉突破了数学的"瓶颈"，黄宏嘉更是在各种场合都会提到汪老师的教育之恩。在中国科学院院士工作局编的院士回忆录《科学的道路》里，黄宏嘉特别谈到，汪桂荣是他选择人生之路的关键人物。他说：

> 在四川合川二中高中，大代数课是由扬州中学内迁的数学老师汪桂荣任教。由于抗战中逃难，我耽误了三角和小代数课的学习，上来就学大代数，很是恐慌。可是，出乎我的意料，汪桂荣老师循序渐进、一丝不苟的教学方法和他那平易近人，和蔼可亲的面容，很快打消了我害怕数学的心理，反而对数学发生了兴趣，期末成绩中上；于是我改变了念头，决心高中毕业后报考大学工科。

黄宏嘉进入西南联大求学，受益于西南联大开放、自由的学风，喜欢到外系，尤其喜欢到物理系和外文系听课。他听过闻一多讲的中国文学、俞大絪讲的英国散文、罗常培讲的《中国人与中国文》、赵访熊讲的偏微分、任之恭办的电磁学讲座。时隔半个多世纪，耄耋之年的黄宏嘉说起当年这些老师的名字，依然脱口而出，可见用情至深。

二年级时，由机械系转入电机系，这是他人生之路的又一个重要节点。对促成他这个转变的老师，黄宏嘉更是视为生命中的贵人，常常提及，表达饮水思源的意思。有些老师并不是他的任课老师，黄宏嘉只是听过他们的课程，比如任之恭、朱物华、孟昭英，黄宏嘉也尊为师长，经常向人提及。在一次接受采访，提及在西南联大的经历时，黄宏嘉还特别提到了朱物华：

朱物华先生早先在西南联大并没有教过我。他后来一直在上海交大任副校长、校长。我在等待和准备出国留学的期间，做朱物华先生授课的助手，同时指导学生实验。朱先生严谨治学的风范给我留下很深刻的印象。

孟昭英长期从事电磁波谱研究，是中国早期从事微波研究的科学家。黄宏嘉在西南联大读书时，听过孟昭英的一次讲座。孟昭英从美国带回来一段波导管，当时这还是绝密的研究内容，黄宏嘉见了很感兴趣，因此开始关注微波通信。尽管孟昭英并没有给黄宏嘉上过课，但是有此因缘，黄宏嘉一直把孟昭英当作指路人。1995 年，孟昭英因病逝世，黄宏嘉破例撰文悼念：

　　1940~1944 年，我在西南联大电机系（电讯组）学习，当时孟昭英先生任该系教授。在西南联大的几年，孟先生在美国的时间多，在举世闻名的 Caltech 和 MIT Radiation Lab 作研究。二战中，MIT Radiation Lab 直接为军方服务，对反法西斯战争的最后胜利曾作出历史性贡献，其中之一就是雷达的早期开创性研究及其军事应用。当时，华裔科学家能进入 Radiation Lab 是非常不易的，其中还有朱兰成，他是微波波导的开拓者。

　　孟先生约在 1943~1944 年曾从美国 MIT 短期回国，在昆明（拓东路迤西会馆）西南联大工学院做了一次报告，会场就是工学院的一个大教室，条件简陋，但孟先生的那次报告会非常热烈，听讲者主要是电机系电讯组的师生，也有外系的师生。孟先生在报告中描述了 MIT Radiation Lab 当时的计算机设备，因为是建立在传统电子学基础上，要几间大房间才容得下。另外他从美国 MIT Radiation Lab 还随身带回一段（约有 20 公分长的）3 公分波段用于雷达的矩形波导管实物（其原理由朱兰成所建立）。当时，波导管的研究尚属机密。孟先生真是一个纯真的爱国者，他不顾美国方面检查的风险，带了一段波导管回来，其用心显然是为了此后在我国开展微波研究。国内当时谁也未见过微波波导管，因此孟先生的报告引起了听众的极大兴趣，报告结束后很多人都拥到讲台前轮流仔细观摩孟先生最早带回的波导管样品。我从西南联大毕业后选择了微波作为研究方向，显然是受到孟先生那次报告的启示。

孟先生平易近人和蔼可亲。新中国成立后孟先生和我虽不在同一单位，但在电子学会和科学院学部开会的场合还是经常有短短的聚会。他对我的一次难忘的帮助是 1983 年国内首次在桂林召开的国际光波导科学讨论会。我们曾遇到难题，孟先生爽快地答应给我们以帮助，直到会议成功。在我心中，孟先生不单是个值得特别尊敬的好老师，是个科学前沿研究中有重要贡献的科学家，而且，他在二战中参加 MIT Radiation Lab 工作也证明他是有过功劳的纯真爱国者。

马大猷先生是黄宏嘉在西南联大从一年级到四年级的老师，电机系电讯组的主要课程都是马大猷讲授。黄宏嘉在耦合波和超模式方面的建树，就是在马大猷的课堂上打下的基础。马大猷很

欣赏黄宏嘉对知识融会贯通的能力，也很用心栽培黄宏嘉，当年就是马大猷聘黄宏嘉当助教，把他拉回到学术界。所以黄宏嘉对马大猷一直心存感激。他说：

> 我相信他对我很器重。举例来说明这一点。1946年马先生将我从重庆调到抗日战争胜利后刚刚恢复的北京大学物理系做助教，这是我毕业后第一次当助教。在此期间，我通过了去美国留学的官费考试，这大概是官费留学考试的末班车。在等待出国经费时，我向马先生请求，介绍我去京沪工作，以便留学官费拨下后办理出国手续。所以，我请他写了一封介绍信给当时在南京中央研究院（相当于现在的科学院）的陈省身教授。我去了南京见了陈先生，并交给他马先生的介绍信和我的学历资料。陈先生基本同意我留在中央研究院，但是要求五年内不得中途离开，因为他要我留下来给他做助教。我因等待留学官费随时要出国，所以不能接受五年不动的要求。这件事未办成，马大猷先生又介绍我到上海交通大学做朱物华先生授课的助手。

黄宏嘉很谦逊地说，马大猷对他可能没什么印象，因为他成绩不是很好。黄宏嘉不知道马大猷对他极为赏识。1980年中国科学院增补学部委员时，马大猷以个人身份亲笔填写推荐表，提名黄宏嘉为学部委员人选，而且凭记忆正确填写了他的出生年份是1922年！这是黄宏嘉在西南联大注册的资料，后来由于户口登记出错，公开资料都误为1924年。

王竹溪是黄宏嘉西南联大的物理老师，黄宏嘉对物理有浓厚的兴趣，经常向王竹溪请教，直到王竹溪已经担任北大的副校长、黄宏嘉已经成为蜚声国际学术界的大科学家，这个习惯一直延续着，黄宏嘉去北京开会，还会去登门拜见王竹溪。2002 年 9 月 26 日，黄宏嘉在上海大学图书馆报告厅给研究生讲一讲科研心得，他在开场白就把王竹溪和发现无线电波的赫兹相提并论：

> 学校叫我做的题目就是科研成功之路。因此我就想跟同学们谈一下科研成功之路是怎么样的路呢？这里啊，我想跟同学谈一谈两个大科学家的情况，他们的经历。一个是我在西南联大的老师，后来是北京大学的副校长，已经去世好多年了，王竹溪教授。另外一个就是发现电磁波的德国大科学家赫兹。我想从他们身上我们可以看到科研成功之路是哪样的路。

西南联大复员以后，工科的师生根据合校前的来源分别回到清华大学和南开大学，其中电信专业归到了清华大学。黄宏嘉的所有学籍档案也划到了清华，所以清华大学把黄宏嘉当作校友。2011 年 8 月，清华大学百年纪念活动，黄宏嘉因为行动不便未能出席，也是亲笔题诗一首，以表祝贺：

> 清华百年，弹指瞬间。抗日八载，联大西南。培育学子，遍布宇环。值兹校庆，饮水思源。改革开放，步履尚艰。

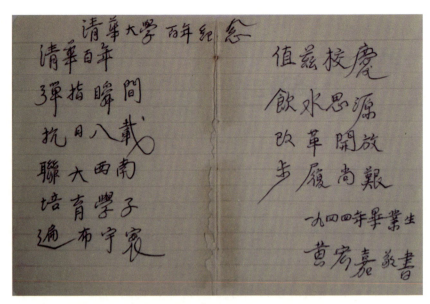

图 7-7 黄宏嘉亲笔书写的《清华大学百年纪念》贺信

叶培大和黄宏嘉是开创中国微波通信事业的同代人，同时由微波研究转向光纤研究，又同一年当选院士，在科研上相互有交集。尽管最初在发展多模光纤还是单模光纤方面两人观点不一致，但是学术之争并不影响他们的友谊。黄宏嘉研制成功单模光纤，两次成果鉴定会都是叶培大主持，并且出任验收委员会主任，通信传输试验都是由叶培大担任院长的北京邮电学院协助，两人一直是很好的朋友。2005 年 6 月，是叶培大从教 65 周年纪念和 90 寿辰。双喜临门，黄宏嘉亲笔赋诗，以示祝贺：

八十九十，谓之耄年。忆昔交往，彼此青年。今过古稀，君仍翩翩。毫米微波，波导远传。技术变革，光纤领先。君于二者，均乃拔尖。教学科研，重负双肩。循循善诱，桃李满园。于斯盛会，喜庆两全。地隔千里，共仰婵娟。精神不老，永远向前。

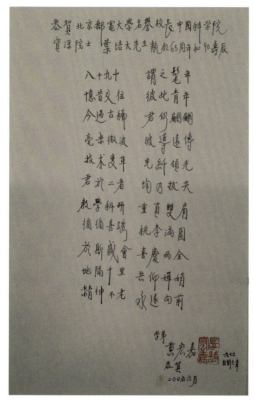

图 7-8　黄宏嘉亲笔书写的叶培大 90 寿辰贺信手稿

黄子卿教授是中国著名物理化学家、化学教育家，中国科学院学部委员。是黄宏嘉在西南联大求学期间的化学老师。尽管黄宏嘉此后的工作与化学无关，和黄子卿教授也没有什么交集。但是有古仁人之心的黄宏嘉，仍然执弟子礼甚恭。1981 年 12 月，北京大学为黄子卿教授举办从教 55 周年纪念活动，黄宏嘉亦赋诗一首，恭敬祝贺：

黄子卿教授任教五十五年，桃李满天下，至于科学贡献，则早岁即已蜚声中外。北京大学举行盛会，纪念黄子卿师任教五十五年，值此良辰，岂可无诗，以记其典，并致其敬乎？乃赋七绝为念，工拙弗记耳！

值兹盛会宜讴歌，半百余年桃李多。窃喜先生未见老，容颜依旧健如酡。

华裔科学家高锟因为确定了光纤通信的关键阈值，确认了石英玻璃光纤通信的可行性，因而被誉为世界光纤之父，黄宏嘉和高锟经常在国际会议上共事，彼此熟悉。高锟比黄宏嘉年幼十来岁，长幼有序，所以很敬重黄宏嘉，凡是黄宏嘉组织的学术活动，高锟都尽量出席。1989年，时任香港中文大学校长的高锟，还邀请黄宏嘉担任了香港中文大学的客座教授。惺惺相惜，黄宏嘉对高锟也非常尊重。1996年，紫金山天文台将编号为"3463"的小行星命名为"高锟星"，以宏扬"世界光纤之父"高锟在科学上的杰出贡献。黄宏嘉闻讯，客串了一把记者，专门写了一篇《天上有颗星叫高锟》的人物通讯，介绍了高锟的学术贡献和趣闻轶事，发表在1999年《国际人才交流》第二期"特别报道"专栏，全文近4000字，是黄宏嘉公开发表的极少数非学术文章中篇幅最长的一篇。

高锟（Kao, Charles Kuen）1933 年 11 月 4 日生于中国上海，于 1984 年入美国国籍。光电子学信息科学、物理学。

1954 年去英国伦敦大学修读电机工程学，于 1957 年获理学士学位，于 1965 年获哲学博士学位。

（国际电话电报公司，即 ITT 在英国的分公司）

高锟于 1957 年在英国标准电话电缆公司任工程师。1960 年，他去标准电讯研实验室（ITT 在欧洲的中心研究机构），工作了十年，从研究员（research scientist）升为研究经理。正是六十年代在英国的这段时间，高锟开拓了光纤的研究，并取得突破。他的研究面包括了微波和光频电磁波的理论与实验，以及通讯系统的技术与应用。

从 1970 到 1974，高锟离开 ITT 四年，在香港中文大学电子学系任教授讲座教授和系主任。在此期间，高锟的才能不仅表现在学术上，同时也表现在组织管理上。当时，电子学系在香港中文大学是新成立的，高锟不仅建立了该系本科生的规划，同时也建立了研究生的规划，并

20×20＝400　　　　　　　　上海无线电 26 厂稿纸

图 7-9　黄宏嘉撰写的高锟纪念文章《天上有颗星叫高锟》手稿

图 7-10　黄宏嘉和高锟（前排左一）等人在国际学术会议上合影

诗人怀抱　学者情调

青少年，听我言：爱祖国，首当先。

国家富，民乃安。国不存，家何谈？

我中华，古发达。至近代，列强压。

尤倭寇，大屠杀！史为训，记心涯。

看今朝，国家兴。国防固，有弹星。

经济稳，人心定，发展快，国际惊。

看未来，路艰辛，国家大，人均贫，

强邻在，野心存，同学们，莫轻心！

青少年，如朝阳，勤学习，贵以常。

先模仿，继独创，祖国强，大有望。

这是黄宏嘉在 2005 年 6 月应全国青少年科艺大会邀请而写的《爱我中华（新三字经）》，内容健康向上，读起来朗朗上口，展现了黄宏嘉驾驭语言的强大能力。

黄宏嘉为人刚直，不苟言笑，在外人看来似乎是一个刻板的人。黄宏嘉公开发表的文章，几乎都是学术论文，极少有文学作品。但是作为诗人的黄宏嘉，其实很懂生活的乐趣，甚至是一个很有趣的人。

只不过，黄宏嘉是个事业心很重，甚至是沉迷于科研的人，个人的小情趣、吟风弄月、写诗撰文，都被科研的大事，挤压得几乎没有存在的空间了。尽管如此，偶有闲暇，或者人逢喜事、巧遇老友，黄宏嘉兴之所至，还是会吟风弄月，来点小情调。在黄宏嘉的故纸堆里，总还能找到一些只言片语的诗歌、文字。有的写在单页的卡纸上，有的记在笔记本里，有些纸片还是铅笔写的，有些修改了也没时间抄正。这些点滴的痕迹，恰如人生图画中的一抹暖色，使黄宏嘉的情感与生活，变得丰富多彩，形象也更加和蔼可亲。

当年，父亲黄右昌对黄宏嘉寄予厚望，希望黄宏嘉报考文科，以传承黄氏家族 200 年诗书文脉。黄宏嘉的二哥黄宏煦、弟弟黄宏荃最终也从工科转向了文科，后来成为翻译家。唯有黄宏嘉矢志不渝，一直从事科学事业。但是这并没有使黄宏嘉的诗人气质被淹没，甚至还可以说，正因为黄宏嘉有诗人独特的想象力，才勇于在理论上大胆创新，最终打通了从微波到光的理论模式，确立了自己的理论体系。

黄宏嘉从中国驻印军退役后，在重庆北碚有过一段陪伴家人

的闲暇时光。其间他跟随父亲黄右昌学写旧体诗，颇有心得。黄右昌曾赐以诗，其中有"衣钵能传我"之句，表示对黄宏嘉诗才的肯定。这以后黄宏嘉也断断续续写了一些格律诗，还有一些英文诗。当然他没有用心去研习文学与诗歌，写诗只是业余爱好而已。尽管如此，黄宏嘉的诗，也颇有几分情趣。比如他写于早年的《忆童年四季四首》：

（一）

也有蝴蝶也有鹰，一飞带走一根绳。山头眺望摆摇舞，背后吹来旷野风。

（二）

赤日炎炎影未斜，一塘池水混泥沙。扑通一跳为凉爽，学不成蛙学犬爬。

（三）

断壁荒丘野冢壕，几声凄厉几声啸。捉来比武齐观赏，课业读书忘九霄。

（四）

大地风吹白絮轻，开门堆絮做人形。白头粉面眼墨黑，不像佛爷像寿星。

语言风趣，描摹形象，富有画面感，满满的乡村风情扑面而来，十足的竹枝词味道。

黄宏嘉的诗歌中，有很多咏物诗和山水诗。诗言志、歌咏情，这些诗歌真实地记录了黄宏嘉作为一个科学家所拥有的浪漫情怀。

牡丹不让百花王，偏有梅花傲群芳。未料白菊花数朵，敢笑茶花不大方。

这首《菊花小记》，作于 2007 年。黄宏嘉此时已经 85 岁。他以富贵花牡丹起兴，紧接着以高冷的梅花相衬托；镜头一转，让菊花闪亮登场，把茶花压制下去了。短短四句，起承转合章法严谨，深得绝句要领。这首诗前两句以牡丹和梅花的比较做铺垫，为什么会以菊花和茶花为诗核？其有题记：

花卉之种多矣，以娇柔艳丽而论，牡丹当为群芳之冠，然牡丹妖娆之态，稍逊高雅，若以高洁素雅论之，则非梅花莫属，惜梅花有"疏影暗香"之写照，略嫌孤傲不群。

今观此菊花，在其雍容华贵，美而不俗；洁白如雪，高雅而无傲态，实牡丹梅花二者之优点兼而有之，而无其不足，其风格如出水之莲，其形态如帝王之冠，花朵外缘下坠，尤显体形丰满庄重；譬如淑女之裙饰，王冠之垂帘，频看而不足，乃作此记，恐此花青春一去，后难摩耳！

黄宏嘉散记 2007 年 11 月 14 日

复又有小注：

茶花在西方国家属尊贵之花种。我于 2004 年在比利时国布鲁塞尔市购人工模仿之茶花一束，回沪后插于瓶中，置于书室，已数年矣。喜其造型白洁清秀，素雅不俗，然与近得

白菊相比，则稍逊。茶花譬如小家碧玉，而此白菊则宛若大家闺秀，更显仪态丰满，雍容大方。但惜真实之天然菊花，青春短暂，转瞬即逝，未若人工茶花之长久也。

黄宏嘉居然有了"黛玉葬花"式的伤感，用相机拍下菊花怒放之态，以弥补"明媚鲜妍能几时，一朝漂泊难寻觅"的遗憾，"是以拍摄此菊花之近影留念，以存久远。"科学家的情感，细腻起来的时候，也真非常人可比。

1995~2003 年，黄宏嘉曾经养过一只波斯猫，浑身雪白如玉，两只眼睛一红一蓝，媚态可人，黄宏嘉非常喜欢。波斯猫曾经跑丢过一次，黄宏嘉找了三天才在一棵大树下面的盆栽后面找到，后来波斯猫又第二次跑丢，再也没有找回来。黄宏嘉为此伤心自责，把以前为波斯猫拍下的照片打印出来，并作美国五行诗格式的英文诗一首，以作纪念。

This was once upon a time my pet

But I know not where now she is

She must have become aged, like me

Only her pair of red and blue eyes remains looking unique

Calling back my memory that never fades

弟弟黄宏荃将其意译成中文五行七言短句：

伴我读书苦日长，不知今岁在何方？宠物亦随人渐老，但存金碧眼一双，几多趣事记心房。

黄宏嘉忙于科研，足迹虽然踏遍欧亚美澳，但是很少游山玩水，所以山水诗很少。1995 年 8 月，《电子学报》同仁到乌鲁木齐开会，期间去天山瑶池游玩。黄宏嘉独自离队，走马漫游于山水之间，历一小时半有余，诗兴大发，乃吟成《天山瑶池》二首：

其一：
优哉游哉任驻留，走马观花意兴稠。尘烦消尽九霄外，恰似童年又回头。

其二：
层峦叠嶂看不全，一池映澈水中天。乱云飞过轻烟起，真信瑶池有神仙。

图 7-11　黄宏嘉在新疆参加学术会议间隙骑马畅游天山景区

这组诗的第二首，后来黄宏嘉略加修改，以《漫游天山瑶池聊赋短句》为题，发表在《中华诗词》2016年第三期上。这是他唯一公开发表的诗作。

诗人之家，父子兄妹之间，诗词唱和也是常态，所以黄宏嘉的诗作中，有很大一部分是家庭成员之间的唱和，体现了其乐融融的家庭氛围。

大姐黄湘，字弗园。以"湘"为名，显然含有热爱湖南家乡之意。黄湘毕业于北平法政大学，工楷书，擅散文，行文雄健，议论率直，嫉恶如仇。自出生至逝世数十年始终不离父母，身兼助理父亲部分公务及母亲部分家务之重任。抗战入川期间，遭遇婚变，离异后居家甚为伤感。这时，黄宏嘉刚从中国驻印军退役，自昆明回重庆，跟从父亲黄右昌学写旧体诗，乃试作短句一首，慰勉大姐，诗曰：

> 相知良不易，偕老贵存真。莫动仳离感，书中忘苦辛。

孰料十余年后，黄宏嘉自己也遭遇婚变，劝人之作，正好慰己。黄宏嘉果然也"书中忘苦辛"，以忘我的工作化解了离异的痛苦。

二姐黄绍湘和二姐夫毕中杰都是20世纪30年代就参加革命的地下党，后来又都是国内著名的美国史专家。黄宏嘉对二姐和二姐夫历来很尊重。2007年岁末，毕中杰逝世，黄宏嘉闻讯，写下《纪念姐夫毕中杰》的追思文字，在文中用一段深情的文字回忆了他们在抗日的战火中相识的经历：

在我们黄家人中，最早认识毕中杰的是我。那时正是全民抗战的初期，在长沙，当时我十多岁，他也不过二十岁出头。当时，我在长沙抗敌后援会，和我弟黄宏荃一道跟着杜矢甲学唱救亡歌曲（杜要大十多岁，我们称他为老大哥，是音乐家，后去延安鲁艺当教授）。杜带领我们去医院演唱慰劳抗战伤病员，因此有机会遇到一些像毕中杰那样的进步分子。毕中杰当时已是地下党员（但我们在新中国成立后才知道）。当时，由于我们对毕中杰各方面的印象都特别好，所以回家就讲给我姐听，遇到一人怎样怎样好。就这样，毕中杰就和我姐黄绍湘见了面（估计就这样接上了地下党的联系，但当时我们全不知道）。说起来，我还是我姐黄绍湘（当时也是地下党员，但也是后来才知道）和姐夫毕中杰最早相识的介绍人。姐夫去世了，使我回想起过去在抗战期间曾经有过的一幕又一幕情景，格外难受。

黄宏嘉和四弟黄宏荃曾经一起在合川的国立二中读书，黄宏荃中学毕业后考入中央大学物理系。黄宏嘉自 1940 年离开重庆到西南联大读书，至 1945 年从中国驻印军退役返渝，一别 5 年。兄弟相见，黄宏嘉感叹光阴易逝。1945 年农历十月初十，黄宏荃过20 岁生日时，黄宏嘉特地写了一首诗祝贺：

予弟宏荃，多情人也，好学而深思，不慕名利，飘然有康乐之趣。今年暑期，从家大人学诗，曾几何时，已下笔有神，古诗略有老杜风味。家大人恐其偏爱诗词，有损所学，

甚少嘉誉，然亦窃有所喜也。今值予弟成年，赋诗记之，其知有以勉乎。

斗草犹如昨，成年正及时。同言励学乐，应笑两情痴。物理宗牛顿，古风肖拾遗。而今尚实学，余力作诗词。

诗中"物理宗牛顿"句，黄宏嘉原诗有注曰："弟在中大物理系，之后，弟转入外语系，但其物理学之基础和素养仍在，近年所译《量子力学史话》获物理学学者好评。"

黄宏荃于 2009 年 3 月 4 日病故。2 月 8 日，病中的黄宏荃念念不忘兄弟之情，口述一电子邮件，写道："嘉哥，我写这信，为的是表达此刻的心情，和永怀你昔日赠诗：'斗草犹如昨，成年正及时。同言励学乐，应笑两情痴……'所含的深情。你总是忧我所忧，乐我所乐，你总在多方面帮助我，并做了很多值得我学习的事（包括在合川），不多写了。匆匆。荃弟。"半个世纪以前兄弟之间的唱和，黄宏荃至死依然记忆犹新，兄弟手足，情深至此，令人动容。

1947 年，黄宏嘉在北大任助教的时候，黄颂康也在北京念书；1948 年，黄宏嘉在美国密歇根留学的时候，黄颂康也在美国加州留学；1949 年，兄妹又结伴回国。在兄弟姐妹中，黄宏嘉和黄颂康兄妹感情最好。1969 年，当黄颂康再次出国时，黄宏嘉从历年来写给黄颂康的小诗中，选出十首绝句，每首附创作背景，并新作七律一首代序，找书法家书写誉清，装订成册，题为《寄赠康妹绝句十首·七律一首代序》当作告别的礼物送给黄颂康：

七律代序

少年独立壮飘零，荏苒韶华去不停。

十载寒窗滞异地，几番风雨伴行程。

芒鞋迹遍沙滩路，笑语声惊爱晚亭。

多少青春游趣事，只如过眼看浮萍。

绝句十首

（一）

回想儿时乐欲颠，髫龄分手各川滇。

山重水隔难聚首，盼到相逢又一年。

抗战时期，兄妹皆十余龄，予在昆明就读，妹去江津入学，仅假期返乡省亲时小聚。

（二）

纯园脚下大桥横，流水斜阳俱有情。

更喜庭前明月夜，细听幼妹话生平。

妹曾语家人："年长，意欲同游环球。"后果如愿。

（三）

迢迢北上聚红楼，彼此说来心事悠。

纵有景山春色好，哪能消去少年愁。

抗战胜利后，予去北大任助教，妹随来，斯时两人心情皆郁郁。红楼为旧时北大宿舍，位于沙滩。

（四）

沙滩闲步屡相从，数月京华来去匆。

旧忆重温真似梦，神游又到景山东。

斯时，妹在北京进大学，予常自红楼送之返校，景山东街为必由之路。

（五）

异域相逢多话题，小餐喜有乳和梨。

见时不易别离易，过日又将东与西。

妹去美，住洛城。予后去美，曾绕经洛城与妹一见，妹以冷乳、生梨相待，皆番食也；予特喜其梨有异香，故犹在忆。

（六）

孤零海外怅幽深，一纸家书抵万金。

加密两州千水隔，征鸿飞去客惊心。

留学时期，予在安镇，属密州；妹在洛城，属加州。

（七）

莫把他乡认故乡，归来及早渡汪洋。

远航做伴生平少，海阔天空话更长。

祖国解放，欣欣鼓舞，予与妹同舟回国。

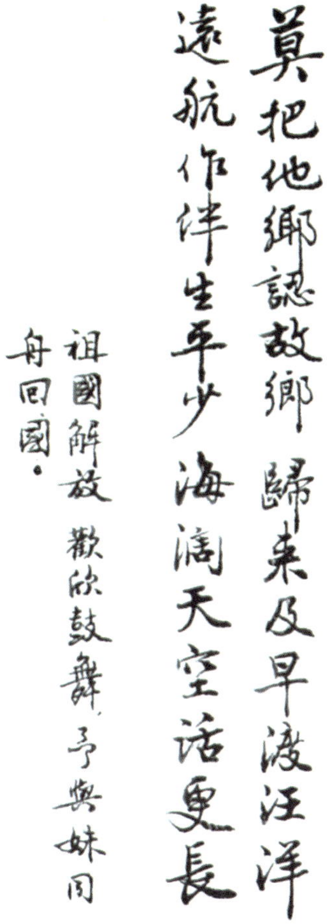

图 7-12　许渊冲书黄宏嘉海上组诗册页之《庆祝解放》

（八）

海上飘游竟日嬉，舱头凑趣聚捉龟。

中途泊岸皆番域，携手先登共猎奇。

"捉龟"系一种扑克游戏，旅客常常以为趣。船泊倭国、菲都时，予与妹曾上岸观光。

（九）

少年游兴未阑珊，近处唯独去日坛。

景色纵无北海好，也堪小坐话辛酸。

别来弹指数载，缅怀往事，记之以诗，惜未尽其意耳！

（十）

岁华虚度叹蹉跎，来日方长好放歌。

千里遥遥共明月，诗情未尽意如何。

近年，妹居北京东郊，予痛仳离，常随妹去日坛迁冈。

黄宏嘉凡事认真，这些诗文并非应景之作，更非游戏文字，而是用情很深的真心流露，从中不难窥见黄宏嘉丰富的内心世界。这些诗文，也是黄宏嘉修养和品格的再现。

图 7-13　1984 年，黄宏嘉访问英国期间，曾经在剑桥大学执教，
妹妹黄颂康（左一）专程从比利时赶来，同游剑河

内热外冷　舐犊情深

中年时期的黄宏嘉，是传统旧文人的气派，父权观念极为浓厚，对子女不苟言笑，严厉到冷酷。在这方面，他的表现甚至不如乃父黄右昌。黄右昌虽然父权观念浓厚、重男轻女，但是仍然在生活上为子女提供了尽可能的庇护，让子女接受良好的教育，黄宏嘉兄弟姐妹八人，全部读完了大学，其中四个留美，为他们的个人发展创造了良好的条件，铺平了道路。相比之下，黄宏嘉对子女就缺乏这方面的关爱。

1964 年，黄宏嘉婚姻破裂，和原配孙嘉瑞协议离婚，孙嘉瑞经济上没有抚养能力，四个子女由黄宏嘉抚养。他埋首科学研究，

无暇顾及四个未成年子女，四兄妹星散于京津沪三地，寄养在亲朋家。及至长大成人，黄宏嘉也让他们自谋生路、自食其力。在旁人看来，黄宏嘉对于子女们而言仿佛只是一个生物学意义上的父亲，对子女缺乏父爱、冷酷无情。

黄宏嘉当然不是心如古井的冷血人物，他的诗人情怀和科学家气质决定了他外冷内热。主要是他缺乏情商，不知道如何来表达对人的爱和友善，黄宏嘉柔情的一面，需要仔细捕捉，才能感受得到。等到黄宏嘉老年，长期被深深掩埋在内心深处的老牛舐犊的柔情，也开始慢慢展露出来。

黄宏嘉的长子黄桦，跟随父亲到了上海，在虹桥中学住读，中学毕业后下乡去了内蒙古。1979 年知青集体返程后回到上海，先住在朋友家，后来到上海工业大学图书馆工作了一段时间，1986 年辞职经商，到海南、珠海发展。他这样回忆父亲黄宏嘉：

在我童年的记忆里，爸爸始终是个谜，他除了出差和去上课，回家就一头扎进书房，印象里爸爸很少走出他的书房，饭菜都是妈妈送进书房，经常还要原样拿出来热一热再送进去，我们都知道，在爸爸工作时千万不要去打扰他。

那时我家是两个世界，书房里是一个世界，大门紧闭的书房之外是妈妈和我们的世界，我自己还有一个世界，就是每当做完功课，好奇心都会驱使我透过书房那梨形钥匙孔往书房里面看，从大办公桌到地上，到处堆满了书和文件，很多书中夹着红蓝铅笔，边上的桌子摞着拆封和未拆封的挂号信，一架留声机经常放莫扎特唱片，最让我耳熟能详的是莫扎特弦乐小夜曲，美妙的乐曲伴着打字机的"啪啪"声，构成了我儿时心中的城堡，而城堡里的国王就是我的父亲。有时国王趴在办公桌上奋笔疾书，有时国王埋在米黄色沙发里小憩，有时国王揉着肚子走来走去，就在我和小伙伴在外面玩累了回到"城堡"，国王还在书房里揉着肚子走来走去……有一次，我看到爸爸和他的同事激烈争论什么，爸爸手里拿着粉笔在石板上使劲划拉，过了一会儿，爸爸忽然开怀大笑，笑声是那么自负又那么宽宏，那时爸爸还吸烟，从钥匙孔里传出来香香的烟草味，给我留下了深深的印象，后来再也没有听到过爸爸那样的开怀大笑。一天，爸爸从洗手间出来经过走廊时，我鼓起勇气朝爸爸大声喊："爸，你衬衫纽扣钮错了。"爸爸低头一看也笑了，那件"著名"的旧旧的白衬衫，因为常年伏案胳膊肘上有一个洞，爸爸去上课时就把袖子卷起来遮住那个洞，现在上下错排歪歪扭扭得很滑稽，爸爸进了书房把衬衫重新钮好出来表扬我说："很好，你的观察力相当不错。"我为自己的成就感高兴了一整天，爸爸当时那慈祥的笑容，直到今天，想起来还有一团暖意。

1964年因为爸爸工作调动，我们跟爸爸南下到上海，那年我12岁，第一次坐火车，别提多兴奋了，那时的火车是开着窗的，我一直坐在走道窗边的靠椅上看着窗外。入夜，火车一到站，我都会跑去报站名，看车站的灯光和跑来跑去的人群，"太晚了！赶快进来休息，到上海有叔叔来接我们，你

这样怎么行"，爸爸从上铺探出头说，递给我一条洗得又白又破的毛巾要我去洗脸，"尤其要好好把鼻孔和耳朵捅一捅，全是煤灰啊"。洗完脸我倒头睡着了，天蒙蒙亮时，我被火车巨大的震动摇醒，睁开眼看到爸爸点着小灯还在看书，我说爸爸你怎么也不睡啊，爸爸说晚上看书安静，白天会睡一会儿得了。还问我睡好没有，说着爬到下铺坐在我身边，皱着眉头对我说："你昨天把兖州念成拥州，你这个太随便的毛病像你妈，一定要改一改。"为读白字这件事爸爸数落了我好一通，爸爸那刀刻般严肃的脸让我终生难忘，爸爸说："学习是最要老实的，要耍小聪明你长大将一事无成。"过了一会儿，爸爸用削铅笔的小刀削了一个苹果递给我，这一刻眼泪湿润了我的眼眶。"好了，我要上去休息了，等一会你去餐车吃饭，给我带两个花卷，一个咸鸭蛋。"爸爸整理好床铺准备休息，又想起什么对我说："哦，对了，让餐厅的同志帮我把咸鸭蛋切一下，不要忘记说谢谢，记住啦？"爸爸凝视着我，那是国王常常有的那种不放心的凝视，我坚定地朝爸爸点点头，爸爸微笑了，多少年后，每当想起这段旅程，我隐隐有一种莫名的快乐，为了不要忘记说那个"谢"字！我体验到一个凡人和巨人之间唯一一次默契的情感。

黄杉在兄弟姐妹中排行老四。黄宏嘉离异时，把他寄养在北京顺义一个朋友家里，在郊区农村过了两年，等黄宏嘉在上海安顿得差不多了，才把他接到上海。中学毕业后进了上海话剧院。1989 年，黄杉出国去了新西兰定居，每年回国探望一次父母。黄宏嘉是一个全身心都放在科研上的人，父子相见都要事先约好时间地点，而且每一次见面都不能超过30分钟。黄杉回忆：

大概是1995年吧，我第一次回国，那是隔了好几年第一次去见爸爸。那天约好在下午1点，我和我的发小护林兄，也是爸爸的忘年交，在馆子里吃完中午饭匆匆地赶到他的住所，进了小区的门房，老远就看到爸爸站在楼下等着，我们一路小跑上前，到了跟前，爸爸伸出手，我以为是要和我握手，他却没有，而是让我看了看他手腕上的表——晚了十分钟！那天下午，老爸就"时间观念"等一系列为人处世的问题教育了我俩一顿。老人家说："要懂得遵守时间的重要性，无论对方是谁，首先要学会尊重对方，遵守时间，这样才能赢得别人对你的尊重。"很简单的一句话，让我理解了"尊重"的含义。

有一年，我和爸爸约在龙华寺的方丈室里见面，聊天中说起一个话题，大概就是现在说的"光纤互感器"之类的，其间我大着胆子插了一句所谓的见解，也不知道是哪个书摊上的科普杂志上看到的，肯定是彻彻底底的外行话，本来想显摆一下自己，不料却惹得老爷子大为不悦，于是就"不懂装懂"等一系列的做人问题平静地教育了我一番。记得有这样一句话："不懂，没有关系，知识本来就是一点一点积累起来的。做任何事都要实事求是，不要为了面子不懂装懂。"跟老爷子见面，说得最多的就是做人做事的真谛。

最后一次见到爸爸是2019年的9月，华东医院的病房，

爸爸躺在病床上，知道是我，微微地睁开眼说了一句"黄杉来啦"，从被子里伸出手，握住了我的手，然后又闭上了眼睛。过一会，我想把手抽出来，可是爸爸使了一把力气又紧紧地握住了我的手，劲很大，久久不肯松开。就这样，爸爸握着我的手，我默默地注视着他老人家的脸，心中百感交集，一生的思念，一生的爱在手掌和手掌之间传递。那时我感觉，坐在爸爸的身旁就是一种幸福了。

图 7-14　2014 年，从新西兰回国看望父亲的小儿子黄杉
和黄宏嘉一起欣赏工艺品

和父亲黄右昌重男轻女不一样，黄宏嘉特别疼爱女儿黄莹。黄莹忆及，她小时候，物资短缺，黄宏嘉可以享受当时给高级知

识分子的特供食品，比如芝麻酱、白糖之类。黄宏嘉是个原则性特别强的人，不准几个儿子动他的特供，但是常常会偷偷地把黄莹叫到他的书房，分享他的"特别美味"。黄莹说，这个"美味"，直到今天都忘不了。黄宏嘉那个时候正在写《微波原理》，那么紧张的时间还关心黄莹的功课，经常检查她的作业，帮助她纠正作业里的错别字。这是黄宏嘉难得流露出的父爱。

　　黄宏嘉离异后，黄莹寄养在姑姑黄颂康家里，后来留在北京工作，顺便照顾母亲。黄宏嘉当了院士之后，到北京开会的时间比较多，父女也常常见面。每次见面，黄宏嘉都不用接待单位的公车，而是自己坐公交或者打出租。黄莹回忆起这么一件小事：

　　　　有一年爸爸来北京开院士大会，期间要出去办点公事。那个时候北京有两种出租车，一种是比较好一点的，还有一种是差一点的，北京人叫"面的"。按理说老爸出去办公事儿，组委会是可以安排公车的，但是爸爸坚持要自己叫"面的"去办事，他说："一样坐，干嘛不省点？"我对他说："这样出门样子不好看。"父亲很严肃地说："你这个思想要不得，现在国家还不富裕，我能够省一点是一点，如果人人都为了面子贪图享受，那我们的国家富强，从何谈起？"在爸爸的坚持下，他叫了"面的"出门了。晚上回来，又说起这件事，爸爸说："车子就是交通工具，这个出租车还是不错的。"爸爸的品德告诉我：人，不能为了面子而活着。

图 7-15　2019 年父亲节，女儿黄莹寄给黄宏嘉的贺卡

父子聚首　往事如烟

2012 年 7 月 8 日，黄宏嘉次子黄柯突然接到书法家沈沪林的电话，说："你的爸爸委托我告诉你，明天上午 9 点，他想见见你们夫妇，地方就在龙华寺。"

接到电话，黄柯觉得仿佛一切都凝固了，连空气也是。唯有龙华寺大树上的蝉声，不知所云地鸣叫着。

第二天上午 9 点，在上海龙华寺，年届 90 的黄宏嘉准时出现了。黄柯夫妇赶紧迎了上去，刚要开口，黄宏嘉挥了挥手说："黄柯，我对不起你们。这么多年，我不应该对你们不闻不问，还不让你们回家。"

这一声"对不起"，是黄宏嘉对自己过去为人之父未能尽到责任的真诚忏悔。一位著名的科学家，一位 90 岁的老人，对着儿子儿媳，含泪说出"对不起"三个字，黄柯一时手足无措，结结巴巴地连说了三个"不，不，不……"

黄宏嘉接着说："我是搞科学的，讲求实事求是，这件事是我不对，我向你们道歉。"

父子俩的眼中都有泪光闪烁，毕竟这是近四十年后父子真正的聚首。黄柯情不自禁地拥抱着老父亲，使劲地叫着："爸爸!"

两天以后，黄柯夫妇接受黄宏嘉的邀请，第一次走进了黄宏嘉的住处。当黄宏嘉打开房门，把黄柯夫妇迎进去的时候，他们不敢相信自己的眼睛：这就是院士的家吗? 这哪像家呀，完全就是工作室。满屋的书籍、资料，码放得还算整齐。家具、物品却实在是破旧不堪。黄宏嘉观察到儿媳妇陈伟芳微微皱了一下的眉头，有些尴尬地笑着对陈伟芳说："太简陋了，是吗? 没关系，能用就行了。"

黄宏嘉还是一如既往地惜时如金，直接进入正题说："今天请你们来想跟你们商量一下，这里有很多资料，我来不及、也没有精力整理，你们能抽些时间帮我整理一下吗?"

陈伟芳点了点头，说："当然可以。不过我和黄柯都有工作，我们俩尽量一起来，如果不行也会抽一个人每天下午来帮您整理，反正您上午也要去学校。您看行吗?"

黄宏嘉很高兴："那就这么说定了。"

"小陈，你是公司的第一负责人吧?"不食人间烟火的黄宏嘉见是陈伟芳在表态，就把她当成了黄柯的领导。

从那一天起，每天下午，黄柯夫妇就一起去帮黄宏嘉整理资料。工作之余，黄宏嘉也会跟他们聊许多往事，聊诗词、聊美国乡村音乐，聊贝多芬、肖邦……，黄宏嘉终于找回了父亲的角色，黄柯也终于再次有了家的感觉。

黄宏嘉闲居的时候，喜欢饮茶。由于住房促狭，就把朝东的

一个小阳台三面都用整幅玻璃封闭，改作一间小茶室，命名为"神仙居"。茶室南侧摆一热带鱼缸，东侧另一鱼缸里养着金鱼。2013年5月，一个阳光明媚的下午，黄宏嘉和黄柯父子在神仙居饮茶。黄宏嘉兴趣极高，跟儿子黄柯聊天，聊到抗战期间在重庆北碚时，和父亲诗词唱和，父亲黄右昌有两句诗是："读书父子共灯光，迟尔东归一草堂。"说到这里，照在鱼缸上的阳光让黄宏嘉忽然有了灵感，随口吟诗一首：

> 饮茶父子话家常，但愿长久保健康。莫道神仙居狭小，观鱼胜过富春江。

然后兴致勃勃地对黄柯说："以后有时间的话，我教你怎么做诗。这个不难的，只要你喜欢、用心，就能学会的。"

2014年1月，陈伟芳15岁的侄子获得第九届中国少年科学院"小院士"称号。黄宏嘉听了这个消息以后，非常高兴，放下手里正在看着的资料，对陈伟芳说："如果'小院士'有时间的话，请他来家里坐坐吧。"黄宏嘉平时连领导来拜望都要规定时间，现在隆重邀请一位获得"小院士"称号的孩子会面，黄柯夫妇都觉得很惊奇。

黄宏嘉热情地接见了"小院士"，握着他的手说："你要发奋学习，专于一事，沉心研究，无论文理，不论艺术，都当用学识报效祖国！"老院士除了赠书题字外，还把刻着他名字的德国"世界物理名人堂"的纪念铭牌赠送给了"小院士"。

图 7-16　2016 年，黄宏嘉在"神仙居"查看、分析试验数据

在以后近十年的时间里，黄柯夫妇一直陪伴在黄宏嘉身边。黄宏嘉总是回忆起在重庆、在西南联大的岁月，这是他最为珍贵的一段时光。为此，黄柯夫妇几次到重庆，为爸爸找到了他曾经生活、工作过的地方。重庆北碚龙凤桥、重庆国际广播电台遗址、重庆合川国立二中……黄宏嘉每次看到黄柯夫妇带回来的照片，都特别开心，笑容中也夹杂着淡淡的忧伤，说："这些地方，我都还记得，但是已经没有当年的样子了，只有'龙凤桥'这三个字，还是原来的字样，一点都没变。"

有时候，黄宏嘉会一言不发，默默地沉思。谁也不知道，他究竟在回忆、在思考什么。他跌宕起伏、波澜壮阔的一生，有太多的风起云涌、太多的生离死别、太多的艰难困苦、太多的荣耀

和光环。他一生的奋斗与牺牲、光荣与梦想，并非常人所能够企及、能够体会。

2014 年 6 月 9 日，中国科学院第十七次、中国工程院第十二次院士大会在北京人民大会堂隆重开幕。中共中央总书记、国家主席、中央军委主席习近平出席会议并发表重要讲话。习近平在讲话中首先代表党中央、国务院，对两院院士大会的召开表示衷心的祝贺，向两院院士和全国广大科技工作者表示诚挚的问候。习近平在讲话中指出，中国科学院院士、中国工程院院士是我国科学技术界、工程技术界的杰出代表，是国家的财富、人民的骄傲、民族的光荣。长期以来，广大院士胸怀报国为民的理想追求，聚焦国家战略需求，勇攀科学技术高峰，创造了举世瞩目的成就，为推动我国科技进步、经济发展、人民生活水平提高、国防建设和优化国家决策作出了重大贡献。

92 岁的黄宏嘉，端坐在会场，仔细聆听领袖的讲话。从 1981 年参加第四次学部委员大会开始，黄宏嘉已经参加了 14 次这样的大会。会议的规模越来越大、规格越来越高，会场也从科学院礼堂换成了庄严的人民大会堂。这从一个侧面表现了国家对科学技术越来越重视、科技人员地位越来越高。如果说 1978 年的全国科学大会迎来了科学的春天，那么今天就已经迎来了科学的盛世。能够有幸躬逢盛世黄宏嘉感到莫名的欣慰。

为了有精力开好这个大会，黄宏嘉很早就开始做准备。黄柯夫妇不放心他独自去北京，要陪他，被拒绝了。黄宏嘉只让黄柯在赴京之前的那段时间陪他、指导他锻炼身体。临出发的前几天，黄宏嘉叫黄柯带回一张"请假条"，上面写道：

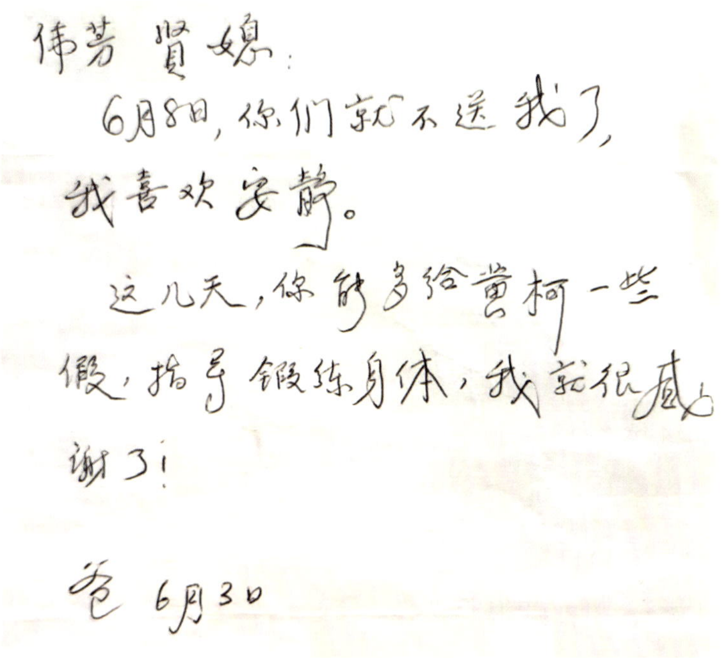

伟芳贤媳：

6月8日，你们就不送我了，我喜欢安静。

这几天，你能多给黄柯一些假，指导锻炼身体，我就很感谢了！

爸 6月3日

图 7-17　2014 年黄宏嘉赴京参加院士大会前写给儿媳的“请假条”

伟芳贤媳：

6 月 8 日，你们就不送我了，我喜欢安静。这几天，你能多给黄柯一些假，指导锻炼身体，我就很感谢了！

爸

6 月 3 日

望着这张父亲让儿子带回来的“请假条”，陈伟芳百感交集。一位受世人敬仰的科学家，对晚辈竟然能如此尊重，让她感动不已。

院士大会一共开了七天。会议休息期间，黄宏嘉经常去女儿黄莹家，要黄莹开车陪他去紫竹院、铁道学院、中关村转转。每

到一个地方，黄宏嘉都会表情凝重，沉默不语，若有所思。这些地方，是他事业的起点，见证了他的青春、他的爱情、他的喜怒哀乐，有他太多的生命印记。在紫竹院公园的运河旁，黄宏嘉抱着当年和孙嘉瑞初次见面的柳树，竟然泣不成声，对黄莹说："我对不起你妈妈，她是爱我的。我也爱她。只是当时年轻，不知道珍惜。我辜负了你妈……"

黄莹搀扶着老爸，满脸泪水。

2014 年 6 月 13 日，院士大会胜利闭幕。大会组委会安排了专车送黄宏嘉去机场。黄宏嘉婉言谢绝了组委会的安排。他对黄莹说："你送我就行了。我可以直接走绿色通道，很方便。不要老是麻烦组委会，他们也很忙。"

当天下午，黄莹开车送爸爸去机场。在车上，黄宏嘉对黄莹说："我年纪大了，恐怕这是最后一次参加这个会了。"黄莹才明白，黄宏嘉这次要去紫竹院、铁道学院、中关村、北京大学、清华大学……，是想再去这些地方转一转，怀怀旧，是因为他早就意识到，可能再也没有机会来北京了。要女儿送他去机场，也为的是可以多独处一会儿。

小车在机场高速疾驰，发动机很安静，只听见车轮和路面摩擦的沙沙声。父女俩都沉默着。车窗外，一轮夕阳把西边的云霞染得通红。

到了机场，黄莹帮黄宏嘉办好登机牌，把他送到机场安检的贵宾通道。黄宏嘉摆摆手，谢绝了要来搀扶他的服务员，转身向黄莹挥了挥手，走进了候机楼的门。他身板已经有些伛偻，但努力使自己步履显得坚定。

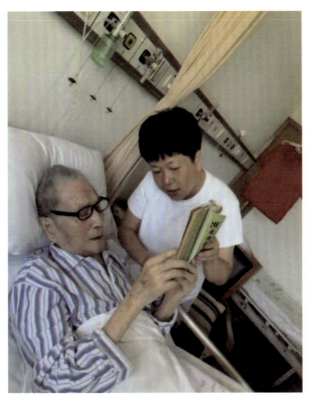

图 7-18 黄宏嘉念念不忘整理出版父亲诗作。这是在儿媳陈伟芳的帮助下翻阅曾祖父黄道让和父亲黄右昌的诗选《湘西两黄诗》

尾 声

2021 年 9 月 22 日 23 时 50 分，中国科学院院士，我国著名的微波电子学家、光纤专家，上海大学教授黄宏嘉，在上海华东医院因病逝世，享年 99 岁。

这位富有传奇色彩的科学家、诗人，带着他所有的成就和光荣，在亲人的守护下，安详地走了。

获悉黄宏嘉逝世的消息，中共中央总书记、国家主席习近平打电话给中国科学院，对黄宏嘉的逝世表示哀悼，并委托中科院院长转达他对黄宏嘉家属的慰问；时任国务院总理李克强、国家副主席王岐山等党和国家领导人也通过有关方面对家属表示慰问并送了花圈。

9 月 25 日，《光明日报》第三版刊发了黄宏嘉逝世的消息。人民网全文转载了《光明日报》刊发的消息。网友在这条消息下面写的第一条留言是：

> 黄宏嘉院士用实际行动践行了自己的初心与追求："努力成为一个实在的、忠实的、老实的，不是虚夸的、虚假的科学工作者，做一个纯粹的、真正搞科学的科学工作者。"愿黄老一路走好！

9月26日下午，上海大学在龙华殡仪馆银河大厅举行了黄宏嘉遗体告别仪式。仪式现场布置庄严肃穆。大厅正面墙上是黄宏嘉生前最喜欢的照片，两旁悬挂的挽联上写着：

承继家学诗韵恣肆文通理达博得世界微波首著宏誉

爱国有加投笔从戎弃学返国成就单模光纤之父嘉名

黄宏嘉的遗体上覆盖着鲜红的中国共产党党旗，安详地躺卧在鲜花丛中。党和国家领导人、各相关单位、社会各界人士、生前好友以及亲属送的花圈从悼念大厅一直摆放到大门以外，蜿蜒十米。告别仪式由上海大学校长主持、党委书记致悼词。黄宏嘉次子黄柯在仪式上向参加告别仪式的领导和来宾致答谢词。他最后代表兄弟和妹妹向父亲吐露了一直埋藏在心底的心声：

父亲的一生犹如泰山北斗。作为西南联大八百学子的一员投笔从戎，担任随军翻译参与滇缅前线的抗战，展现了浓浓报国情怀；赴美留学，继而放弃攻读博士，毅然归国，展现了深深爱国情意；撰写的《微波原理》开创了科学领域的新境界，研制的单模光纤为通信事业建立了至伟功勋！

父亲的一生恰如江水绵长。父亲不仅在科学研究治学严谨，成果卓著，而且在诗词雅韵上颇有心得，时刻传承着黄家诗文传家的传统，在文理兼通之中，融合碰撞，开辟着科研工作的新天地。

父亲的一生犹如湖水深沉。严格要求自己，处处以身作

则，全身心投入科学事业；老老实实做事，清清白白做人。生活上艰苦朴素，克勤克俭，从不铺张浪费；工作上任劳任怨，真诚待人。严格要求我们儿女，教导我们做人做事要诚实、正直、善良，为我们树立了做人的楷模，留下了享不尽的精神财富。

生如春花之灿烂，逝如秋叶之静美！年事有寿而尽，生命无所不在。父亲，衷心地感谢您的生养之恩，教导之德。您与我们永别了，我们失去了一位慈爱、睿智的老人，更是失去了温暖心灵的依靠。但是您对国家之爱，对科学之爱，对科学研究的倾力投入，对人生的积极追求，对生活的执着信念，与天地永恒，与枝叶长青。

2021年9月26日下午，黄宏嘉遗体告别仪式在上海龙华殡仪馆银河大厅举行

附录 黄宏嘉年表

1922 年出生

8 月 27 日（民国十一年，农历壬戌年七月初五），出生于北京，祖籍湖南临澧县。父黄右昌，母李夔旭。在家排行第六，第三子，共有兄弟姐妹八人。

1928 年 6 岁

北京高等师范学校附属小学读书。

1931 年 9 岁

随父迁居南京，入南京女中附小读书。

1933 年 11 岁

转入南京国立中央大学实验学校小学部读书。

1934 年 12 岁

升入南京国立中央大学实验学校初中部读书。一年级在静秋级，二年级以后在振宇级。

1937 年 15 岁

6 月，初中毕业，考入本校高中部。因抗战军兴，学校西迁，未能入读。

8 月 13 日，第二次淞沪抗战爆发，南京危急。

8 月 17 日，随母亲撤离南京，暂居汉口。

11 月，随家人回湖南祭祖，淹留至次年 5 月。

1938 年 16 岁

5 月，由湖南常德经武汉迁重庆。

5 月起，进入教育部重庆学生营第一大队第二中队（高中一年级）受训。

12 月，由学生营转入国立第二中学（在四川合川县）高中部四零秋丙班读书。数学教师汪桂荣循序渐进、一丝不苟的教学方法和平易近人、和蔼可亲的面容使他对数学发生了兴趣，决心高中毕业后报考大学工科。

1940 年 18 岁

9 月，被国立西南联合大学工学院机械工程学系录取。

12 月，进入西南联大叙永分校读书。

1941 年 19 岁

8 月，西南联大叙永分校撤销；10 月黄宏嘉迁回昆明国立西南联大本部。由于对电磁学发生了特别兴趣，大学二年级从机械工程学系转入电机工程学系。当时电机工程学系的物理类课程是和物理系并班授课，有幸得到著名的物理学家如吴有训、王竹溪、任之恭等大师的教诲，这就为他后来在物理学和电磁学领域的研究奠定了扎实的基础。

1943 年 21 岁

7 月，大学三年级转入西南联大电机工程学系电讯组。

孟昭英先生从美国麻省理工大学短期回国，在昆明西南联大工学院（拓东路迤西会馆）作了一次报告，描述了当时的计算机设备，并展示了随身带回的一段 30 毫米波段用于雷达的矩形波导管实物。孟先生的报告引起了他的极大兴趣，日后，他选择了微波作为研究方向。

1944 年 22 岁

2 月，响应学校号召，提前结束学业，应征入伍，参加抗日战争。

2 月 29 日，入昆明译员训练班受训，计划训练三个月，因前线急需，仅培训三周就提前结束。因分配至中国驻印军服役，需乘飞机飞越"驼峰航线"，转入跳伞培训。

3 月，从昆明飞越喜马拉雅山到印度东北，在中国驻印军新编 22 师 66 团三营任三级英语翻译（少校级待遇），参加孟拱河谷战役、密支那战役，战役结束后调远征军副总指挥部任少校翻译官。

1945 年 23 岁

5 月 22 日，从印度飞至昆明，在昆明近郊一美军驻华单位继

续当翻译官。

6月30日，向国民党外事局昆明办事处以"身体衰弱，不堪工作"为名请长假，被外事局调到重庆。

8月15日，日本无条件投降，抗日战争胜利。

8月22日，向外事局写"申请复职"报告，经外事局批准复职，随四期译员返回昆明工作，作为重庆译员训练班第四期学员继续接受训练。

1946年 24岁

2月25日到4月30日，任重庆国际广播电台英语广播员。后随父赴南京。

7月，北京大学刚刚恢复，就读西南联大时的老师马大猷先生将他调入北大物理系任助教，主要指导学生进行物理实验。

1947年 25岁

4月，参加教育部为抗战期间盟军译员特别组织的翻译官公费留学考试，获得理工学院类公费留学资格。

等待出国期间，在上海交通大学电机系任助教，主要做朱物华教授的助教。

1948年 26岁

8月，在美国密歇根大学研究院电机工程专业学习。

1949 年 27 岁

6 月，获得电机工程专业工学硕士学位，并获得密歇根和李海大学的全额博士奖学金。在听说南京解放，新中国即将成立的消息后，毅然放弃继续攻读博士学位的机会，决定回国参加新中国建设。

9 月，与妹妹黄颂康一起经香港回国。到香港后，黄颂康留在香港，在香港大学中共地下党员曹日昌的帮助下，他得到一张去天津的运煤火轮的露天票。当时大陆海岸已被封锁，船通过台湾海峡，刚好是 1949 年 10 月 1 日夜晚。

10 月，他先到秦皇岛，后到天津，再到北京，成为中华人民共和国成立后最早归国的知识分子之一，并应邀参加中华全国第一次自然科学工作者代表大会筹备会议。

10 月 28 日，到中国交通大学北京管理学院（1950 年更名为北方交通大学北京铁道学院，现北京交通大学）就职，级别是讲师，月薪待遇开始时是 400 斤小米，后为 680 斤。

1950 年 28 岁

8 月，晋升为中国交通大学北京管理学院铁道电信系专任副教授，月薪 845 斤小米。

10 月 1 日，作为归侨代表，受中央人民政府政务院邀请，登上天安门观礼台，观看国庆一周年群众晚会。

1952 年 30 岁

9 月，奉调哈尔滨铁道学院，任副教授。

1953 年 31 岁

是年，铁道部决定哈尔滨铁道学院与北京铁道学院合并，他回到北京，任北京铁道学院电工基础教研室主任。

1956 年 34 岁

1 月 29 日，加入中国共产党。

9 月，与梁普才等人合作（第一作者）的论文《探照灯式色灯信号机磁系统的研究》在《铁道研究通讯》第 17 期发表。

11 月，在《物理学报》第 12 卷第 6 期发表论文《翼式感应继电器扇形金属盘上的涡流场》。

1957 年 35 岁

1 月 29 日，转为中国共产党正式党员。

上半年，任北京铁道学院电信系副主任兼无线电教研室主任。兼任中国科学院电子学研究所（筹）副研究员。

1958 年 36 岁

2 月，论文《毫米波段波导传输的一些问题》在《电信科学》第 2 期发表。

3 月，参加国家科委重点项目"毫米波波导管远距离多路通信"，即"301 工程"。该工程是中国科学院电子所、邮电部与当时的苏联科学院无线电技术与电子技术研究所之合作项目。担任此项目北京中心研究室副主任。

4月，与吴文泷等人联合编写（第一作者、主编）的高等学校教学用书《自动控制远程控制理论基础教程》由人民铁道出版社出版。

1959 年 37 岁

在国内最早研制出 8 毫米微波圆电波 H_{01} 波导管，在北京电子所地区内建成约 1 公里长的微波毫米波地下管道圆波导管传输线，全线衰耗仅为几分贝，进行 8 毫米波长波导传输电视传真图像的通信试验，获得成功。此试验稍晚于美国贝尔实验室，和苏联科学院电子所挂空波导管试验差不多同时，当时属国际前列。

11月，论文《H_{01} 型波导管远距离多路通信的发展》在《科学通报》第 11 期发表。

1960 年 38 岁

4月，专著《铁路驼峰自动化测速雷达的微波系统》由人民铁道出版社出版。

7月12日，中国科学院电子学研究所（以下简称电子所）正式成立，任电子所学术委员、微波传输研究室主任。

1961 年 39 岁

3月，在《数学学报》第 11 卷第 1 期发表论文《电子学中的若干微分方程问题》。

9 月，在《数学学报》第 11 卷第 3 期发表论文《缓变系数法》。

1962 年 40 岁

中国电子学会成立，是年起至 1988 年，任第一、第二和第三届电子学会理事，微波专业学会主任委员。作为微波专业学会第一届主任委员，在创立和推动微波分会的各项工作中作出重要贡献。

是年，任电子学报常委、国家科委电子学组组员、中国物理学会专业委员。

1 月，论文《关于耦合波理论中的不连续性问题》在《物理学报》第 1 期发表。论文《远程波导不规则性的普遍理论》在《电子学报》第 1 期发表。

1963 年 41 岁

12 月，专著《微波原理》第一卷由科学出版社出版。

1964 年 42 岁

2 月，论文《多波型波导耦合本地正规波型的广义理论》在《物理学报》第 2 期发表。

8 月，《微波原理》第二卷由科学出版社出版。两卷共约 100 万字，以耦合波理论的统一观点论述了一系列基本的微波原理。该书得到了国内外许多著名科学家的称誉和好评，被认为是一本"为中国人争气的书"，国内外许多学者认为这是一部继柯林的《导波场论》之后又一微波巨著。

8 月，从中科院北京电子所调入中国科学院光学精密机械研究所上海分所，任三级研究员，学术委员会副主任，理论研究室主任，《激光》杂志主编，从事激光、微波理论与技术的研究。

1965 年 43 岁

2~12 月，承担课题"激光阵列的理论研究"。

5 月，专著《从微波到光》由人民邮电出版社出版，列入"无线电电子学知识丛书"，该书论证了从微波波导到光波导的发展，这是国内关于光纤可能用于通信的最早文献。

9 月，与范滇元合作（第一作者）的论文《变截面铁氧体柱中电磁波传播的耦合波理论》在《物理学报》第 9 期发表。

11 月，与陈道明等人合译（第一作者）的译文集《低损耗圆波导》由上海科学技术出版社出版。该书共选译（辑）了中、美、苏三国期刊上发表的论文共 22 篇，可供微波领域的科学工作者、工程技术人员和师生参考。

是年，参加民主德国科学院赫兹研究所在东柏林召开的"国际微波物理和微波技术"会议，宣读了学术论文《对耦合波与非理想波导的若干理论贡献》（Contributions to the Theory of Coupled Modes and Nonideal Waveguides），系统总结了他在 1965 年前在这一领域的研究工作。

1968 年 46 岁

3 月起，在光机所被隔离审查一年零六个月，科研工作被迫中断。

1974 年 52 岁

3 月，论文《激光双 Q 调制巨脉冲理论》在《中国科学（A辑）》第 3 期发表。

1976 年 54 岁

1 月，论文《关于耦合波导理论的边界条件》在《中国科学技术大学学报》C1 期发表。

1977 年 55 岁

12 月，获上海市重大科学技术成果奖，成果题目"微波耦合波理论的研究"。

1978 年 56 岁

3 月，获全国科学大会重大科研成果奖"突出贡献奖（个人奖）"，成果题目"微波耦合波理论的研究"。所著论文及专著列入全国科技大会成果展览会展品项目，展品说明词为：黄宏嘉结合毫米波波导传输的研究，发展了耦合波理论，提出了概括性的广义的微波理论，受到国内外好评。

1979 年 57 岁

是年，应阿德里安努斯·特尼斯·德·霍普教授之邀，访问荷兰代尔夫特理工大学。

7 月，调入上海科学技术大学，任副校长、党委委员、三级教授。开始创建波科学研究实验室，这是国内第一个光纤研究实验室。

1980 年 58 岁

年初，经上海市政府同意，应聘担任荷兰海牙国际性学术刊物《应用科学研究》国家编委。

1 月，论文《光纤与薄膜光波导的本地简正模式》在《电子学报》第 1 期发表。

2 月，上海市科委将"单模光纤研究"列为上海市重大科学技术研究和新产品试制项目，他为项目主研人，并明确上海石英玻璃厂为协作单位。

2 月 26 日，任上海科学技术大学学术委员会主任委员。

3 月，经上海科学技术大学和上海科委推荐，以及马大猷、任之恭教授等对他学术水平的书面评价，当选为中国科学院学部委员（后改称中国科学院院士）。

5 月 8 日，在上海—北京举行由中国光学学会主办的首届国际激光会议上宣读论文《我国首次制造并测试的单模光纤的初步报告》。该次国际会议组织了"光纤通信展望"专题讨论会，他与柯格尼克博士（美国贝尔实验室光电子部主任）二人共同担任主席。

6 月 3 日，参加加拿大魁北克国际光纤与导波光学特别会议暨北美无线电科学学术年会，宣读了关于弱耦合理论的论文《光纤与薄膜波导的弱耦合理论》。

10 月 1 日，作为上海市三个代表之一参加国庆观礼。

是年，在光纤传输的模式耦合理论方面，他在已有理论框架的"理想模式"和"本地模式"之外，提出了"超模式"的概念，从而使微波传输与光纤传输的理论问题得到统一而完整的处理。他所得到的结果比美国数学家凯勒得到的类似结果要早两年。

1980 年以来担任美国麻省理工学院主办刊物《电磁波及应用》编委、荷兰爱思唯尔出版社"光波科学技术"丛书主编。

1981 年 59 岁

4 月 28 日，在旧金山参加第三届国际集成光纤与光纤通信会议，宣读了关于光纤零色散的论文《单模光纤色散特性的解析近似》，此文曾于同年 3 月发表在英国的《电子快报》上。

10 月 16 日，与美国纽约理工学院签署《上海科学技术大学波科学研究所与美国纽约理工学院微波研究所合作研究波科学的协议》，与美国工程院院士、纽约理工学院教授费尔逊分别担任中美双方的首席科学家。

11 月 11 日，与澳大利亚国立大学签订《上海科学技术大学波科学实验室和澳大利亚国立大学高级研究院关于学术合作的建议书》，与澳大利亚院士、英国皇家学会院士、澳大利亚国家大学应用数学系主任斯奈德教授分别担任中澳双方的首席科学家。

12 月，美国纽约理工学院微波研究所出版了他撰写的论文选集《耦合模式与非理想波导》(Coupled Modes and Nonideal Waveguides)，费尔逊院士为该论文集写了序言。

1982 年 60 岁

5 月，"单模光纤研究"取得重要成果，与上海石英厂合作研制出我国第一根单模光纤。专家委员会的鉴定意见认为："此次单模光纤科研工作是基础性的和开拓性的。不仅填补了我国在这一重要研究领域的空白，而且是以较快的速度赶上国际水平。"

6月，应美国微波学会主席斯帕克斯博士邀请，作为特邀代表参加在美国达拉斯召开的美国电工与电子工程师协会微波理论与技术学会"国际微波三十周年"年会，并获得该学会"微波三十周年纪念奖"。6月15日，在开幕式上作题为"中国微波三十年"的主题特邀报告，是开幕式上仅有的三个报告之一。论文选集在该学会举办的"微波理论与技术历史发展的展览会"上陈列。会后，赴波士顿访问麻省理工大学和哈佛大学，又应佛罗里达大学邀请赴奥兰多，作题为"微波与光"的学术报告，并访问了奥兰多的肯尼迪航天中心。

同年，被上海科学技术大学记大功一次。

1983 年 61 岁

5月，专著《电磁波》由知识出版社出版。

6月20~23日，经国务院批准，在桂林召开国际光波导科学讨论会，与澳大利亚斯奈德教授担任会议共同主席，共同主编的会议论文集《光波导科学》由荷兰马蒂努斯·奈霍夫出版社于会前出版，这是在我国召开的第一次电子学方面的国际会议。又应荷兰国际刊物《应用科学研究》邀请，与斯奈德教授共同担任该刊物双期专刊的客座主编，于1984年出版了桂林国际会议的会后论文集。

11月，由上海科学技术大学负责与电子工业部23所和上海石英玻璃厂合作接受了国家科委"六五"攻关项目：单模光纤技术。

是年，担任《应用科学学报》主编。

1984 年 62 岁

是年，兼任上海交通大学顾问教授。

是年，任电子学会会士。中国电子学会正式加入国际无线电科学联盟，由中国电子学会推荐担任国际无线电科学联盟场与波委员会委员兼中国官方代表。

6~10 月，获联邦德国自然科学基金委资助，赴卡斯鲁大学高频技术与量子电子学研究所任客座教授，为研究生高级班讲授耦合模理论课。其间，与该研究所所长 G. 格劳教授签订了合作研究光纤测量技术的规划，由西德大众基金提供给上海科学技术大学（今上海大学）分两次共 20 万马克的无偿资助。其间，应邀请参加 1984 年在莱森堡召开的国际光波导理论研讨会，在会上报告了关于超模式的概念。

10~11 月，应英国皇家学会邀请赴英国访问皇家科学院和南安普顿大学。由 J. 米德温特院士和 D. 佩恩院士陪同，从南安普顿到伦敦，访问英国皇家科学院，由英国皇家科学院院长接待。

是年，专著《耦合模理论》由荷兰科学出版社出版。

1985 年 63 岁

2 月，论文《超模式概念及应用》在《应用科学学报》第 2 期发表。该文在场展开问题中，引入超模式的概念，作为已熟知的理想模式和本地模式的有用补充，是作者创立的重要理论体系。

9 月 27 日，赴意大利罗马参加国际第十届光波导理论研讨会，会上提出了"光纤双折射机制"理论，经热烈辩论，得到会议的普遍支持，创立的保偏光纤设计理论，被称为"黄氏理论"。

10 月 1 日，罗马会议结束后，赴威尼斯参加第 5 届集成光学和光纤通信国际会议暨第 11 届欧洲光通信会议，任技术委员和专题会议主席。

是年，应邀访问了法国尼斯大学。

1986 年 64 岁

2 月，主持的国家科委"六五"攻关项目"单模光纤技术"通过鉴定，标志着单模光纤技术在实用化方面已取得突破性进展。这一成果填补了我国在这一领域中的空白，使我国光纤通信技术进入世界先进行列，包括美国贝尔实验室在内的多个国家有代表性的研究机构和专家先后发来贺电表示祝贺。

7 月 15 日，上海市人民政府给予记大功奖励。

是年，先后应大越孝敬邀请访问东京大学，应末松安晴邀请访问东京工业大学，应木村达也 邀请访问日本电信电话公司基础研究部，应末田正邀请访问大阪大学。此外，还访问了京都大学、古河公司、日本电器公司。

9 月，应邀参加了在西班牙马德里召开的国际光波导理论研讨会，在会上作了"光纤单偏机理"的报告。结束后，赴巴塞罗那参加第 12 届欧洲光纤通信会议，任技术委员和专题会议主席，并在会上作了题为"准匹配型下凹型单模光纤的设计与制造"的报告。

10 月，又应邀请赴美国奥兰多参加光纤通信／局域网 10 周年纪念大会暨第 10 届国际光纤通信会议，在开幕式上作了"中国的单模光纤研究"（Research on Monomode Optical Fiber in China）的

特邀主题报告，结语中提到光纤研究正转向特种光纤的趋势。

1987 年 65 岁

3 月 3 日，任上海科学技术大学名誉校长。

4~8 月，赴美国密歇根大学研究院四个月进行特种光纤研究，并申请了第一个美国专利，于 1990 年获得授权。应邀参观访问贝尔实验室的三处主要研究中心并会见了贝尔实验室的主要光电子科学家，进行了学术交流和讨论；应康宁公司之邀赴康宁，作了题为"单偏单模光纤的最近进展"的报告；应通用电话电子公司之邀，作了题为"特种光纤进展"的主题报告；应邀赴麻省理工学院作了题为"国际上非常规光纤研究与发展的若干重要记录"的报告。

是年，"耦合模式理论及其在微波与光纤传输中的应用"获国家自然科学奖二等奖。被国家科委、国家教委授予"科技先进工作者"称号。带领的上海科学技术大学光纤研究所，被国家科委、国家教委授予"科技攻关先进集体"。

1988 年 66 岁

3 月，应邀成为在联邦德国卡斯鲁大学（赫兹发现电磁波的所在大学）召开的"纪念赫兹发现无线电波 100 周年学术报告会"的特约演讲人，演讲题为"中国对场与波研究的贡献"。

10 月，赴澳大利亚，作为澳大利亚国立大学的访问教授应邀参加无线电和电子工程师协会会议，并作特约演讲。随后，应新南威尔斯大学邀请，赴悉尼该校作了题为"微波与光"的报告。

是年，"单模光纤技术"成果获上海市科技进步奖一等奖（第一名），获国家科技进步奖二等奖（第一名）。

1989 年 67 岁

7 月，以第七届国际集成光学与光纤通信会议技术委员会委员和分会议主席身份，应邀赴日本神户参加国际集成光学与光纤通信会议。

8~12 月，应香港中文大学校长高琨博士邀请，赴香港中文大学任信息工程系客座教授。

10 月，被聘请为美国麻省理工学院电磁科学院院士。

12 月，国务院侨务办公室、中华全国归国华侨联合会授予他为全国优秀归侨侨眷知识分子。

1990 年 68 岁

7 月 24 日，"无源光纤偏振控制"（Passive Fiber-Optic Polarization Control）获得美国专利授权。

是年，与西德卡斯鲁大学 G. 格劳教授签订合作研究相干技术的协定，由我国国家自然基金委员会与联邦科学基金会双方给予对等资助。

1991 年 69 岁

3~4 月，应邀赴苏联列宁格勒（现俄罗斯圣彼得堡）参加首届苏联国际光纤会议，任大会主席团成员和专题会主席，并在开幕式上作了题为"中国的光纤研究"的特邀演讲。会后赴莫斯科访

问苏联科学院无线电技术与电子学研究所。

7月，应美国麻省理工学院邀请，参加了在波士顿召开的由该学院主持的"电磁学研究进展科学讨论会"，并担任"光器件与光波"专题会议主席。会上宣读了题为《光纤偏振态控制》（Optical Fiber Polarization Control）的论文，又应邀赴全球电讯公司作了关于宽频带光纤波片的报告。

8~11月，应聘赴比利时任鲁汶大学客座教授。

是年，被美国夏威夷欧罗理工大学授予名誉科学博士学位。

1992 年 70 岁

3月17日，申请美国专利"无源光纤偏振控制元件"（Passive Fiber-Optic Polarization Control Element）。

9月16日，申请中国发明专利"偏振态无源自动稳定的全光纤陀螺和它的制备方法"。

10月10日，申请中国发明专利"保持圆偏振态的光纤和它的制备方法"。

1993 年 71 岁

是年，赴美国加州帕萨迪纳参加由加州理工学院组织召开的第5届太平洋国际电磁波会议，宣读了关于特种光纤进展的论文。

是年，应邀担任国际出版物《光纤与集成光学》（泰勒与弗朗西斯出版社）第12卷1期专刊《中国光纤技术》的客座主编。

1994 年 72 岁

5 月 16 日，任上海大学名誉校长。

5 月，在上海大学，与美国《光纤与集成光学》杂志主编霍拉达等人共同发起并组织召开了"1994 年国际光纤学术会议"。

5 月，应美国仪器仪表学会主席伊维斯博士邀请，出席了在美国费城召开的美国仪器仪表学会学术会议。在会上宣读了题为《在线光纤类波片器件》的论文。

1995 年 73 岁

1 月，美国仪器仪表学会授予他"领先光电子学"奖状，称赞他的论文"是发展光电子技术的一个完美的范例"，并称他的工作"在发展光电子学理论、设计、制造和应用诸方面作出了极有价值的贡献"。

9 月 19 日，"实用的圆偏振保持光纤"（Practical Circular-Polarization Maintaining Optical Fiber）获得美国发明专利授权。

是年，由上海大学与法国奥弗涅-罗讷-阿尔卑斯大区在上海共同召开以光纤与集成光学为主题的中法双边科学讨论会，主编了会议论文集。

1996 年 74 岁

是年，应邀出席奥地利因斯布鲁克召开的国际电磁研究进展

会议，并在专题会议上宣读论文。后赴比利时布鲁塞尔访问三大洲研究中心。

1997 年 75 岁

是年，与澳大利亚新南威尔斯大学合作研究特种光纤。双方（上海大学与新南威尔斯大学）订立了合作研究备忘录。

1998 年 76 岁

8 月，美国国家标准技术研究所提出把他的发明用于光纤偏振标准。

是年，赴印度新德里参加国际电气和电子工程师学会—康宁公司等召开的微波光子学国际会议，任技术委员和专题会共同主席，并宣读了有关椭园双折射光纤的论文。

是年，访问德国柏林赫兹研究所，并赴比利时布鲁塞尔访问。

是年，专著《非常不规则纤维光学中的微波方法》由美国约翰－威利父子公司出版。该书阐述了特种光纤的一套完整理论，特别是关于圆偏振光传输、变换和控制的理论，解决了一系列前人未解决的非常不规则纤维光学的难题。

是年，获何梁何利技术科学奖。

1999 年 77 岁

11 月 14 日~12 月 6 日，赴澳大利亚，与新南威尔斯大学光通信研究室共同讨论并拟订了长远开展几种拥有专利发明的特种光纤的合作研究协议书（草案）。

2000 年 78 岁

6 月 25 日~7 月 15 日，赴美参加麻省理工学院召开的国际电磁进展会议，任光通信系统专题会议共同主席，并宣读了有关光纤单一本征态传输理论与实际问题的论文，并顺访麻省理工学院。

2001 年 79 岁

10 月 17 日，应邀赴美国学术访问，在麻省理工学院电磁研究中心作题为"支持全偏振态光波稳定传输的全光纤网络研发进展"（Progress in R&D of all-fiber networks supporting statble transmission of lightwave of all-SOP）的学术报告。

10 月 18 日，在美国弗吉尼亚理工大学作题为"微波与光纤"（Microwave and fiber optics）的学术报告。

2002 年 80 岁

7 月，应美国麻省理工学院的邀请，任国际电磁进展会议顾问委员并主持题为"全偏振态光纤：电路与应用"（all SOP fiber optics: circuitry and applications）的专题会，作题为"光纤四分之一波片及其在电流传感中的应用"（fiber-optic quarter waveplate and its application in electric current sensing）的学术报告。在该国际会议结束之后，又应比利时三大洲研究中心的邀请，赴布鲁塞尔访问，进行学术交流。

2003 年 81 岁

10 月，应聘任国际电磁学进展会议（夏威夷）顾问委员

并宣读题为《宽带光纤全波片制备的实验进展：测量与应用》（Experimental Progress in wide-band fiber-optic full wave-plate fabrication：measurement and applications）的论文。

2004 年 82 岁

3 月，赴意大利比萨参加由比萨大学组织召开的国际会议，宣读题为《主要基于圆光波传输的新型全光纤光路》（Novel all-fiber optical circuitry based essentially on circular lightwave transmission）的论文，并应聘担任该会议中"特种光纤"专题会议的召集人。

2007 年 85 岁

4 月 17 日，"宽带光纤波片"（Broad-band Fiber-Optical Wave Plates）获得美国发明专利授权。在此之前，美国贝尔实验室已命名此种宽带波片为"黄氏波片"；1998 年，美国国家标准技术研究所将黄氏波片列为光纤偏振标准。

6 月 18 日，申请中国发明专利"无源偏置光纤陀螺和电流传感器"，将光纤陀螺与光纤电流互感器统一用圆偏光构成。

2008 年 86 岁

9 月，主编的《2008 中日微波会议论文集》（2 卷本，英文版）由上海大学出版社出版。

2010 年 88 岁

3 月 16 日，"无源偏置光纤陀螺和电流传感器"（Passively

biased fiber–optical gyroscope and current sensor）获得美国发明专利授权。

2011 年 89 岁

6 月，利用具有自主知识产权的光纤波片和保圆光纤研制的高压光纤大电流互感器样机与上海电力公司合作，在上海南汇挂网试运行。

2012 年 90 岁

4 月，被授予"中国电子学会五十周年荣誉奖"。

2013 年 91 岁

3 月，上海大学与上海电力公司的合作研究全光纤电力互感器项目通过了上海电力公司的验收。验收结论认为：项目整体达到国际先进水平，在稳定性方面达到国际领先。

2021 年 99 岁

9 月 22 日，因病医治无效，在上海逝世。9 月 26 日下午，上海大学在龙华殡仪馆银河大厅举行了黄宏嘉遗体告别仪式。

后　记

2000 年，我负责组织重庆合川的电话、电视、互联网"三网合一"宽带综合网建设项目，建成了国内第一个投入商业运行的光纤同轴电缆混合网（HFC）城域网。作为这一项目技术方案的起草人，我那个时候就对"中国单模光纤之父"黄宏嘉院士崇拜得五体投地。抗战时期设在合川的国立第二中学是黄宏嘉高中时期的母校，促成了他人生的重大转折，黄宏嘉也对他在合川的求学生涯念念不忘。作为一位长期生活在合川的科技工作者和文史工作者，今天能有机会为黄宏嘉院士立传，我感到非常荣幸。

黄宏嘉的生平极富传奇色彩，他的一生无须雕琢打磨，真实地记录下来，就是一部波澜壮阔的史诗大片。他出身书香世家，成长在民族存亡的紧要关头。在青少年时期千里流亡、万里从军，历尽坎坷。从古都南京到山城重庆，从西南联大到印缅战场，不仅有筚路蓝缕的弦歌生涯，也有短兵相接的搏命厮杀。这种"秀才"和"兵"的共同熔炼，使他的血管里澎湃着诗人的激情和勇士的豪迈，升华出他刚毅坚卓的人格特质。正是这种特质，使他在毕生的科学追求中历尽艰难困苦而奋进之志长盛不衰，百战疲劳而辛勤耕耘从未懈怠，终于不负时代，有所成就。和一般的科学家不同，黄宏嘉还是一位杰出的科技外事活动家。他热心组织国际学术交流，引进许多重量级的学术会议在中国召开，在国外出版自己的学术著作，赴国外讲学，和国际学术大师同台对话。

这对快速提升中国光纤科技在世界上的话语权，促进中国光纤科技的发展起到了非常重要的作用。在本书的创作过程中，我无时无刻不被黄宏嘉无怨无悔献身科学事业的忘我精神所感动。我希望本书能把这种感动传达到每一位读者，让我们记住这个伟大的时代造就了一群像黄宏嘉这样的国之栋梁，而这批栋梁之材的瑰丽人生，又是我们这个时代取之不竭的道德资源，支撑着我们的民族精神。

黄宏嘉是一位纯粹的科学家。他一生朴实无华，不逐名利，不事宣传，也没有记生活日记的习惯，所以在本书的写作过程中，几乎全部的素材都要从原始的文献、手稿中获得。这虽然增加了创作的难度，但是也使本书的材料来源更加真实可靠。感谢中科院院士工作局、清华大学档案馆、上海大学通信与信息工程学院、湖南省图书馆等单位的支持，使我们能够比较容易地查阅和获得相关珍贵史料，并且更正了被长期误记的黄宏嘉出生日期。

感谢重庆大学的熊一娣女士和四川美术学院的刘景活先生牵线搭桥，使我和黄宏嘉的子女取得了联系。熊女士和刘先生在本书的创作过程中始终给予我热情的指导和协助。是他们的努力才启动了这本书的创作，并且按计划顺利完稿。感谢西南联大博物馆的张沁女士和她的同事们订正了本书初稿中一些史实，使本书在细节上更加准确。

感谢黄宏嘉的子女黄桦、黄莹、黄杉认真回忆并毫无保留地提供父亲的生平事迹，对本书的创作提供了极大的支持。

合川区政协的乐灿女士在本书的创作过程中承担了大量的资料保障和后勤联络工作，非常感谢她的无私帮助。

我要感谢本书的合作者、黄宏嘉次子黄柯先生的通力合作。

黄柯先生及其夫人陈伟芳女士承担了本书素材的准备工作，他们在海量的原始材料中爬梳剔抉，查找、处理、录入大量的档案、照片和手稿，和我共同鉴定、讨论决定素材的取舍，对书稿的准确性认真把关，仔细审查。没有他们的信任和精诚合作，本书就不可能写成。

我尤其要感谢科技部人才中心的田晓冰和经济科学出版社的李雪两位女士，她们慷慨地为本书纳入选题提供了机会。李雪女士在整个创作过程中悉心指导、热情帮助，及时反馈修改意见，为本书的顺利出版付出了艰辛的劳动。

最后我要感谢我的夫人罗洪华。她在我从事本书创作的一年多时间里不仅承担了全部家务，照料一家三代人的日常生活，还要忍受我写作时的灯光给她睡眠造成的干扰，这让我非常愧疚。希望本书的出版能让她感到自己的付出有所回报。

在本书初稿接近完成的时候，传来黄宏嘉与世长辞的消息，我感到非常悲痛。斯人已逝，风范长存，希望本书的出版能够告慰黄宏嘉院士的在天之灵。我相信，黄宏嘉忠诚党的科学与教育事业，胸怀祖国，服务人民，追求真理，淡泊名利，严谨治学，潜心研究的精神，必将后继有人，祖国的科技事业必将越来越兴旺发达。

李桂杨

2024 年 2 月 29 日　于重庆合川

作者简介

李桂杨，四川荣县人，1981年毕业于四川达县农学院。中国系统工程学会会员、重庆市第二届科技顾问团成员、重庆市社会科学院研究员（特聘）、重庆市作家协会会员。长期从事计算机应用技术推广、软科学研究和杂文、报告文学写作以及英汉科技翻译。著有《养心亭随笔》《张森楷评传》，主编有《天下合川》，译有《高效能人生》。

黄柯，黄宏嘉次子，1953年生于北京，1964年随父迁至上海。1970年5月赴黑龙江上山下乡，1980年返城回上海，分配到上海科艺光学仪器厂工作。1982年辞职下海经商，1997年重新回到上海，创办上海路达电器公司经营至今。著有《黄右昌诗稿笺注》（合作）。